科学

课程知识观的重建

——在人文与科学之间

KEXUE KECHENG　ZHISHIGUAN DE CHONGJIAN

▶ 赵 长 林 ◀ 著

中国社会科学出版社

图书在版编目（CIP）数据

科学课程知识观的重建：在人文与科学之间/赵长林
著．—北京：中国社会科学出版社，2008.3
ISBN 978-7-5004-6831-8

Ⅰ．科…　Ⅱ．赵…　Ⅲ．①科学教育学—研究
②教育社会学—研究　Ⅳ．G42

中国版本图书馆 CIP 数据核字（2008）第 037834 号

责任编辑　张　红
责任校对　韩天炜
封面设计　张国权
版式设计　戴　宽

出版发行　中国社会科学出版社
社　　址　北京鼓楼西大街甲 158 号　　邮　编　100720
电　　话　010—84029450（邮购）
网　　址　http://www.csspw.cn
经　　销　新华书店
印　　刷　华审印刷厂　　　　　　　装　订　广增装订厂
版　　次　2008 年 3 月第 1 版　　　印　次　2008 年 3 月第 1 次印刷
开　　本　880×1230
印　　张　9.625
字　　数　260 千字　　　　　　　　插　页　2
定　　价　26.00 元

目　　录

序

　　越来越多的研究表明，知识可能是建构在意识形态或利益的基础上的。但由于众所周知的原因，对科学知识（准确地说是我们习惯了的自然科学知识）进而对科学课程进行这方面的研究，则是课程与教学论领域中的一个极具意义也极富挑战性的课题。赵长林博士接受了这一挑战。今天，他的博士论文《科学课程及其变革的社会学审视》① 经过近一年的修改、补充，即将出版了，作为他的导师我感到欣慰和高兴。

　　因为，在某种意义上，这是走在前沿的研究，在研究的前沿，事情还没有完全弄清楚，不能被完全理解。但这样的研究令人欣慰，至少令我欣慰。我不希望我的学生在似乎很完善的领域寻找残羹剩饭，我认为学术生命力最强烈的或者说永恒的冲动就是从无差别的平均状态中凸显出来，成为特殊，尽管这样做冒着"边缘化"或"非主流"的风险。

　　也许，赵长林博士在某一时刻有冒一下风险、特殊一下的冲动。在为博士生开设的"课程社会学专题讲座"中，我曾提到知识社会学研究大多集中于人文社会科学领域，对自然科学及其课程进行知识社会学研究的成果要少得多。赵博士敏锐并兴奋地

---

　　① 即本书的原文稿。——编者

"嗅"到了这一课题的价值与意义。他有这方面的学科背景，又有浓厚的兴趣，而且还参与过科学教科书的编制，研究过国外的科学教科书。他应该是有条件完成这一博士论文选题的，对此我一直给予鼓励，尽管隐隐地有一丝担心，他有足够的把握吗？经过努力，应该说他达到了预期目标。赵博士把智慧凌驾于常识之上，极目"纯净的知识"，发掘各种社会权力。虽然这一发掘还不十分深刻与全面，但毕竟是一种富有开创性的发掘。

不是吗？赵长林博士从"什么知识最有价值"一口气发掘到"谁的知识最有价值"，进而紧盯着科学课程及其变革的人文取向、科学课程与意识形态、科学课程与社会控制等关键领域，对"科学知识的客观、普遍、价值中立的精神气质"进行了使人大受启迪的解构。在此基础上，作者鲜明地亮出了自己发掘的结果：科学课程作为教育系统的一个组成部分，它不是价值中立的，它通过知识的分类、分层、组织、传播同样承担着社会选择和社会控制的功能；预示了建立在多元科学知识观的基础上的科学课程发展趋向。

书中，传统的客观、普适、价值中立的科学知识观正遭遇其文化性、时限性、相对性、境域性、社会建构性的碰撞，而对在科学课程领域中几乎已经上升为方法论地位的技术理性，作者也充分借鉴哲人们的智慧，毫不留情地给予了批判与解构，通过批判科学课程对科学本质的异化，揭示了科学课程丰富的人文价值，论述了科学课程回归人文的历史必然性，并力求建构一种科学人文主义的课程方法论。应该说，该著作是对课程与教学论特别是课程社会学研究的有益探索，是对课程与教学论研究的丰富和发展。无论它是否完美甚至是否有足够的说服力，课程与教学论研究能换一种眼光换一种思路也是不错的。思维方式的改变和立足点的多样化非常重要，至于完善和成熟的观点体系则将是后续研究的任务，目前就想给出一套哪怕是比较完善的解释这一领域一切现象和原理的理论体系的做法都是不切实际的，尤其是在缺乏深厚学术背景和新的思维方法的情况下，那种做法更是荒谬的。在这一意义上，我们可以原谅该书的不足，我们更期望作者后期研究的深化。恰如胡塞尔所说，在哲学的跑道上，现代思想家永远是一个"起跑者"。在课程与教学论研究上，我们每一个人更是踉踉跄跄的起跑者。

石鸥

于长沙岳麓山下

二〇〇六年四月十四日

摘　　要

　　对科学课程进行社会学意义上的分析，是课程与教学论研究领域中的一个富有挑战性的课题。本研究运用社会学、科学社会学、科学知识社会学、课程社会学的原理和方法对科学课程方法论、科学课程及其变革的人文取向、科学课程与意识形态、科学课程与社会控制、传统科学知识观与科学课程的新发展，进行了较为系统的分析和探索。

　　本研究把科学作为一种文化，把科学课程理解为一种社会现象。借鉴哈贝马斯批判社会学理论的原理、方法和研究智慧，对科学课程方法论中的技术理性进行了批判，对科学与人文二元对立观进行了反思与批判，在此基础上对科学课程及其变革的人文结构进行了探索性研究。从分析科学课程与道德教化、科学课程与意识形态的关系入手，借鉴科学社会学、课程社会学最近的研究成果，对科学课程的社会功能进行了较为系统的研究。在吸收知识论和科学知识社会学最新研究成果的基础上，对科学和科学知识的本质、科学课程知识观的转变及其与科学课程变革的关系进行了研究。

　　全文共分五个部分：

　　第一章：导论。黑格尔曾说，研究哲学就是研究哲学史。通过梳理课程社会学的发展历程，以求对课程社会学及其研究思路有一个整体性、概略性的把握。受李约瑟问题、中国近代教会学校开设科学课程问题等的启发，笔者认识到对科学课程进行社会学分析的必要性和可行性。在对国内外研究现状的解读过程中，积极吸收学人们进行课程社会学研究的方法和智慧，确立课题研究方向。通过对什么是科学课程、什么是社会学研究等基本问题的分析，以求为本研究界定一个相对清晰的思路。

第二章：课程方法论的技术理性批判。技术理性是科学理性的一种极化，它是理解世界的一种逻辑思维方式。它建立在技术、逻辑、理性基础之上，采用人与自然二元分离的哲学观，关心实用目的，崇尚量化方法。这种技术理性在科学课程领域已经上升为一种方法论。在借鉴哲人们技术理性批判的方法和智慧的基础上，试图对技术理性的课程方法论进行解构，以求建构一种科学人文主义的课程方法论。

第三章：人文追求与价值回归。强调科学与人文的融合，或者突出科学的人文性，是当前科学课程变革的一个突出特点。但是，这种融合是建立在对科学主义的猛烈批判立场上的，科学真的那么反动吗？本部分通过对科学批评的批评，通过揭示科学所蕴涵的丰富的人文价值，通过批判科学课程对科学本质的异化，说明科学课程回归人文是实现其课程价值的必然选择。

第四章：道德教化与社会控制。社会秩序的基础是组成社会的个体具有共同的价值规范，教育在使公共社会形成共同的道德信仰过程中起着重要的社会化功能。科学课程作为教育系统的一个组成部分，它也不是价值中立的。它通过知识的分类、分层、组织、传播同样承担着社会选择的功能，科学课程通过宣扬一种普遍主义、实证主义、个人主义、价值中立主义的社会价值观，在传播社会主流意识形态。只是科学课程的此类功能相对于人文社会科学课程而言更加隐蔽罢了。

第五章：社会建构与课程发展。科学知识是科学课程的核心要素。传统的科学课程观是建构在科学知识的客观、普适、价值中立基础上的。随着科学知识自身发展以及科学、技术与社会的交融与互动，人们对科学知识的认识更加多元，传统科学知识观在发生根本性的转变。在社会学、文化学和人类学的视野中，科学研究是人的活动，科学家是现代社会职业者，科学知识是科学共同体按照共同遵守的规范达成的共识，科学知识具有文化性、时限性、相对性和境域性，科学知识从本质上讲无非是一种社会建构物。多元科学知识观的建立必然导致科学课程的新发展。

ABSTRACT

Sociologically Analyzing on science curriculum is a challengeable task in the research field of curriculum and teaching theory. Sociology, science sociology, science knowledge sociology and curriculum sociology theory and methodology are applied to analyze and explore systematically on science curriculum methodology, humanism – oriented science curriculum and its change/innovation, science curriculum and its ideology, science curriculum and social control, traditional science knowledge theories and the new development of science curriculum in the research.

In the research, science is taken as a kind of culture and science curriculum is understood as a social phenomenon. Criticizing of technological rationality on science curriculum methodology by drawing on the principles and methodology and research wisdom of Habermas's critiques in social theory and rethinking and criticizing on opposite duality theory of science and humanism lay a sound foundation for exploring research on humanistic structure of science curriculum and its reform. Beginning with analysis on the relationship between science curriculum and moral humanization and ideology, this paper has made a systematical research on the social function of science curriculum by drawing on the latest research accomplishments of science sociology and curriculum sociology. On the basis of absorbing the latest research accomplishments of knowledge theory and science knowledge sociology, it also explores on the nature of science and science knowledge and the transition of knowledge viewpoints in science curriculum and its relation with science curriculum innovation.

It includes five parts:

Chapter One: introduction. Hegelian has ever said that a study on philosophy is a study on philosophy history. This chapter goes through the development of curriculum sociology which help to master curriculum sociology and its research ways generally and strategically. The Needham Problem that Chinese latter – day church school setting science curriculum enlightens me on recognizing the necessary and possibility of doing sociological analysis on science curriculum. The direction of task research is established through actively absorbing scholars' methods and wisdom to probe into curriculum sociology during the process of understanding the current situation of research on science curriculum at home and abroad. It renders a comparatively clear thinking way for the research through the analysis on what is science curriculum and what is sociology research.

Chapter Two: criticizing of technological rationality on curriculum methodology. Technological rationality is a polarization of science rationality, which is established on the basis of technology and logic and rationality and adopts separate duality viewpoints of human and nature and takes care of pragmatism purpose and advocates quantitative methods. This technological rationality in the field of science curriculum has already developed into a methodology. Using philosophers' methodology and wisdom of technological rationality criticism for reference, it tries to disintegrate the curriculum methodology of technological rationality in order to construct a curriculum methodology of science humanism.

Chapter three: back to value and humanistic hanker. Emphasis on the integration of science and humanism or the humanistic characteristic of science is an outstanding trait of current science curriculum innovation. But the integration of science and humanism is build on drastic criticism on scientism, does science really very reactive? This part proves that science curriculum goes back to humanism is an inevitable choice for realization of curriculum value by criticizing science criticism and revealing rich humanism values of science and criticizing the dissimilation to the nature of science by science curriculum.

Chapter four: moral humanization and social control. The base of social order is that individuals who consist of society have the common value criterion, and the socialization function of education plays a vital role in the process of common moral belief establishment. Science curriculum as a part of educational system is not the neutrality of value. It plays a role of social choice through classifying and grouping and organizing of knowledge and spreads social mainstream ideology by advocating universalism and positivism and individualism and value neutralism. Nevertheless, this function of science curriculum is more hidden than that of science curriculum of humanistic society.

Chapter five: social construction and curriculum development. Science knowledge is a key element of science curriculum. The objectivity, universality and value neutrality of science knowledge is the foundation of traditional science curriculum. With the development of science knowledge and integration and interaction of science and techniques and society, it becomes plural for people to recognize science knowledge and traditional science knowledge theories have shifted radically. In the domains of sociology, culturology and anthropology, science research is human activities and scientists are modern social workers and scientific knowledge is the common awareness that science community have conformed according to standard which they should observe and science knowledge is cultural, time – limited, relative and situational, science knowledge is a social construction essentially. Plural science knowledge theories establishment inevitably lead to new development of science curriculum.

第一章 导论

1.1 缘起

斯宾塞在 19 世纪提出了确定科学课程社会地位和价值的根本性问题："什么知识最有价值"。斯宾塞说，一致的回答是科学。[①]人们往往习惯于从科学与人文的对立与冲突，以及对科学主义的溯源与批判来理解这句话的意义。如果从社会学的角度来理解这句话，它隐含着"知识分层"这一课程社会学的根本性问题。20世纪 70 年代，迈克尔·W. 阿普尔（Michael Apple）又提出了"谁的知识最有价值"[②] 这一课程社会学的根本性问题。课程与文化霸权、文化再生产、意识形态、知识的分类、分层、组织、传播、评价之间的关系成为课程社会学研究的核心内容。

20 世纪 90 年代以来，课程社会学作为教育社会学的分化抑或深化，同时又作为课程理论研究的一个部分，正逐渐成为我国课程与教学领域的热点与前沿性课题之一。其间，课程的社会学研究大多集中在课程制度、课程政策、课程文化、课程

---

① ［英］斯宾塞著，胡毅、王承绪译：《斯宾塞教育论著选》，人民教育出版社1997 年版，第 91 页。

② 迈克尔·W. 阿普尔著，黄忠敬译：《意识形态与课程》，华东师范大学出版社2001 年版，第二版序言第 6 页。

知识、课程中的性别等问题。其中，对课程知识进行的社会学分析主要集中在人文社会学科，对科学课程进行社会学研究的成果很少。

导师石鸥先生提出从科学知识社会学的研究入手，对科学课程进行社会学分析的命题。虽经多次有所畏难、矛盾与冲突，但在导师不断启发、鼓励和指导下，最终选择了《科学课程及其变革的社会学审视》作为博士论文的选题。

1.1.1　李约瑟问题的启发

关于中国古代有没有科学，有什么样的科学，主要有三种意见。一种意见认为中国古代没有科学。代表人物有任鸿隽、冯友兰和竺可桢。1915 年任鸿隽在《科学》杂志创刊号上发表了《说中国无科学的原因》一文，1922 年哲学家冯友兰在《国际伦理学杂志》上用英文发表了《为什么中国没有科学？——对中国哲学的历史及其后果的一种解释》一文，1944 年吴藻溪将德国历史学家魏特夫（K. A. Wittfogel）的《中国为什么没有产生自然科学？》一文译成中文后，竺可桢又发表了《中国古代为什么没有产生自然科学？》一文。① 三人各自从不同的视角解读了中国没有产生科学的原因。第二种意见认为中国古代不是没有科学而是不发达，代表人物有陈立和钱宝琮。第三种意见认为中国古代不仅有自然科学，而且很发达。持这种意见的代表是英国学者李约瑟（J. Needham）。他在研究中国科技发展史后，提出了为什么近代科学只在欧洲，而没有在中国文明（或印度文明）中产生？为什么在公元前 1 世纪到公元 15 世纪期间，在应用人类的自然知识于人类的实际需要方面，中国文明远比西方更有成

---

① 　席泽宗：《科学史十论》，复旦大学出版社 2003 年版，第 30 页。

效得多？这一"李约瑟问题"（Needham Problem，或 Needham Question）。

那么，什么是李约瑟所指称的近代科学呢？他把近代科学的特点归结为了六点：①

（1）从所讨论的现象中，选择出几个可用数量表示的特点来；

（2）提出一个包括所观察各量之间的数学关系式在内的假说（模型）；

（3）从这个假说推出某些能够实际验证的结果；

（4）观察、然后改变条件，再观察——即进行实验（反复实验），尽可能地把测量结果用数值表示出来；

（5）接受或否定第二步所作的假说；

（6）用已接受的假说作新假说的起点，并让新的假说接受考验。

如果用这六条标准来衡量，东西方在古代都没有现代意义上的科学。"直到 14 世纪末，东方人和西方人是在企图解决同样性质的问题时，共同工作的。从 16 世纪开始，他们走上了不同道路。分歧的基本原因，是西方科学家领悟了实验的方法并加以应用，而东方科学家却未领悟它。"②

其实，在第一次工业革命以前，东西方都处于农业社会。在古代农业社会，科学与技术之间没有必然的联系，可以说是平等发展的两极，从某种意义上说，技术的发展更超前、更基础一些。比如，炼金术、炼丹术、建筑艺术等等。科学史学家公认科学具有两个传统：一个是工匠传统，一个是哲学传统。从第一个传统来看，中国古代不但有科学技术而且很发达，从第二个传统

---

① 席泽宗：《科学史十论》，复旦大学出版社 2003 年版，第 30—31 页。

② 同上。

来看，有助于科学生长的哲学传统则非常贫乏。

借鉴 STS 教育理论的观点，我们自然会追问，中国的哲学传统消解了科学的成长，这种文化传统对科学教育又有什么影响？为什么中国没有产生现代意义上的科学教育？为什么即使移植也经历了那么多的曲折与变异？

中国古代的科学教育，更多的是"技术的教育"，而不是"科学的教育"，这和中国特有的实用主义文化传统有关。科学技术教育更多的是为"人"服务的，而不是为"事"服务的。中国科学技术的不发达，与中国的科学教育不发达有着必然的联系，而中国科学教育的不发达与中国的文化传统、特有的社会发展模式有着深刻的联系。这种文化传统和社会发展模式至今仍然存在于我们的科学教育之中。这样，李约瑟问题就诱发了从文化学的角度研究科学教育和科学课程的动机。

1.1.2　中国古代科学教育传统的启示

从一般意义上讲，自从产生了教育这种社会现象，就有科学教育的内容，也就有了科学课程。因为，教育产生的根源在于传授生活经验，教育最基本的功能是传授人在自然环境中的生存技能，这里必然伴随着对自然规律的启蒙认识。如天气的变化、动植物的简单识别、动物运动与生息的规律等。因此，可以说从教育产生之日起，就有科学教育的内容，而且其教育内容随着人类社会、生活的发展而发展。

在我国西周时期，科学教育的内容已经比较系统了。"书"、"数"的教育，一般来说属于小学教育的内容。古代"数"的教育，是与"术"紧密相连的，故称"数术"。"算"仅是"数术"的一种，现在称小学数学为算术，大致与此有关。"数术"在西周有很大发展。西周时 6 岁儿童开始学数数，从 1 至 10 的数目。9 岁儿童学"数日",指学习记日法,先学甲子纪日,然后再逐渐加深。10 岁儿童开始学"书计",所谓"计",指计算能力的培养,主要学习十进制记数法。这种记数方法,在数学发展史上曾居先进行列。其次学习计算方法。

春秋时期,墨家的科学教育已经达到了相当高的水准,尤其是物理知识的教学。在《墨经》中,论述过光学的内容有 8 条,而且是有系统的逻辑编排。"前五条,首论影的成因,次述光和影子的关系,第三以针孔成像论证光的直线进行,接着说光的反射,最后讨论光、物、影三者的关系,这样光学中的影论部分已基本具备了。后三条分别论述平面镜、凹面镜、凸面镜的成像规律。"① 也就是说早在春秋时期,我国的学校教育已有了科学内容。

此外,儒家经学,把科学知识自然地融入人文知识之中。孔子的教学经常用譬喻或实物为直观,以阐明抽象的道理。如用流水来阐释万物生生不息,用松柏比喻节操,用"北辰"比喻"德政",用"草上之风"喻君之德,其他如门、户、路、车、苗、山、水等日常事物,都是孔子教学的材料。有一类字被称为"天地类之纯形",教这类字,便要向儿童介绍日、月、云、雨等天文知识,以及山、水、川、泉等地理知识。又如甲骨文、金文表述动植物名称的字,其形象酷似原物,儿童习读这些文字,自然而然就粗知了有关动植物形状结构方面的知识。这些字,有的就像教学使用的挂图,形象直观。

通过诗歌的形式传授科学知识是我国古代教育的又一大特色。唐代天文学入门教材《步天歌》中,娄宿与柳宿在天空中的位置就是用诗句的形式来描绘的:"娄三星不匀近的一头,左

---

① 席泽宗:《科学史十论》,复旦大学出版社 2003 年版,第 34 页。

更右更鸟夹娄，天仓六个娄下头，天庚三星仓东脚，娄上十一将军侯。"①"柳八星曲头垂柳，近上三星号为酒，享宴大酺五星守。"① 宋代方逢辰编撰的蒙学教材《名物蒙求》在内容编排上也很有特点。为便于儿童记诵，作者巧用四言诗来陈述自然科学知识。作者在阐述动物和植物的区别时写道："物有知者，鸟兽之属；物无知者，为草为木。"② 在阐述云、雨的形成过程时，说："云维何兴？以水之升。雨维何降？以云之蒸。"③ 教材在区分相似事物时，对细节的描述既形象生动，又明快准确。如，对水、泉、濑、潭、涯涘、源流、津、洲等地理概念进行区分时，写道："滔滔者水，涓涓者泉。激为滩濑，深为潭渊。有涯有涘，有源有流。渡口为津，沙碛为洲。"④ 从教材的用语中可以看出，作者对事物的观察非常细致。李白的诗句"飞流直下三千尺，疑是银河落九天"中，"飞流直下"就是物理学上的落体运动，如果有人追问"为什么飞流直下？"就和牛顿的问题"为什么熟透了的苹果会落到地面上来？"如出一辙了。但是，我们的传统文化缺少这种形而上学的追问。"银河"、"九天"则自然涉及天文知识。

　　中国古代科学知识与人文知识的和谐融洽，科学教育内容呈现形式的多样与独特，在人文教育中渗透科学知识的方式、方法，科学知识的选择、组织与传授等都有其深刻的社会、文化背景。这些特点开拓了对科学课程进行社会学分析的视野。

---

　　① 梅汝莉、李生荣：《中国科技教育史》，湖南教育出版社1992年版，第166页。
　　② 同上书，第274页。
　　③ 同上书，第273页。
　　④ 同上书，第274页。

1.1.3　近代教会学校开设科学课程的反思

1792 年法国学者孔多塞以公共教育委员会主席的名义向立法议会递交了一份学校设置方案报告书，主张在小学和中学开设科学课程。在我国最早开设科学课程的学校是教会学校。1839年美国传教士布朗（S. R. Brown）"在澳门开办用中英文教学的马礼逊学堂，这是我国本土出现的第一所教会学校。课程除宗教外，设有中文、英文、算术、代数、几何、生理学、化学、历史、地理等"。[①] 1862 年，清政府设立同文馆，1866 年拟订同文馆学习天文、算学。自然科学课程的设置，使同文馆由单纯学习外文的专科学校逐步成为兼习科学技术的综合性学校。

为什么西方热衷于创办教会学校，传播科学知识？1877 年和 1890 年狄考文在基督教传教士两次大会宣称："如果科学不是作为宗教的盟友，它就会成为宗教危险的敌人。"[②] 有些传教士们认为科学与宗教是盟友而不是敌人，通过科学教育有助学生皈依基督教。"上科学课可以讲神在自然中的意志与启示，一句话，在全部的教学过程中都实施和贯穿宗教教育。"[③]

科学教学除了具有显性的宗教教义的渗透功能以外，还有隐性的渗透功能。一是通过科学课程的开设让中国学生对西方科学技术的发达产生仰慕之感，使传教士博得敬意，然后在科学的导引下，把人们的目光逐渐引向上帝；二是通过在科学课程的教学过程中表现出来的传教士的人格力量，宣扬宗教信仰的意义和价值。此外，宗教学校通过开设科学课程还可以使其毕业生更有能

---

①　张传燧：《中国教学论史纲》，湖南教育出版社 1999 年版，第 273 页。

②　吕达：《课程史论》，人民教育出版社 2000 年版，第 22 页。

③　胡卫清：《普遍主义的挑战—近代中国基督教教育研究（1877—1927）》，上海人民出版社 2000 年版，第 108 页。

力，以便控制中国社会向有利于西方的方向发展。当然，在教会学校，与宗教教义相悖的科学成果，得不到传播。日心说，可以说是西方近代科学的基石，哥白尼早在1543年就发表了《天体运行论》，但教会学校却从不介绍这些内容，而是介绍第谷的观点。

在中国长期闭关锁国的情况下，西方传教士为中国送来了西方科学和文化，教会学校对于旧教育体制和课程体系产生的冲击，具有积极的意义。即使是现在，许多具有教会传统的学校在多元教育文化中仍然具有独特的价值。我们的问题是，科学课程是价值中立的吗？它和文化传统、意识形态具有内在的联系吗？可以进行社会学研究吗？

1.1.4　对科学课程变革的历史拷问

就科学而言，有四个层次：一是器物技术层面，这是科学的应用部分，或者说是科学的具体化；二是解释层面，包括基本概念、事实、定律、理论，这是科学的基本内容；三是社会层面，包括科学的社会建制与文化环境，这是科学的社会基础与作用部分；四是精神层面，包括科学思想、科学方法等，这是科学的灵魂。前两个层面主要涉及科学内部的问题，后两个层面则主要是科学与外部环境的互动。

这让我们联想到为什么我们的科学课程及其变革总是停留在器物技术层面和解释层面，而社会层面和精神层面这一科学的灵魂却得不到应有的发扬？在西方，现代意义的科学教育生长于希腊的科学精神，发展于第一次工业革命和文艺复兴运动，至今也有三百年的历史。其间，科学教育处于不断的变革过程之中。在我国，从魏源的"师夷之长技以制夷"，洋务运动中的"求强求富"，严复等人的"西学格致救国"，20世纪初的"科学救国",70年代的"四个现代化"和今天的"科教兴国",科学教育的变革也有一百多年的历史了,为什么人们总是批判学校科学课程缺乏科学精神?在经过近一百多年学西洋、搬苏联、再学西洋之后,我们的科学课程的变革能够承担起"科教兴国"的使命吗?换个角度说,科学课程如何变革才能实现对借鉴的超越?找回科学教育中失落的灵魂,这自然离不开科学课程的社会学研究。

1.1.5 客观、普遍、价值中立科学知识观的解构

传统意义的科学和科学知识是对客观世界的客观反映,是客观的、普遍的和价值中立的。因此,在现代社会,科学知识被认为是知识的典范,远离主观、情感和价值偏向,科学家被认为是最公共无私的,成为社会正义的化身,科学方法被视为唯一能获得称得上知识的合理地认识世界的方法,科学的理论是正确无误的,科学的发展是事实、知识、真理的永恒累积,就像砖块的堆砌。

马克斯·韦伯曾用"世界的祛魅"来描述现代科学世界观的根本特征。①"祛魅"的科学世界观,否认自然具有任何主体性经验和感觉,自然被剥夺了其丰富的属性,成为抽象的、空洞的、死了的客观实在。既然世界是客观而没有生命的实在,我们对它的认识,就可以类似于通过机器部件的拆装而认识整部机器那样去认识世界。采用还原论的方法,把事物从复杂还原到简单,从多元还原为一元。要了解事物的真相,就必须尽可能地了解构成事物的最简单、最基本的原子世界,它是事物的最小单

---

① 大卫·雷·格里芬著,马季方译:《后现代科学》,中央编译出版社1998年版,第1页。

位，是构成一切事物的基础，它代表着存在本身，是存在的存在，它的特征规定了事物的特性。

科学是人的活动而不是机器的活动，它怎能摆脱社会文化环境的影响？20 世纪 70 年代以来，一种把"科学作为文化"（science as culture），以及进行"科学的文化研究"（cultural studies of science）思潮在悄然兴起。在西方，人们围绕着科学究竟是 nature（自然的或先天形成的）？还是 nurture（后天的或人工育成的）？展开了激烈的争论。

以爱丁堡学派为代表的科学知识社会学家们，主张科学知识不是纯粹的自然实在与客观经验的反映，而是由利益、权力等社会因素所建构，经过宣传、妥协和约定为科学共同体所接受的。拉都尔（Latour）、伍尔加（Woolgar）和克诺尔—塞廷娜（Knorr-Cetina）。关于实验室活动的分析，得出了科学事实是由金钱、权力、谈判、妥协、约定等一系列因素所组成的复杂社会网络所构成的结论。科学知识的生产受着金钱的控制，科学观察渗透着理论，科学探究伴随着激情，科学与政治的结合成为一种意识形态，科学发现存在优先权的争夺，科学共同体内部对科学发现存在争论、协商、共识，学术权力在科学研究资源的占有、科学发现优先权的争夺中起着重大影响等，都解构了科学客观、普遍、价值中立的神话。

库恩在《科学革命的结构》一书中，提出了科学和科学知识的发展并非是一种累积的结构，而是经过前科学、常规科学、革命科学等阶段进行的循环式的持续革命，科学发展是一种范式的革命，每一种范式之间具有不可通约性。如哥白尼—伽利略—牛顿—爱因斯坦的革命。虽然对于库恩的范式革命理论尚存在争论，但它从一个侧面揭示了科学发展过程决不是简单的线性累积，其间伴随着机遇、偶然和突变，这对传统的科学和科学知识发展观是一种致命的解构。

科学知识社会学对传统科学和科学知识观的解构，让我们必然联想到：科学课程又在隐喻一种什么样的科学本质？它在宣扬一种什么样的科学知识观？科学家所进行的科学探究真的就是教科书所宣称的那种程式吗？科学知识之间真的像教科书所呈现的那样存在一种循序渐进的过程吗？科学教科书在宣扬谁的知识？谁的方法？谁的价值观？为什么？对这些问题的深入思考和回答，自然离不开社会学的研究。

1.1.6 教育社会学发展提供的理论支撑

对科学课程进行社会学分析，最根本的是教育社会学的发展为此提供了理论框架和分析方法。教育社会学的起源可以追溯到奥古斯特·孔德（Auguste Comte），但教育社会学的奠基者应该是涂尔干。涂尔干不仅系统地对教育进行了社会学意义的分析，而且建构了一种实证主义的教育社会学方法论。马克斯·韦伯是与涂尔干同时代的社会学家，他虽然对教育的论述不多，但他把微观解释学引入了社会学理论分析框架，创建了人文主义社会学方法论。这样，教育社会学就有了两种方法论研究传统：科学主义取向的和人文主义取向的。

从事教育社会学研究的群体大体可以划分为二类。一类是教育学者，其研究内容主要立足于学校实际的教育活动，注重解决具体的教育问题，研究方法往往以思辨、描述、文献资料和理论说教为主，具有定性研究的特征。另一类是社会学者，他们普遍以社会学原理来解剖教育制度，视各级学校为社会化的机构，既研究社会大环境是如何影响、制约着学校格局的，又探索学校是如何通过毕业生进入社会而影响社会分层、社会流动、社会变迁的，教育的供需与社会控制、社会选择之间存在怎样的关系等。

两个群体之间的研究方法论基础不同，带来了关于教育社会学是属于教育学学科还是社会学学科的争论。

我们认为，对教育社会学学科性质的理解和研究队伍存在很大关系。当教育学家从教育内部研究教育社会学时，往往把教育社会学视为教育学的一个分支学科，当社会学家站在教育外部从事教育社会学研究时，则主张把教育社会学作为应用社会学的一个分支。目前，从事教育社会学研究的教育学者也越来越关注实证方法的意义和价值。从事教育社会学研究的社会学者越来越重视人文方法的意义和价值。两支研究群体之间的边界越来越模糊。但在很长的一个时期内，教育社会学研究都没有把课程与教学引入到社会学分析视野。

70 年代以来，西方教育社会学受知识社会学、符号互动论以及人种志方法论的影响，开始注重知识（课程）的社会学分析。1971 年，英国学者 M. F. D. 扬出版了《知识与控制：教育社会学新探》（Knowledge and Control：New Directions for the Sociology of Education）一书，该书的出版"标志着'新教育社会学'的滥觞，表明了教育社会学研究一个新时代的到来，预示着教育社会学研究开始转型，从传统研究领域关注分配和教育组织向课程和教育学问题的转向"[1]。

1999 年，石鸥教授出版了《教学病理学》一书，首次系统地把学校教学纳入到社会学的分析视野。其运用社会病理学的原理和方法，对教学疾病的性质、范围、主体、原因和程度进行了分类，对教学疾病产生的原因、发生发展的过程以及教学机体在

---

[1]　M. F. D. 扬著，谢维和、朱旭东译：《知识与控制：教育社会学新探》，华东师范大学出版社 2002 年版，前言。

发病过程中的功能、结构的变化进行了系统研究。① 在研究中，他所提出的"失范"、"失衡"、"专制"、"偏见"、"危机"、"疾病"、"病理"、"诊治"等概念体系为进行科学课程与教学的社会学分析提供了方法论和概念基础。同年，吴永军博士出版了我国第一本《课程社会学》专著。

总之，教育社会学的理论发展与课程社会学研究的日渐成熟，它们所秉承的实证与人文方法论传统，所提供的"社会化"、"社会分层"、"社会变迁"、"亚文化"、"社会秩序"、"社会冲突"、"再生产"等概念体系，为科学课程的社会学分析提供了有力的理论和方法论支撑。

由于当前的教育社会学、课程社会学分析大多集中于人文社会学科领域。如：迈克尔·W. 阿普尔（Michael Apple）的《意识形态与课程》一书中对科学课程的社会学分析不过几个段落，吴永军博士的《课程社会学》一书，对课程的分析也仅停留在思想品德、历史、语文等学科。因此，对科学课程进行社会学分析，不仅是对教育社会学、课程社会学研究的有益补充，而且可以给当前的科学课程及其变革提供理论和实践层面的有益支撑。

1.2　研究的目的和意义

对科学课程变革的研究视角应该是多元的、生态的。但从目前看，对科学课程变革的研究视角比较单一，从社会学的角度来审视我国科学课程的变革更加薄弱。这不仅表现在一般意义的理论研究上，而且表现在社会学家对课程变革的参与上。

美国"2061 计划"和《国家科学教育标准》的研究者中均

---

① 石欧：《教学病理学》，湖南师范大学出版社 1999 年版，第 33 页。

有社会学家、科学史专家参与其中，而且从 20 世纪 70 年代以来，一直把"理解科学作为一项社会事业"作为科学素养的一个重要维度。而我国不仅没有社会学家参与到科学课程的改革过程中去，而且对科学课程与教学进行社会学研究的也极为稀少。

课程是文化的一种形态，从来都不是价值中立的，那么科学课程的变革又承载怎样的文化变迁？在变革中又会出现怎样的文化冲突？费孝通先生说："我们的古史里藏着许多偶像，而帝系所代表的是种族的偶像。……王制为政治的偶像。……道统是伦理的偶像。……经学是学术的偶像。……这四种偶像都建立在不自然的一元论上。……有了这样坚实的一元论，于是我们的历史一切被其搅乱，我们的思想一切受其统治。"① 在我们的科学教科书中，对沈括、祖冲之等历史科学家进行个人英雄主义的宣扬，以凸显民族主义之时，是否看到了传统文化的影子？

在比较与借鉴和对传统科学课程进行批判的过程中，在对自我建构的科学课程变革模式进行憧憬和欣赏之时，我们是否理解了费孝通先生所提倡的一种社会学研究态度："任何变迁过程必定是一种综合体，那就是：他过去的经验、他对目前形势的了解以及他对未来结果的期望。过去的经验并不总是过去实事的真实写照，因为过去的实事，经过记忆的选择已经起了变化。目前的形势也并不总是能得到准确的理解，因为它吸引注意力的程度常受到利害关系的影响。未来的结果不会总是像人们所期望的那样，因为它是希望和努力以外的其他许多力量的产物。"②

在比较与借鉴和对科学课程进行批判的过程中，应该出现多元化的话语，因为"社会情况通常是复杂的，参与改革的一个

---

① 费孝通：《在人生的天平上》，新世纪出版社 1998 年版，第 88 页。
② 同上书，第 95 页。

个人，他们的期望也可以各不相同。……最简单的形式如一个船长在指挥一条船航行时，对他的船员们发出命令。又如在议会或国会里进行一场有准备的辩论，对形势或情况的不同解释和关于结果的各种期望形成辩论的中心。"① 但是，在我国科学课程变革中，专家往往在与政府的结合中，成为一个国家课程的代言人，加之自上而下的集中管理传统和信息渠道的管制，往往出现单一的话语与阐释。"对形势或情况的不准确的阐述或分析，不论是由于故意的过错或出于无知，对这个群体都是有害的。它可能导致令人失望的后果。"②

对科学课程变革进行社会学研究的意义，就在于从不同的视角对科学课程的变革提供一种分析途径和观点，把科学课程纳入到社会和文化整体的背景中进行审视，以期获得更加全面、科学、客观、有效的认识。"如果要组织有效果的行动并达到预期的目的，必须对社会制度的功能进行细致的分析，而且要同它意欲满足的需要结合起来分析，也同它们运转所依赖的其他制度联系起来分析，以达到对情况的适当的阐述。"③

1.3　本课题研究现状分析

通过文献分析，笔者已对国内外科学课程的社会学研究有了一个概况性的认识和总体性把握，通过对科学课程的社会学研究资料进行系统分析、梳理、分类、比较和概括，奠定了较为全面和深厚的文献基础，形成了较为清晰的研究脉络。从整体上看，

① 费孝通：《在人生的天平上》，新世纪出版社 1998 年版，第 96 页。
② 同上书，第 97 页。
③ 同上。

课题的研究及对文献的分析，是从三个维度展开的，一是地域维度：即国内与国外；二是时间维度：即古代与当代；三是学科维度：即课程教学论学科领域与跨学科研究领域。

1.3.1 国外研究现状分析

课程内容是通过社会主流价值过滤的，自学校教育产生之日起便是如此，学校课程绝不是把所有的经验都列为学生学习的内容，即使是师徒之间面对面口授身教时期也是如此。在教学过程中，教师总是把自认为有价值的内容传授给他的学生，价值选择往往立足于自我的生存需要和社会的发展需要。在教育史上，一般把苏美尔人训练书吏的学校作为最早的学校，社会对书吏的需要是学校产生的原因。① 苏美尔人需要管理寺庙财产的书吏，书吏管理财产需要用文字和符号进行记录，认识文字符号就需要学习，学习就需要建立学校。因此，学校课程与社会之间存在着相应的制约关系。对此，我们还可以从柏拉图的著作中寻找到这种课程思想。

柏拉图在《理想国》中把理想国设想成由执政者、军人、工农商组成的国家，这三个阶级各司其职，不能随意改变职务。柏拉图对不同阶级的培养开出了不同的课程：儿童从入学到 14 岁，需要学习音乐、体育，这是第一阶段；17 岁到 20 岁，除继续接受音乐教育外，需要学习算术、几何、天文，这是第二个阶段。第一个阶段是培养工农商阶级的，第二个阶段是培养军人的。完成这两个阶段的学习，少数优秀青年继续深造，进入培养"哲学王"的阶段，要成为哲学王还要经过三个阶段的学习，其间不断进行淘汰。20 岁到 30 岁，研究高深的科学理论，主要科

---

① 戴本博等：《外国教育史》，人民教育出版社 1989 年版，第 9 页。

目是算术、几何、天文、音乐理论；30 岁到 35 岁学习哲学；35 岁到 50 岁，参加社会事务，最终的优秀者到 50 岁时成为哲学王、社会的统治者。

此外，柏拉图提出了课程知识的选择问题。他认为，在儿童阶段，他们的可塑性很强，我们不应该放任地让儿童听不相干的故事，让他们的心灵接受成年之后不应有的见解。他提出"我们首先要审查故事的编者，接受他们编得好的故事，而拒绝编得坏的故事。我们鼓励母亲和保姆给孩子们讲那些已经审定的故事，用这些故事铸造他们的心灵。"①

从课程社会学的角度看，柏拉图的思想有三个特点：一是课程或知识与社会阶级的再生产是相对应的；二是课程或知识是有等级与层次区别的，哲学是最高层次的知识；三是社会各阶级的培养需要通过教育来完成；四是课程知识需要经过有意识的选择。

我们之所以追溯古希腊时期的课程思想，源于它的基础性作用。不仅现代科学精神起源于古希腊，而且科学史、科学哲学、科学社会学的理论往往也会伸展到那里。柏拉图、亚里士多德、卢梭、康德、洪堡、培根、斯宾塞等先哲们虽然没有进行课程社会学研究，但却给予了我们课程社会学分析的智慧。

真正意义上的课程社会学研究发端于 20 世纪 70 年代的英国。曼海姆（K. Mannheim）、扬（M. F. D. Young）和伯恩斯坦（B. Bernstein）是这一课程流派的先锋，他们尝试着把知识社会学的原理和方法引入课程领域。曼海姆的《知识社会学：教育社会学引论》（The Sociology of Knowledge：an Introduction to the Sociology of Education，1962）和扬主编的《知识与控制：教育社会学新

---

① ［古希腊］柏拉图著：《理想国》，商务印书馆 1986 年版，第 71 页。

方向》（Knowledge and Control：New Directions for the Sociology of Education，1971）成为英国课程社会学流派的代表性著作。70 年代以来，美国的批判课程理论开始兴起，阿普尔（M. W. Apple）、吉鲁（H. Giroux）、韦克斯勒（P. Wexler）、麦克唐纳（J. B. Macdonald）、曼恩（J. Mann）等是这个课程流派的代表。1979 年，阿普尔的《意识形态与课程》（Ideology and Curriculum）一书出版，1990 年再版，成为课程社会学领域的力作之一。但是，诸多课程社会学家对科学课程的社会学研究成果却并不多见。

通过检索 EBSCO 外文期刊数据库和 Internet，对科学课程进行社会学分析的主要研究成果有埃里克·康纳（Erik Knain）的论文《科学教科书中的意识形态》（Ideologies in School Science Textbooks，2001），米查林尼斯·泽姆伯拉斯（Michalinos Zembylas）的《全球化、本土化与科学课程：来自塞浦路斯的平衡斗争》（The Global，the Local，and the Science Curriculum：a Struggle for Balance in Cyprus，2002），斯蒂芬·伦恩（Stephen Lunn）的《明确地表达我们的所想……初中教师的自然科学观》（What We Think We Can Safely Say…：Primary Teachers' Views of the Nature of Science，2000），凯思·M. 勒文（Keith M, Lewin）的《南非的科学教育与政治发展》（Development Policy and Science Education in South Africa，2002），史蒂文·乔丹和大卫·约曼斯（Steven Jordan & David Yeomans）的《面对全球化挑战？当前学校科学与技术课程主动应对的比较》（Meeting the Global Challenge? Comparing Recent Initiatives in School Science and Technology，2000），罗伯特·费斯和凯思·B. 卢卡斯（Robert Fysh 和 Keith B. Lucas）的《科学和宗教：对学生信仰的承认》（Science and Religion：Acknowledging StudentsBeliefs，2002），乔纳森·奥斯本（Jonathan Osborne）的《科学没有文化如同船没有

帆》（Science Without Literacy：a Ship without a Sail？2000），丹尼尔·布雷斯劳（Daniel Breslau）的《人文主义背后的社会学：当代科学研究的一个课题》（Sociology after Humanism：A Lesson-from Contemporary Science Studies），西蒙·洛克（Simon Locke）的《公众理解科学与社会学：从合理性到修辞学》（Sociology and the Public Understanding of Science：from rationalization to rhet-oric，2002），E. W. 詹金斯（E. W. Jenkins）的《1976 年—1981年，英格兰和威尔士的科学教育协会与试图在学校科学建立政治的斗争》（The Association for Science Education and the Struggle to Establish a Police for School Sciencein England and Wales，1976—81，1998），奥鲁伯米奥·J. 杰格德和格林·S. 艾肯赫德（Olugbmiro J. Jegede and Glen S. Aikenhead）的《超越文化边界：科学教学的隐喻》（Transcending Cultural Borders：Implications for Science Teaching，2001），克雷格·萨沃伊（Craig Savoye）的《谁的科学？》（Whose′ Science？）。

对科学课程进行社会学研究的专著尚未检索到。但是，科学史、科学社会学、科学哲学、课程社会学的部分专著涉猎到这个问题。如：［美］哈尔·赫尔曼（Hal Hellman）的《真实地带》（上海科学技术出版社，2000），［美］雅·布伦诺斯基的《科学进化史》（海南出版社，2002），吴国盛的《科学的历程》（北京大学出版社，2002），［英］贝尔纳的《科学的社会功能》（广西师范大学出版社，2003），［英］巴里·巴恩斯的《科学知识与社会学理论》、《局外人看科学》（东方出版社，2001），［英］迈克尔·马尔凯的《科学与知识社会学》（东方出版社，2001），［法］皮埃尔·迪昂的《物理学理论的目的和结构》（华夏出版社，1999），［美］罗伯特·金·默顿的《十七世纪英格兰的科学·技术与社会》（商务印书馆，2002），皮尔逊的

《科学的规范》（华夏出版社，1999），托马斯·库恩的《科学革命的结构》（北京大学出版社，2003），［德］W. 海森伯格的《物理学和哲学》（商务印书馆，1999），刘大椿的《科学哲学》（人民出版社，1998），波普尔的《科学知识进化论》（三联出版社，1987），汉斯·波塞尔的《科学：什么是科学》（上海三联出版社，2002），大卫·雷·格里芬的《后现代科学》（中央编译出版社，1998），［德］哈贝马斯的《作为"意识形态"的技术与科学》（学林出版社，2002），［德］卡尔·曼海姆的《意识形态与乌托邦》（商务印书馆，2000），美国科学促进会的《科学素养的基准》（科学出版社，2000），迈克尔·W. 阿普尔的《意识形态与课程》（华东师范大学出版社，2001），麦克·F. 扬的《知识与控制——教育社会学新探》，琼·所罗门的《科学·技术·社会教育》（海南出版社，2000）等著作。

以上部分著作虽然对科学教育、科学课程稍有涉猎，但往往是些只言片语。如库恩在其著作《科学革命的结构》第一章绪论中说："如果我们主要是寻求和考察那些从科学教科书中得出的、不含历史的旧规老套的问题的回答而继续使用历史资料的话，那么，新科学观就将不可能从历史中产生。例如，这些教科书似乎经常这样暗示：科学的内容是惟一地由书中各页所述的观察、定律、理论所呈现的。这些书几乎始终无例外地被理解为，科学方法只是收集这些教科书资料所使用的各种操作技巧，连同把这些资料与教科书的理论概括联系起来所使用的逻辑动作，二者凑合在一起的结果而已。这样一种科学观大大影响了我们关于科学本质及其发展的理解。"① 那么，为什么科学教科书在传播与真实的

---

① 托马斯·库恩著，金吾伦、胡新和译：《科学革命的结构》，北京大学出版社2003 年版，第 1 页。

科学事业并不相符的科学观？库恩没有再进行深入的分析。

这些著作中关于科学教育的审视与评述为进行科学课程的社会学分析提供了思考的空间。科学史、科学社会学、科学哲学的原理与方法对科学课程的社会学分析提供了方法论基础：第一，要把科学课程纳入社会的宏观背景中去讨论，这是科学史的外史编撰思想的启发；第二，把科学技术作为一种文化来思考，文化是社会建构物，那么对科学课程的内容进行社会学分析就是理所当然的，这是科学社会学的研究思路；第三，"谁的知识具有价值"是课程社会学研究的核心追问，那么科学课程又在传播谁的科学呢？

1.3.2 国内的研究现状

中国古代思想家对课程内容与社会关系的认识是十分深刻的。儒家主张"学而优则仕"，强调教育要培养"修身、诚意、齐家、治国、平天下"的君子。几千年来，中国传统教育的一个突出特点就是"政教合一"。孔子认为，治理国家首要的是依靠教育的道德教化。他说："道之以政，齐之以刑，民免而无耻；道之以德，齐之以礼，有耻且格。"[1] 在孔子那里，好的政治应该是一种对人的道德感化，为政本身就是对人的一种教育过程，教育过程也就是政治实现的过程，教育的好坏关乎政治的优劣，这样为政自然需要"仕"来完成。这样教育就起着促进社会分层、社会流动、社会变迁和社会化的功能。

孔子以《诗》、《书》、《礼》、《乐》、《易》、《春秋》六艺为其核心课程，他注意到不同的课程内容对人的修养具有不同的功能，而且不同课程的知识有等级之分。他说："兴于诗、立于

[1] 《论语·为政第二》，吉林摄影出版社 2003 年版，第 10 页。

礼、成于乐"，在论语中，他对《诗》的课程价值进行过深刻的阐述，"小子何莫学夫诗？诗，可以兴，可以观，可以群，可以怨；迩之事父，远主事君；多识于鸟兽草木之名。"① 他非常重视礼、乐之教，却极少提及射、御之教。

墨子与孔子不同，他立足于平民立场，把教育看成为社会除害兴利，实现"兼爱"的工具。孔子重仁墨子倡义，孔子以"君子"为道德的范型，墨子则追求"兼士"。由于墨子的社会价值追求在于社会实利，因此他非常重视科学技术知识的教育。当时，墨家的科学教育有很高的造诣，内容涉及数学、光学、力学等。比如：几何学中的圆，墨子定义为："圆，一中同长也。""一中"即"中心一点"，"同长"即"等距离"，与现代几何学中圆的定义颇为一致。又如"力"，墨子定义为："力，形之所以奋也。"② 力就是使物体改变形状的原因。墨子把小孔成像的规律解释为："景，光之人，照若射。下者之人也高；高者之人也下。足蔽下光，故成景于上；首蔽上光，故成景于下。在远近有端与于光，故景库内也。"③ 意思是说，光沿直线传播，照在人身上，上面的光向下照，下面的光向上照，由于脚挡住了向上的光，故成像在上面；头挡住了向下的光，故成像在下面，小孔的位置与光有关，像便会映射到库孔里。这种解释和现代光学的解释是一致的。

从儒、墨两家课程内容选择的不同，可以看出人们的社会价值追求对课程的设置和选择具有过滤作用。15 世纪之前，我国的科学技术一直处于世界领先地位，但科学教育在整个教育制度

---

① 《论语·阳货第十七》，吉林摄影出版社 2003 年版，第 140 页。
② 席泽宗：《科学史十论》，复旦大学出版社 2003 年版，第 34 页。
③ 谭戒甫：《墨经分类译注》，中华书局 1981 年版，第 39 页。

中并没有处于显性的地位，这和我国长期封建社会的主流社会文化有关。自汉武帝采信董仲舒等人的建议，实施"罢黜百家，独尊儒术"的文教政策以来，儒学在长期的封建社会一直处于"显学"的地位。科举考试把儒学置于官方学术，选士的学术标准仅限于经学领域，儒学几乎成为惟一可以"学而优则仕"的学问。因此，官学和私学均以儒经为主要学习内容，科学技术教育基本上被排斥出"入仕"的正途，其发展自然受到很大限制。

儒学与权势的结合，控制了学术界的思想，经学在学校课程结构中自然处于霸权地位。"学而优则仕"成为教育乃至社会的主流价值取向。长期形成了"劳心者治人，劳力者治于人"，以"读书做官"为荣，以"读书做事"为耻，以"职业为贱"，以"职业为苦"的社会心理。黄炎培曾对传统观念进行过深刻的批判："中国教育是虚名教育、玩物教育，科举制度下的教育从事于文艺，忘实而徇名，根本'不适于用'，以致造成中国面临亡国亡种的危局。"①

虽然我国古代的科学技术教育没有成为一种显学，但在这样一种宏观文化背景下，科学技术教育自然也摆脱不了"学而优则仕"的桎梏，基本上是沿用职官模式，直接为王室服务。职官科技教育的主要目的在于培养具有科技能力的官吏，提高吏治效能；教师乃由朝廷官吏兼任，学生接受科技教育的目的在于进入"仕"的阶层；教学根据"官司先事"的原则传授有关科技知识，学生享有官廪及免除劳役；学成考试合格者即可入朝为吏。科技教育的内容主要是：数学、农学以及天文历法学等。由于农、天、数等科技知识直接与工政有关，故深受统治者重视，

---

① 刘桂林：《中国近代职业教育思想研究》，高等教育出版社1997年版，第163页。

并且垄断性地操办。这种科技教育模式客观上起到了传递、发展科技知识，培育科技人才的作用，并取得了丰富的职官科技教育经验。在官府举办官学的同时，民间科学家、工匠也兴办私学，采用"子就父学"、"师傅带徒弟"等教育形式传授科学技术知识，对科学技术和科技教育的发展起到了不可忽视的作用。

中国古代科学技术教育也形成了自己的一些特点：一是科技教育的目的是培养为王室服务的科技人才，因此我国古代的科技成就以医学、天文、农学、数学为盛；二是平民科学技术教育中，传统"实用主义"的影响比较突出，强调功用，农学、冶炼技术比较发达；三是教授方式是子就父学、艺徒制等形式，教学具有学用结合、世袭家传的特点；四是我国科学技术教育具有深厚的人文哲学底蕴，与西方强调主客二分不同，中国古代的科学技术教育强调"天人合一"，注重人格品德的养成；五是注重教学与实践相结合，学用一致；六是注重教学内容的时代性和实用性；七是注重教学观测、实验、问难论辩、教学相长等。这些经验在今天仍有借鉴意义。

当把我国传统科学课程的发展纳入中国传统文化的宏观背景进行审视的时候，就为科学课程的社会学分析提供了一个历史的维度。在这个维度里，先哲们的思想，中国教育的历史，科学技术发展的历史、科学课程的发展历史，又为科学课程的社会学分析提供了理论基础和分析资源。

在我国，对课程进行系统的、显性的社会学研究，是在90年代以后。石鸥的《教学病理学》（湖南师范大学出版社，1999），谢维和的《教育活动的社会学分析》（教育科学出版社，2000），钟启泉等的《课程设计基础》（山东教育出版社，2000），张华等的《课程流派研究》（山东教育出版社，2000），吴康宁等的《课堂教学社会学》（南京师范大学出版社，1999），吴永军的《课程社会学》（南京师范大学出版社，1999），丁邦平的《国际科学教育导论》（山西教育出版社，2002），孙可平的《STS 教育论》（上海教育出版社，2001），孙可平、邓小丽的《理科教育展望》（华东师范大学出版社，2002），吴刚的《知识演化与社会控制》（教育科学出版社，2002），刘德华的《科学教育的价值》（四川教育出版社，2003）等专著，以及吴永军的《当代西方课程的社会学研究述评》（《南京师大学报（社会科学版）》，1995 年第 1 期），王有升的《中国大陆与台湾初中课程目标的比较社会学分析》（《比较教育研究》，2002 年第 6 期），何雪莲的《批判与反思：国家课程标准的社会学解读》（《教学与管理》，2002 年第 8 期），吴康宁的《简论课程社会学研究的功能》（《课程·教材·教法》，2000 年第 11 期），陈雨亭的《我国中小学科教科书中性别不平等的社会学分析》（《当代教育科学》，2003 年第 3 期），钱民辉的《教育社会学百年进程》（《社会学研究》，1997 年第 5 期），刘精明的《教育与社会分层结构的变迁》（《中国人民大学学报》，2001 年第 2 期），徐学福的《科学的相对性及其在课程和教学中的渗透》（《比较教育研究》，2001 年第 7 期），李曙华的《信息时代的科学精神与科学教育》（《教育研究》，2000 年第 11 期），梁英豪的《科学教育发展一个重要方向——科学—技术—社会（STS）》（《课程·教材·教法》，2000 年第 5 期）等著作和论文不仅为科学课程的社会学分析提供了理论支撑，而且其中的部分专著和论文已涉及科学课程的社会学问题。

此外，一些科学史、科学社会学、科学哲学著作和学术论文也为进行科学课程的社会学分析提供了参考。如：刘大椿的《科学活动论·互补方法论》（广西师范大学出版社，2003），郭强的《现代知识社会学》（中国社会出版社，2000），王大珩等

的《论科学精神》（中央编译出版社，2001），张华夏的《现代
科学与伦理世界——道德哲学的探索与反思》（湖南教育出版
社，1999），赵万里的《科学的社会建构》（天津人民出版社，
2002）等著作，以及孙增霖、辛军的《哈贝马斯论科学技术的
意识形态功能》（《山东大学学报（哲社版）》，1998 年第 2 期），
欧力同的《科学技术与意识形态》（《人文杂志》，1994 年第 5
期），何根灶的《拒斥科学与意识形态的对立》（《浙江社会科
学》，1995 年第 3 期）等论文，为科学课程的社会学分析提供了
理论分析范式和方法论上的借鉴。

　　总之，当前国内外关于科学课程的社会学研究具有以下特
点：（1）具有进行科学课程社会学研究的理论基础；（2）不同
学者从哲学、社会学、伦理学、文化学、政治学等视角对科学课
程进行了研究，开始了有益尝试；（3）缺乏对科学课程进行系
统的社会学研究。

1.4　研究方法与概念界定

　　在社会学研究中，研究方法的体系有三个层次，即方法论、
研究方式、具体方法及技术。在方法论层面存在两种不同取向，
一种是实证主义或科学主义取向的方法论，一种是人文主义取向
的方法论。目前，这两种方法论呈现出由冲突与对立，逐渐走向
融合的趋势。

1.4.1　研究方法

　　实证主义的方法论长期占据了社会学研究的主流地位。奥古
斯特·孔德把"实证知识"作为知识的最高阶段。马克斯·韦
伯提出了社会科学研究的"客观性"原则，主张将价值判断从

经验科学的认识中剔除出去，划清科学认识与价值判断的路线。定量研究是实证主义方法论的典型特征。英国社会学家哈拉兰博斯说："只有当社会世界能够用数学语言来表示时，它的各个部分之间的确切关系才能证实。只有当资料可以通过可信的计量工具用数量来加以表示时，不同研究者的研究结果才能直接加以比较。没有量化，社会学就只能停留在印象主义的臆想和未经证实的见解这样一种水平上。因而也就无法进行重复研究确立因果关系和提供证实的通则。"①

不过，持人文主义方法论立场的社会学家同样援引马克斯·韦伯的论述，提出社会学的研究要采用"理解"与"神入"的态度和建立"理想类型"的方法。"理解"必然要发挥研究者的主观能动性，这种带有主观性的研究应该是定性的研究。定性研究是人文主义方法论的典型特征，与科学主义具有不同的哲学传统和理论基石。

无论在理论上，还是实践中，社会学研究的方法论并不是科学与人文简单二分的，呈现出科学主义、人文主义、人文科学主义、科学人文主义共生、共融的局面。

在不同方法论取向上，社会学研究方式又呈现出多样性，大体可以划分为四类：即调查研究、实验研究、实地研究和文献研究。

具体的方法及技术又可分为问卷法、访问法、观察法、量表法、抽样方法、测量方法、统计分析方法、定性资料分析方法、计算机信息处理分析方法等。

本课题的研究采取人文科学主义的方法论取向，坚持定性分析为主，定量研究为附的原则，具体应用文献分析的方法、调查

---

① 风笑天：《社会学研究方法》，中国人民大学出版社 2001 年版，第 10 页。

研究的方法、实验研究的方法开展研究。

1.4.2 科学课程

科学课程的英文名称是 science curriculum，它是一个合成词。science 源自拉丁词 scientia（scire，学或知）意指学问或知识的意思，science 意指人们所知道的东西，现在指自然科学，理科。课程，英语为 curriculum，是英国著名哲学家、教育家斯宾塞在 1859 年发表的一篇著名文章《什么知识最有价值》中最早提出来的，意指"教学内容的系统组织"。该词源自于拉丁语"跑道"（cursum race course），含有"跑的过程与经历"之意，后转意为教育上的术语，意为学生学习的路线，学习的进程，简称"学程"。

佐藤学在其《课程与教师》一书中对课程概念进行溯源时说："'课程'这一术语出自拉丁语的'跑道'，含有'人生之阅历'的意味。……'课程'作为教育术语出现，是在宗教革命后的大学教育内容受国家与教会控制的 16 世纪。反抗权力控制的大学，把强制推行规定了的教育内容的学程讽刺地谓之'课程'。这种'课程'作为意味着学科的课程与组织之含义术语沿袭下来。在 19 世纪末的美国，以教育行政与学校权限的分类为背景的课程涵义被重新作了界定。教育行政规定的学科课程的大纲称为'教学大纲'，'课程'意味着学校中教师和学生创造的教育经验的总体。这种学校中的'教育经验的总体'这一'课程'的意义，是今日最为普遍通行的定义。"①

在我国，"课程"一词，始见于唐宋。唐朝孔颖达在注释

---

① ［日］佐藤学著，钟启泉译：《课程与教师》，教育科学出版社 2003 年版，第 3 页。

《诗经·小雅》中就有"维护课程，必君子监之，乃依法制"的记载。南宋朱熹在《朱子全书·论学》中，多次使用课程一词，如"宽着期限，紧着课程"，"小立课程，大作工夫"等等，后朱熹又多次使用课程一词，有课业、进程的意思。在我国，教师对课程的理解大多停留在科目、教学计划的层面。

随着课程改革的不断深入，课程理论研究和课程实践研究呈现出多元化的特点，课程的含义在多种不同的理解中使用着。《简明国际教育百科全书·课程》一书中，将课程的定义归纳为9种。[①] 我们认为课程的含义主要在 4 种不同的理解中使用着：课程是科目、课程是目标和计划、课程是经验、课程是文本和对话。

在论文的使用中，科学课程从科目的构成上，包括物理、化学、生物、自然地理。鉴于数学、技术与科学的内在联系，有时在分析和使用时也会涵盖。从课程的内涵上，把科学课程理解为系统的有组织的知识经验和学习者的体验。既包括显性的科学课程也涵盖隐性的科学课程。

---

① 江山野：《简明国际教育百科全书·课程》，教育科学出版社 1999 年版，第 64—65 页。

第二章　课程方法论的技术理性批判

技术理性作为现代社会的一种意识形态已经渗透进人们的社会生活和组织结构，目标和效率是技术理性的核心特征。科学课程及其变革的组织架构、设计理念、实施与评价体现着技术理性的圭臬。泰勒原理与现代科学管理的理论基础——泰罗原理有着内在的相似性，只不过把社会中的"经济人"假设变成了学校课程中"分数人"假设。对科学课程及其变革中技术理性的剖析一方面可以让我们理解技术理性的价值合理；另一方面可以让我们认识其历史的与现实的局限性，通过理性批判，寻求更加合理的课程哲学基础。

2.1　技术理性的生长及其泛化

2.1.1　技术与理性

从词源学上看，技术理性隐含着程序化了的理性之意。技术（technology）一词来自希腊语 tekhnologia，意指对艺术或工艺的系统应用。《现代汉语词典》"技术"词条的解释为："①人类在利用自然和改造自然的过程中积累起来的经验和知识，也泛指其他操作方面的技巧。②技术装备。"①

对理性一词的翻译和理解则存在较多歧义。康德的《实践理性批判》（Critique of Practicai Reason）与《纯粹理性批判》（Critique of Pure Reason），理性对应的是 reason。reason 一词源自拉丁语 rei（想）＋son（结果），指原因、理由、动机、常识、推理、判断力等；理性一词又被译为 logos（逻各斯），logos 来自希腊语，在苏格拉底以前的哲学中，logos 意指支配宇宙的原则，及这种原则的来源或人类关于宇宙的推理；在斯多葛学派那里，logos 指宇宙中活跃的、物质的、理性的原则，是常识，是人类所有活动和产生的源泉，是存在于人类灵魂中的推理能力。《现代汉语词典》"理性"词条的解释是"①指属于判断、推理等活动的（跟'感性'相对）。②从理智上控制行为的能力"②。

正如汉金斯所言："'理性'可以表示不同的东西。它可以指强加于不羁的大自然的秩序，可以指常识（如用合理性这个术语表示的那样），它还可以指逻辑上有效的论证，就像数学中的论证那样。因为在这些含义中的任何一种意义上，'理性'都是知识和生活的宝贵指南，所以启蒙运动的哲学家们就把它用作战斗的口号而不必为其精确的定义过于操心。"③

我们认为，人们虽然对理性的理解存有诸多歧义，但也并不是没有共同的特征。首先，理性是人之所以为人的本质，人人拥有理性，理性也便成为超越于个体存在的存在。其次，理性是指秩序、规律、和谐以及对此的坚定的信仰。在课程领域，理性意

---

① 中国社会科学院语言研究所词典编辑室：《现代汉语词典》，商务印书馆2000 年版，第 598 页。

② 同上书，第 774 页。

③ ［美］托马斯·L. 汉金斯著，任定成、张爱珍译：《科学与启蒙运动》，复旦大学出版社 2000 年版，第 2 页。

味着人们相信课程存在规律，这种规律可以被课程研究者所发现、所把握，并用以解决课程实践中的问题。概括地讲就是课程有规律、实施有程序、评价有标准。这些规律、程序、标准能被我们所认识、所应用。

2.1.2　古代先哲们的科学技术思想

技术上升到理性，并成为社会控制的规范与价值观，是现代社会的事。这无疑与技术在人的生产、生活中表现出来的巨大力量有关。历史上，无论在东方还是西方，技术都没能居于显赫的地位。中国具有"重道轻艺"的传统，在15世纪之前，中国的科学技术虽然一直处于世界领先地位，但技术一直没能进入显学的范畴。古希腊虽然对技术有一定的哲学思考，但形而上是希腊精神的核心，技术并没有纳入到哲学研究的中心，而先哲们对技术的思考是批判的，而不是彰显的。

春秋时期，墨家的科学技术教育曾与儒学相当，但自汉代"罢黜百家，独尊儒术"以来，科学技术一直作为"末"、"奇技淫巧"存在于社会之中。孔子是轻视技术教育的，《论语·子路》中记载："樊迟请学为稼，子曰：'吾不如老农。'请学为圃，曰：'吾不如老圃。'樊迟出。子曰：'小人哉，樊须也！上好礼，则民莫敢不敬；上好义，则民莫敢不服；上好信，则民莫敢不用情。夫如是，则四方之民襁负其子而至矣，焉用稼？'"[1] 即使在西方坚船利炮围攻之下，1866年当清政府总理衙门奏请在京师同文馆设天文、算学科时，仍然遭到顽固派的强烈反对。山东道监察御史张盛藻奏称："若令正途科甲人员习为机巧之事，又藉升途、银两以诱之，是重名利而轻气节。无气节安望其

---

① 《论语·子路第十三》，吉林摄影出版社2003年版，第102页。

有事功哉?"① 大学士倭仁上奏说: "窃闻立国之道尚礼仪不尚权谋, 根本之图在人心不在技艺。"②

中国古代虽然取得了许多举世瞩目的技术成就, 但是都没有超出农业社会的局限, 都是在农业社会需求下的可能发明。由于科学技术一直处于社会结构的边缘, 因此现代科学技术没能在东方产生, 也没能成为影响社会行为规范的要因。倒是以儒学为核心的道德规范成为一种社会行为的理性准则。

在古希腊时期, 有关技术的用词是技艺 "techne" (复数形式 technai), 技艺是支配对象的技能, 这个对象可以是自然的, 也可能是人。园艺的支配对象是自然物, 管理技艺的支配对象是人。苏格拉底经常从自然的技艺谈起, 向统治人的技艺引申。根据支配对象的不同, 亚里士多德把技艺分为培植性技艺和建造性或支配性技艺。培植性技艺 (即苏格拉底所称的 "补偿性技艺"), 如医疗、教育、农业等, 它们旨在帮助自然更加丰富地生产出它本身就能够生产的东西; 建造性或支配性技艺, 如驾船、造房等, 它们所产生的东西不能在自然本身中自然地产生。

这种技术分类所依据的标准, 就在于技术的目的是直接指向技术自身的完善, 还是指向技术对象的利益。苏格拉底认为, 每种技艺都有自己的利益, 如舵手驾船技术, 每一种技艺的天然目的就在于寻求和提供这种利益。"技艺除了寻求对象的利益以外, 不应该去寻求对其他任何事物的利益。严格意义上的技艺, 是完全符合自己本质的, 完全正确的。"③

---

① 朱有瓛:《中国近代学制史料》(第 1 辑上), 华东师范大学出版社 1986 年版, 第 13—14 页。
② 同上书, 第 551 页。
③ 参见文成伟、刘则渊 "古希腊理性对技术的审慎", 载《自然辩证法研究》, 2003 年第 8 期, 第 45 页。

苏格拉底认为，人应该关心人事，什么是善，什么是恶，什么是忠诚之类的道德问题，而那些想了解自然规律并进行制造生产，关心上天命运的人，很容易走向恶的深渊。他把那些认为这些事并不随神意而转移，而是一切都凭人的智力决定的人称为疯子。他说："那些研究天上事物的人，当他们发现万物是按什么规律实现以后，也希望能够制造出风、雨、不同的节令以及他们自己可能期望的任何东西来"①，这种制造能力会使人变得失去理智，作出更多的邪恶。他认为，如果只有才能而没有自制的德性，那就只能多行不义和多做恶事罢了。对技术知识的系统追求要服从于道德规范和政治所关注的问题，要对技术有所约束。

在苏格拉底眼里，人的根本的追求是最完满的"善"，美德就是关于善的知识和概念。而技术的富足和变化往往能破坏个体对卓越和社会稳定的追求。他说："邻居如果不以所得为满足，也无限制地追求财富的话，他们势必也要夺一块我们的土地。……下一步，我们就要走向战争了，……战争使城邦在公私两方面遭到极大的灾难。"② 另一方面，技术膨胀后而获得财富会让人们习惯于财富提供的安逸生活，把财富当做主要的追求目标，忽略人之为人的其他各方面追求，实现美好或完美的东西（即苏格拉底的理想境界）就困难了，因为任何事物的完美，包括人本性的完美，都与温和安逸相对立。因而，选择了技术的富足无论是为自己还是为他人，都意味着选择了不太完美而不是更加完美，选择了较低水平而不是更高水平的生存状态，不再去追求个性的卓越。

---

① ［古希腊］色诺芬著：《回忆苏格拉底》，吴永泉译，商务印书馆1984年版，第4—5页。

② 同上书，第46页。

柏拉图在《理想国》第七卷关于"哲学王"教育的讨论中，对什么样的教育内容才能最有效地把"学生"领引到最崇高或最重要事物的"真理"之中时，得出的结论是，肯定不是那些技艺。由于技术无法从对世界的关怀和关心中转达或释放出这样的思想，因而它不应该成为人类生活的首要关注点。由于技术关心的是弥补世界的缺点，所以技术的定位总是更低微或更软弱。他说："其他的技术科学则完全或是为了人的意见和欲望，或是为了事物的产生和制造，或是为了在这些事物产生出来或制造出来之后照料它们。"① 在柏拉图的《会饮篇》中，狄俄提玛（Diotima）说："精通这些事物的人是有灵性的人，而且有其他智慧，例如有各种技术和手艺的人则是庸俗的、平常的"②，"手工技艺似乎又全都是有点低贱的"③。

虽然中国古代和古希腊的哲人们普遍鄙视技术，但他们之间又有不同。孔子鄙视技术是因为从事技术活动的人地位低贱，他的治国靠的是德性，技术对于实现"仕"的目的来说没有什么价值，技术没有纳入到他的研究视野，他对技术的本质也没有什么深刻的认识，他对技术的鄙视是"不说理的"。而古希腊的先哲们则不同，他们对技术的鄙视是建立在系统研究的基础上，是基于什么是技术，技术的本质是什么的哲思。如亚里士多德曾对技术的性质、技术的分类进行过系统的研究，这种研究源自对生活的观察、归纳、提升和哲思。他说："一切技术、一切规划以及一切实践的抉择，都以某种善为目标。""制作马勒以及其他马具的技术，都归属于驯马术，马战和一切战斗行动都归属于战

---

① 参见文成伟、刘则渊"古希腊理性对技术的审慎"，载《自然辩证法研究》2003 年第 8 期，第 46 页。

② 苗力田：《古希腊哲学》，中国人民大学出版社 1989 年版，第 274 页。

③ 同上。

术，以同样方式其他活动也属于其他技术。从这里可以看出，那占主导地位的技术的目的，对全部从属的技术的目的来说是首要的。因为从属的技术以主导技术的目的为自己的目的。"①

2.1.3　科学技术上升为一种理性

东西方先哲们对科学技术的认识与警惕，印证了现代社会因科学技术的无限膨胀而导致的普遍问题。启蒙运动时期，科学技术作为一种革命的力量将人类从宗教神学的桎梏中解救出来。随着科学技术的发展和广泛应用，生产力水平得到极大的提高，人类的物质生活得到了极大的丰富；科学技术把人类从繁重的劳动中解救出来，人有了更多的闲暇享受生活；生命科学和医学的发展使人类远离疾病的困扰，平均寿命普遍延长；天文和空间技术的发展，使古人"上天揽月"的梦想成为现实。科学技术的发展及其成就逐渐使科学和技术成为现代社会顶礼膜拜的偶像。科学技术知识和科学方法逐渐突破其本身的视界，渗透进人文、社会科学，并进而成为人类生活和思维的一种范式。

科学与技术的结合表现出巨大的力量，并成为衡量生产力发展水平的一种尺度。人们在技术中找到自己理性的力量，科学技术使人类从其理性的外化中反观出人类理性的威力，人类在征服自然中体验着"自我"的"自由"，技术逐渐由技巧、技能、手段上升到支配人类行动的一种力量。人类有意识地在实践过程中把目的、手段、方式、方法、对象及结果都根据技术的规范来考量，技术的要求成为人们处理一切事务的内在自觉的准则，技术思维贯穿于人类一切的实践活动，成为一种"技术理性"。

技术理性的形成依赖于技术与数学、科学的联姻。早在古希

---

① 《亚里士多德全集》第 8 卷，中国人民大学出版社 1992 年版，第 3 页。

腊时代，毕达哥拉斯就提出了万物皆数的论断。"数学能牢固地把握宇宙的所作所为，能瓦解玄秘并代之以规律和秩序。""宇宙是以数学方式设计的，借助于数学知识，人类可以充分地认识它。"① 数学的客观性、明晰性、精确性、同一性不仅成为人类知识的典范，而且成为人类认识自然的理性工具，"从星体的运动到树叶的颤动，所有感官所能感知的现象都能用一种精确、和谐而理智的形式来描述。简而言之，自然是按理性设计的，这种设计，虽然不为人的行为而影响，却能被人的思维所理解。"② "量化在与技术相连时，是最为有效的，因为随着完全自主性的技术贯彻，人们可以被排除在外，量化提高了技术设计的基础。"③ "量化的方法差不多已经变成了一种世界观，而这种方法又被等同于为技术统治的世界观。"④ 技术不仅可以借助于数学方法进行抽象还原，而且可以运用数学方法进行定量计算。人们相信只要抓住自然的运动规律，就可以用技术的方式来控制它、支配它，使其为人类服务。这样，技术就超越了它本身，成为人类认识世界的理性形式。

由数学、科学、技术的融合形成的标准化、数学化、普遍性、可重复性的技术逻辑成为人们的一种思维范式，为技术理性进入社会领域打下了基础。在现代社会，技术理性使政治规范的外在控制转向了内在的自觉控制，效率和逻辑的内在准则成为社会组织行为的内在准则。理性的知识成为社会组织控制的条件和

---

① 陆江兵：《从理性的技术到技术的理性》，载《科学技术与辩证法》1999 年第 2 期，第 54 页。

② 同上。

③ ［荷兰］E. 舒尔曼著，李小兵等译：《科技时代与人类未来——在哲学深层的挑战》，东方出版社 1995 年版，第 348 页。

④ 陆江兵：《从理性的技术到技术的理性》，载《科学技术与辩证法》1999 年第 2 期，第 55 页。

基础，一个缺乏与组织存在和发展相应的知识体系的组织，其自身的生存和发展会遇到被瓦解的危险。技术理性知识在组织中引导一种标准化的倾向，可计算性成为组织设计的基础。"科层政治的控制与日益增长的工业化是不可分离的；它把工业组织中得到最大程度的强化的效率，扩展到整个社会。""而这一切都是由于它是'利用知识进行统治'，即利用可确定、可预测的知识，利用专门化的知识进行统治。确切地说，这是体制的统治，因为，基于专门化的知识，对这种体制进行扩展，只有当这个机构被完全调整到满足它的技术要求和充分发挥它的潜能的时候才是可能的。"①

按照技术理性运行的社会组织需要掌握技术理性的人来控制，这种控制是基于知识的。人力资源管理、企业策划人才的走俏，社会地位的不断提升就是现代社会组织越来越技术化的一种映射。这种基于知识的技术控制是非常褊狭的，在目标、效率原则引导下的组织运动机制，越来越忽视了活生生的人和人的生活的存在。"事实上，把有关现实的一个方面的知识与有关作为一个整体的现实的知识等同起来，或是允许它成为控制性的观念，乃是危险的。然而，当技术——科学思想不仅被绝对化，而且被授予支配其他任何事物的权威，以至于使它扮演着一种帝国主义角色时，事情恰恰就是如此。"② 科学课程的改革几乎完全按照课程专家设计的蓝图施工，就是知识控制组织的一个典型案例。

科学是构成工具理性的基础，或者说，它本质上就是一种工具理性。科学研究最初是针对某种实质理性而发的，或者是为了

---

① 陆江兵：《从理性的技术到技术的理性》，载《科学技术与辩证法》1999年第2期，第55页。

② 同上书，第57页。

游戏、好奇，或为了反对宗教、迷信，或是为了更好了解和控制自然，改善物质条件和提高生活水平。但是科学与技术的结合表现出巨大的控制力量，当其发展到一定程度，便取得了自主性，逐步将目的、价值和意识搁置一边。理性这一活的精神又导致了死的生活。"现代资本主义社会已经卷入以手段支配目的、以形式合理性支配实质合理性的过程，它把资本主义的发展纳入理性化的精密技术和计算，把当代西方所有资本主义国家的一切都充分技术理性化，不仅是经济和政治，甚至人的本质也依靠技术理性化的设计来进行规定，进而使人的本质产生扭曲，从属于资本主义社会的现代化所规范的体系之中，在极大的程度上成为机器、金钱和政治官僚的奴隶；技术理性通过对社会生活的计算理性的规范，以追求效益最大化为前提，把整个社会生活都进行一种投资与收益的可预期计算，同时借助于民法为代表的社会制度保障体系，使本来纷繁复杂的社会生活在技术理性面前日益变得'明晰化'和具有可操作性。"①

对技术理性进行理论概括并以此解释、建构资本主义社会特征的是马克斯·韦伯。马克斯·韦伯继承了黑格尔关于理性是事物的本质和内在规律的思想，将哲学的理性（reason）概念改造为社会学的"合理性"（rationality）概念，用以说明资本主义的发展。所谓合理性，是指人们逐渐强调通过理性的计算而自由选择适当的手段去实现目的。他把合理性分为两种类型：一是工具理性（instrumental rationlity），即一种强调手段的合适性和有效性而不管目的恰当与否的合理性。二是实质理性（substantive rationality），即一种强调目的、意识和价值的合理性。

---

① 陆江兵：《技术·理性·制度与社会发展》，南京大学出版社2000年版，第136—137页。

　　他认为，现代西方社会的代表就是理性的建构及其在多个领域的展开，分别体现为"理性化的经济生活、理性化的技术、理性化的科学研究、理性化的军事训练、理性化的法律和行政机关。"① 这里的理性包含着对秩序的要求，人类以合理的方式来维系他与自然、与社会、与他人，甚至与上帝的关系。马克斯·韦伯的理性特征具有三个特点："1. 量化的特征，通过数学使之普遍量化；2. 对理性经验和论据的执著性；3. 对科学和生活行为组织的肯定，也就是说，生活必须有组织，而有组织也就意味着要有组织领导者——统治机构和官僚。"② 正如马尔库塞所言："韦伯所设想的理性，表现为技术理性，表现为生产和通过有计划的和科学的机构所实现的物质（物和人）的转化，这种机构是为着可计算的效率这个目的而建立的；这种机构的合理性组织着并控制着物和人、工厂和整个科层、工作和休闲。"③

　　在社会学方法论上，马克斯·韦伯虽然反对把社会科学与自然科学混为一谈，但是又主张在社会科学研究中应做到"客观性"和"价值无涉"。他认为，社会科学如果要想成为真正的科学，就必须建立起一套像自然科学一样的精确而严谨的概念工具。但是，因为社会科学的研究对象是基于不同动机的主体的行动，也就需要一套不同于自然科学的概念工具。同时，由于没有一门科学能够重现全部具体现实，也没有任何概念工具能够完全顾及到无限多样的具体现实。所以，社会科学家在挑选概念工具

---

　　① 杨大春：《反思的现代性与技术理性的解构》，载《自然辩证法研究》2003年第2期，第48页。

　　② 张和平：《马克斯·韦伯的技术理性略探》，载《首都师范大学学报》（社会科学版）2001年第2期，第53页。

　　③ ［美］H. A. 马尔库塞：《现代文明与人的困境——马尔库塞文集》，上海三联书店1989年版，第81页。

时，一方面要避免具有很高概括性的概念，以防止抹杀现象的特征；另一方面，也不能太具体，否则就会像历史学家使用的概念工具，把现象孤立化、特殊化，进而无法进行现象之间的比较。由此，他提出了"理想类型"的概念。

"理想类型"作为一种认识方法，就是指以"可能性"为中介探讨"现实性"。首先，它是一种排除价值判断的主观思维的建构。理想类型不是对全部事实进行经验上的概括，也不是指社会生活中人们希望的、最好的、理想的，而是仅仅表明某种现象是接近于典型的，如"经济人"。理想类型不可能在现实中有纯粹的存在形态，它只是一种分析的工具。从这个意义上，理想类型不包含任何价值判断，在价值上是中立的、自由的。其次，理想类型也不是随心所欲的虚构，它是特定阶段（现代社会）的"历史的文化现象"的规则和逻辑。

韦伯的许多理想类型指的都是总体，而不是个人的社会行动。但是总体的社会关系总是建立在行动者从事预期的社会行动这种可能性上。因此，理想类型包含着一种逻辑的力量，能够说明一定的因果关系。换言之，理想类型作为一种主观建构，仅表明一种可能性；这种可能性若想转化为以经验上必然出现的事物，必须具备现实性。所以，从研究方法上看，就必须把个别纳入一般规则之中，凭借经验规律，通过客观可能性，进行因果性考察，探讨适当的因果性联系。所以，每一个理想类型都是一种分析结构，虽然它不对应于任何具体的现实，但是又是由现实中的某些因素构成的逻辑上的整体，被韦伯用于分析、比较典型行动过程。从一定意义说，"课程"、"教师"、"学生"、"应试教育"、"素质教育"等概念就是一种理想类型。

他强调把"实然"与"应然"相区分，他说："为什么我要利用每一个机会来如此尖锐地甚至可能是迂腐地反对把'实然'

和'应然'混淆起来的做法？这并不是因为我低估了'应然'问题，而是相反。因为当具有推动世界的重要性的问题，以及在某种意义上说能够打动人心的最高问题，在这里都被变成了技术—经济的'生产率'问题时，并且这些问题被经济学那样置于技术法则这个讨论题目之下时，我不能忍受这种混淆。"①

在他看来，资本主义企业为利润而斗争，"资本计算"就成了获利性的条件，而获利性被导向了系统的、理性的计划。这种理性在对自然和人的有组织的统治中实现了自己的具体化，这种具体化使得物（物和人）的转化成了现实，因而它成了技术理性。代表这一理性的科学的机构，通过可计算的组织和管理控制人和物、工人和科层、工作和闲暇，以实现可计算的效率。在这种资本的核算形式中，人和他的目的只是作为计算收益和获得机会的变量而进入其中的。人的真实的生活为经济的获利活动所代替，也就是说，人的本质被这种合理性的获利性活动所异化，人不再追求自己本质的实现，而只是作为实现合理性收益的手段和工具而存在。

韦伯把工业化的不断增长与科层政治的控制联系了起来，在他看来，科层政治组织把工业化的效率最大化原则社会化、普遍化了，因而它是形式上最合理的控制。这应该归功于它的"精确、稳固、严格和可靠，一句话，归功于它的对于（组织的）领导者和对于那些不得不与这些组织打交道的人来说的可预测性"②。这一切都说明它是"利用知识进行统治"的，即利用可确定、可预测和专门化的知识进行统治的。

---

① 张和平：《马克斯·韦伯的技术理性略探》，载《首都师范大学学报（社会科学版）》2001 年第 6 期，第 53 页。

② 同上书，第 56 页。

在当代，工具理性已变成社会的组织原则，它渗透到社会结构和社会生活的各个方面，造就了物化或单面的社会和单面的思维方式及思想文化，成为社会对人进行全面统治、控制和操纵的深层基础。理性原是一种超越现实的批判能力，而在现代社会中，理性的概念已被技术的进步所支配，依照技术理性设计、控制、支配人和社会的生活，理性已经由富有人文性的批判理性转变成了与之相对立的工具理性。

这种技术理性特征在课程领域再清楚不过了。拥有课程理论知识成为控制课程改革的"合理性"，课程专家成为构建课程理想的工程师，他们不仅构建着课程追求的目标，而且设计着实现目标的结构，如果这种结构不够清晰，便失去了权威的基础。

2.1.4　技术理性的局限及其批判

以目标、效率、程式化为核心的技术理性是在技术、理性和逻辑基础上形成的，它以自然科学尤其是数学的模式作为知识的范型，把量化、形式化作为衡量知识的标准。技术理性把世界理解为工具，把事实与价值严格区分，关心的是实用的价值。在现代社会，技术理性作为一种思维方式已经扩展到社会的总体结构，成为组织化的统治原则，非人的管理和操纵渗透进整个社会系统。"社会控制的形式在新的意义上是技术的形式。"① 这种社会控制的新的技术形式本质上是操作主义的，这种操作主义正如物理学中对基本物理量的测量，使社会变成可预测、可定量分析的东西，并日渐成为一种思维模式。布里奇曼说："采用操作主义观点的意义远不止于对'概念'意义的理解，而是意味着我

---

① ［美］H. A. 马尔库塞著，刘继译：《单向度的人——发达工业社会意识形态研究》，上海译文出版社 1989 年版，第 10 页。

们整个思想习惯的深刻变化，意味着我们不再容许在思想概念里把我们不能用操作来充分说明的东西当作工具来使用。"①

技术化的评价标准、技术化的社会组织成为现实生活的范型，"技术至上"的思想日益影响着人们的思维习惯和行为方式。但"技术的专门化导致了对每一个整体形象的破坏"，"一切都成了直接的东西，建立在专门化基础上的科学也同样卷入了这种直接性当中。这样的科学就要受到批判，因为它把现实世界撕成了碎片，使世界的整体的美好梦幻烟消云散。"② 技术由对自然的控制逐渐发展到对社会的控制，这种控制不同于战争、政治、法律、军事等的控制，它日渐成为一种理性的自觉。"技术在开始只统治死寂的自然；后来，经由人的控制，技术成为无所不包的东西。……'在通向力量的斗争中，（掌握）技术者征服国家，试图用技术的组织来取代它的组织。'国家最终变成技术化了的，无所不包的，正是这种目的，使国家不成其为国家。"③

技术对理性的改造使其丧失了解放的功能，越来越局限于技术效能；它不再提出目的，而只是组织手段；理性具备了工具的特征，它为物质和社会的工艺效劳，于是理性变成了一种工具理性，一种单面性或肯定性的思维方式，一种意识形态。现代社会成为一种被技术理性所控制的结构和范型，技术理性由革命的力量演变成为现代社会各种疾病进行掩饰和辩护的保守力量。"技术的解放力量——物的工具化——转而成了解放的桎梏，成了人

① ［美］H. A. 马尔库塞著，刘继译：《单向度的人——发达工业社会意识形态研究》，上海译文出版社 1989 年版，第 13 页。

② 陆江兵：《从理性的技术到技术的理性》，载《科学技术与辩证法》1999 年第 2 期，第 55 页。

③ ［荷］E. 舒尔曼著，李小兵等译：《科技时代与人类未来》，东方出版社1995 年版，第 71 页。

的工具化。"①

马尔库塞认为，在现代社会科学技术和意识形态一样成为统治人、奴役人的工具。他说："它能够在多大程度上以不断扩大的规模'履行诺言'，它就能够在多大程度上把科学地征服自然用于科学地征服人。"② 现代工业社会使"为生存而斗争、对人和自然的开发，日益变得更加科学、更加合理。'合理化'的双重含义在这种场合下是相互关联的。劳动的科学管理和科学分工提高了经济、政治和文化事业的生产率。结果：生活标准也相应得到提高。与此同时，基于同样的理由，这一合理的事业产生出一种思维和行为的范型，它甚至为该事业的最具破坏性和压制性的特征进行辩护和开脱。科学—技术的合理性和操纵一起被熔接成一种新型的社会控制形式"③。

在一个技术理性社会，人日渐由支配技术的角色变成被技术理性支配的角色。在技术提供了更多的物质和闲暇的条件下，人不仅没有得到全面发展，反而越来越被异化。鲁道夫·奥伊肯（Rudolf Eucken）深刻批判了"现实主义文化"一方面只关心生活的外部状态，忽视内心生活；另一方面又把人封闭在狭隘的世俗范围内，与广阔的宇宙生活相隔绝，从而使现代人陷入了"社会生存情绪激奋而精神贫乏的疯狂旋涡"之中。我们比任何时代的人都更加繁忙，也享受着比任何时代更加丰裕的物质，却仍然感到失落。

技术理性对人的生活和精神世界的禁锢与压抑，引起诸多哲

---

① ［德］哈贝马斯著，李黎、郭官义译：《作为"意识形态"的技术与科学》，学林出版社 1999 年版，第 1 页。

② 同上书，导言第 5 页。

③ ［美］H. A. 马尔库塞著，刘继译：《单向度的人——发达工业社会意识形态研究》，上海译文出版社 1989 年版，第 131 页。

学家的担心与反思。卡尔·雅斯贝尔斯说："为满足群众需要而形成起来的技术性的生活秩序一开始确实也保存了这些人类的现实世界，因为它供给他们以生活用品。但是，终于这样的时候到了：在个人直接的现实的周围世界中不再有任何东西是这个个人为了他自己的目的而制造、规划或形成的了。每一样东西都应一时的需求而来，然后被用完，然后被扔掉。就连住所也是机器的产物。环境变得非精神化了。白天的工作自行其是，不再组合到个人的生活要素中去——所有这一切，可以说，使人失去了他自己的世界。人就是这样被抛入了漂流不定的状态之中，失去了对于连接过去与未来的历史延续性的一切感觉，人不能保持其为人。这种生活秩序的普遍化将导致这样的后果，即：把现实世界中的人的生活变成单纯的履行功能。……他可以借助于一千种关系而生活在这架机器中，他依赖这架机器并参与其中的活动……他已经成为一只齿轮上可被替换的单纯的齿轮而与其个性无关……"①

　　课程教师不再把课程教学作为自我生活的有机组成部分，而是实现生活的手段。课程学习变成了"功课"，成为与学生生活相分离，甚至冲突的矛盾体。杜威提出了"教育即生活"的呐喊，课程何尝不是生活？但是，课程机器的背后好像有一只看不见的手，在经历一段奋争之后，一切又恢复了原样。只要你回顾一下课程改革的历史，每次改革的命题本质上是那么的相似。在技术理性的社会"人的一切——本质、理想、热情、友谊、情感、伦理、道德等等都终结，正义、平等、幸福、忍耐等等本来属于理性所固有的概念都已经失去了它们存在的知识基础；人的

---

　　① 卡尔·雅斯贝尔斯著，王德峰译：《时代的精神状况》，上海译文出版社1997年版，第35—36页。

思维已经被技术理性魔术般地僵化，因而人虽身处其中却再也无法辨认自己，只能在技术的魔镜中才能反观自身的存在状态；技术的淫威正在我们的精神世界肆虐，在嘈杂浮夸的技术繁荣与喧嚣背后，精神世界显得死一般的寂静……"① 在技术理性的课程世界何尝不是这样呢。

技术理性不仅异化了人的精神生活，而且恶化了人与自然的关系。技术在不断满足人类日益膨胀的物质贪欲的同时，又刺激并助长着这种物质贪欲的无限膨胀，日渐让人变得贪婪、冷酷和以自我为中心。人作为自然界多样化物种中的一种，理应与自然中的其他物种和谐相处，但人类却变得越来越漠视其他物种的生命和存在。海德格尔认为，近代技术像框架一样完全把人们束缚住，使人囿于技术的视野，只知道一味从事技术制造和技术生产，一味把自然事物作为技术生产和原材料，一味利用、剥削地球和自然，毫不顾及这样做所引起的社会后果。他认为人类算计的本领仅仅把"理性"规定为工具的理性，用于谋算（berech-nung）和算计自然事物，大肆地向自然界进行索取而不计后果，致使人从"理性的动物"变成"技术的动物"。古希腊在道德和政治的阐释中表现出的对技术活动的怀疑、小心谨慎和不安在今天持续地得到了印证。"人在征服自然时使用的那种机巧……反过来又整了人自己；人从自然中发现：人愈征服自然，人自身就愈加渺小。"②

哈贝马斯针对科学技术的滥用给人类社会和自然生态环境造成的灾难性后果问题，呼吁科学家、技术人员、领导社会的政治

---

① 陆江兵：《技术·理性·制度与社会发展》，南京大学出版社 2000 年版，第166 页。

② ［德］哈贝马斯著，李黎、郭官义译：《作为"意识形态"的技术与科学》，学林出版社 1999 年版，第 36 页。

集团，对科技发展的方向和它的实际运用问题进行认真反思，并就这一问题展开一场政治上有效的、能够把社会在技术知识和技术能力上拥有的潜在能力，同人们的实际需要和愿望联系起来的深入讨论，呼吁科学家们对他们所生产的技术产品造成的实践后果进行反思。维纳认识到控制论给现代技术带来的新发展，但他清醒地看到技术发展的双刃性，所以对这种技术发展既感到欣慰，又感到忧虑。他说：技术的新发展，"对于为善与作恶，都有无穷的可能性。……由于使用机器而免除了繁重的不愉快的工作的需要，这也许是件好事，也许不是，我不知道。我们不能用市场上的术语，根据所节约的金钱便断定这些新的潜力是好的"①。如何解决这种矛盾呢？出路只有一条，那就是"建立一个以人的价值为基础而不是以买卖为基础的社会"②。

虽然对技术理性的批判为我们解构技术理性的课程方法论提供了理论资源，但在对待科学技术的态度上，我们不赞成一味的批判。科学技术的精神气质是求实求真，它揭示世界的矛盾运动和辩证发展，在本质上是与辩证的思维方式相联系的。在关于科学技术消极性根源问题上，把科学技术的消极社会功能及政治效应，归咎于科学技术本身，从而赋予科学技术以"原罪"的性质，客观上为现代工业社会科学技术使用方式的不当所带来的种种恶果进行了开脱。

2.2 科学课程及其变革中的技术理性

科学课程及其变革中的技术理性倾向表现在以操作主义为价

---

① N. 维纳著，郝季红译：《控制论》，科学出版社1962年版，第27页。
② 同上书，第28页。

值取向的课程方法论，以目标和效率追求为核心的改革与评价机制，以科层为特征的课程实施组织架构与运行机制；表现在对科学知识、科学技能、科学方法的关注，而对人的价值的忽略；表现在对课程目标、政策、措施的崇尚，而对理念和理念背后承载的文化、政治、社会因素的弱视；表现在课程理论与政府的联姻，形成的课程政策的无比刚性和主流课程价值理念的霸权地位。

技术理性导致了科学课程变革过程中的技术琐碎，这种技术琐碎又导致了改革措施和方法的简单化、程式化、表层化，表现为课程教师"别讲这么多大道理，就告诉我们怎么做"的不断追问。传统意义的课程改革很少要求课程教师去做深入思考，进行分析、判断和反思，而更多的是告诉他们怎么做，而不是为什么这么做。孙可平在谈到我国 STS① 教育存在的问题时，说："我们似乎缺乏对 STS 教育的深层次的研究和思考，仅仅停留在对 STS 教育的具体理论、概念、论点或者命题的讨论，而不太注意这些观点和说法背后更隐蔽的动机和所指，从而把某些特定的概念和做法当作了普遍规律，限制了对 STS 教育的真正意义上的理解。"②

2.2.1 技术理性成为一种课程方法论

1918 年，博比特（J. F. Bobbitt）完成了课程史上的第一本专著《课程》。这本书渗透着技术理性的思想，目标化、标准化的课程管理思想和追求效率的原则。博比特和斯宾塞相似，把教

---

① STS，是 Science, Technology and Society 的缩写，目前已发展成一门研究现代科学、技术与社会之间相互关系，探索三者之间相互作用规律及其发展的一门综合性、应用性学科。1938 年，美国学者 R. K. 默顿在《17 世纪英国的科学、技术与社会》一书中第一次系统提出了"科学、技术与社会"这个概念并对它们之间的互惠关系进行了研究。

② 孙可平：《STS 教育论》，上海教育出版社 2001 年版，第 1 页。

育视为"成人生活的准备",生活目标的确定、生活经验的选择
与组织要按照实证的方法进行研究。1924 年,博比特在所著
《课程编制法》一书中,提出了课程研制的"活动分析法"(ac-
tivity-analysis procedure)。经验主义、实证主义哲学所倡导的归
纳方法成为其课程方法论的核心特征,这种方法论是建构在机械
还原论哲学基础上的。他的这种课程活动分析法的主要步骤和流
程如图 2—1 所示。

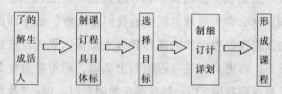

图 2.1 博比特课程设计流程图

博比特认为,设计课程首先要分析定期杂志刊物、百科全书
等 14 种资料,借助科学调查,了解成人的生活领域。他把成人
的生活领域分成 10 类,通过对这些活动作进一步分解,具体地
规定各学科的教学目标。其次,根据成人从事各种活动所需要的
能力、品格和素质,细化成具体的课程目标。博比特把成人活动
的 10 个领域分解成了 800 个具体目标。第三,在这 800 个具体
课程目标中再选择与学校教育有关且能达到的目标,作为课程计
划的基础和行动纲领。为此,他提出了选择学校课程目标的五条
标准:"(1)排除那些在日常生活中未受指导的教育下能够自我
实现的目标。只有平时没有得到充分发展的能力,才应该纳入系
统的教育目标之内;(2)强调能解决成人世界问题的目标,回
避那些不符合社会常规的目标;(3)排除那些实行时会受限制
的目标;(4)区分适合所有学习者的目标和只对一部分人适用

的目标；（5）把目标加以排列，以显示学生每年应该完成哪些具体目标。"① 最后，根据选择的学校课程目标，设计达到教育目标而提供的各种活动、经验和机会，这些活动、经验和机会便构成了课程。

博比特的课程方法论思想得到了泰勒的继承和发展。泰勒在总结其"八年研究"经验的基础上，出版了《课程与教学的基本原理》一书，该书被称为课程领域的"圣经"，泰勒被尊为现代课程论之父。在书中，泰勒提出了著名的课程设计原理——泰勒原理：学校应该达到哪些教育目标？提供哪些教育经验才能实现这些目标？怎样才能有效地组织这些教育经验？我们怎样才能确定这些目标正在得到实现？多尔批判他的这个原理是一种工学模式。

泰勒的工学课程范式与现代科学管理之父泰罗的科学管理范式有着极大的相似性。1881 年，泰罗在米德维尔钢铁公司当工段长时，通过试验，研究出了工人们每个工作日恰当的工作量。1893 年，泰罗在美国宾夕法尼亚州的伯利恒钢铁公司进行了搬生铁块试验和铁锹试验。试验在伯利恒公司进行，试验完成后得出的结论是：工人的操作方法必须标准化，工人使用的工具也必须标准化，并且要有配套的管理措施。之后，他又进行了第四个试验，金属切削试验。该试验前后延续了 26 年，进行了 3 万多次试验，耗费钢材 360 万吨，总费用超过 15 万美元，获得专利100 多项。经过实验，泰罗发现了金属切削规律，即：切削不同的金属材料应当选用不同的工具、不同的切削速度及不同的进给角度。

把工人的工作量化、操作标准化、实行计件工资制，是泰罗

---

① 勒玉乐、黄清：《课程研究方法论》，西南师范大学出版社 2000 年版，第 71 页。

科学管理的核心。泰罗科学管理的基础是他的"经济人"假设，即：工人"以他的天赋和聪明才智"去努力工作，目的仅仅在于"能比同级别的人取得更高的工资"，"干出最佳等的活计来"。在他那里，工人只有金钱和物质的需求而完全没有了情感、道德、友谊、自我实现等需求。他说："无疑的是，雇主的组织也好，雇员的组织也好……任何一方的绝大多数也许都不相信他们的相互关系有可能协调到利益均等的地步。"① "科学管理"的标准定额完全是以工人动物式劳动为前提的，完成工作量的多少又成为把工人分成"优等工人"和"劣等工人"的标准。目标的达成度、工作效率成为评价管理模式、工人优劣的唯一标准。

在博比特和泰勒的课程理论里，无非是把"工厂"变成了"学校"，"金钱"变成了"分数"，"工人"变成了"学生"而已。

2.2.2　技术理性成为课程组织与管理的内在逻辑

数学的量化思想是技术理性的一个典型特征，量化几乎渗透到课程变革与实施的每一部分。明晰与预设的目标描述，层级制的职责划分与管理架构均凸显出技术理性在课程领域的影响。如，2000年1月30日颁发的《教育部关于印发〈全日制普通高级中学课程计划（试验修订稿）〉的通知》中，"课程管理"部分明确规定：

普通高中课程实行国家、地方和学校三级管理体制。

---

① 参见陆江兵《技术·理性·制度与社会发展》，南京大学出版社2000年版，第77页。

教育部规定普通高中教育的培养目标、课程设置及课时安排，颁布各学科教学大纲（或课程标准）和《普通高中研究性学习指南》。

省级教育行政部门应按照本课程计划的精神，结合实际情况，制订本省（自治区、直辖市）的课程计划，并报教育部基础教育司备案。各级教育主管部门应结合当地经济、社会、文化教育发展实际，积极创造条件，努力开发、完善地方课程，并对综合实践活动和由学校安排的选修课的开发与实施给予全面的指导。

学校应根据教育部和本省（自治区、直辖市）课程方案的有关规定，从实际出发，认真实施国家规定的必修课和选修课以及地方课程，积极开发综合实践活动资源以及由学校安排的选修课资源，办出学校特色。学校对课程的具体安排需上一级教育行政部门批准后实施。①

2000 年颁布的《课程计划》和 1996 年原国家教委颁布的《全日制普通高级中学课程计划（试验）》相比较，对于课程管理的规定表现出：管理重心明显下移，地方和学校拥有了比较大的课程管理权限，《课程计划》具有较大的自由度。但从本质上看，课程管理的架构没有多大变化，国家、地方、学校各自作为课程管理的主体，拥有清晰的管理边界和职能划分，作为课程主体的教师和学生，均不在课程实施与管理的权力架构之中。

不但课程管理权限是清晰的，而且课程改革的步伐也是定格的、可计算的、工程性的。正如一项桥梁工程具有明确的施工标

---

① 教育部关于印发《全日制普通高级中学课程计划（试验修订稿）的通知》，http：//www.chifengedu.com/zcfg/cdl/JCJYGLFLFG/BMGZ/l163.htm。

准和工期要求一样，基础教育课程改革的目标不但是清晰预设
的，而且工程进度也是量化的、规定的。

　　2001 年秋季，义务教育各学科课程标准（实验稿）及
20 个学科的（小学 7 科、中学 13 科）49 种新课程实验教
材，首次在 38 个国家课程改革实验区试用，新课程进入实
验阶段。2002 年秋季，进一步扩大实验范围，启动省级课
程改革实验区工作，全国实验规模达到同年级学生的 17%。
2003 年秋季，在全国范围内，起始年级使用新课程的学生
数将达到同年级学生的 40% 至 50%。2004 年秋季，在对实
验区工作进行全面评估和广泛交流的基础上，课程改革的工
作将进入全面推广阶段。起始年级使用新课程的学生数将达
到同年级学生的 65% 至 70% 左右。2005 年秋季，中小学阶
段各起始年级的学生原则上都将进入新课程。

　　以技术理性为特征的课程组织与运行，同样渗透在科学课程
实施的基层层面。地方教育行政部门、学校教务部门、教研组形
成清晰的科层结构。科学课程教师个人的责任仅仅表现为按照组
织目标忠实地贯彻执行。量化、标准化、目标化成为推动课程改
革务实、深化的一种表征，是改革措施可行性、科学性的一种衡
量标准。技术理性的组织文化对课程变革中的组织和个人以明确
的角色定位，部、厅、局、科室，领导、教师、学生、家长，学
校、社区、家庭的责、权、利清楚而明晰。如，某市教育局为推
动课程改革下发的文件中明确规定：

　　建立教育教学研究以及实施新课程和校本课程的评价、
管理机制。

自治州和县市基础教育管理部门负责对学校课程结构、校本课程开发规划、方案进行审批。自治州教育局基础教育科负责对高级中学及州直学校规划、方案进行审批，县市教育局基础教育管理部门负责对所属初级中学、小学校本课程规划、方案进行审批。

州教育教学研究中心负责对县市教研室教研工作、高级中学的教科研、教学业务及校本课程开发进行评价；县市教研室负责所属初级中学、小学进行评价。①

这种建立在技术和自上而下集权管理模式下的课程组织模式，一方面表现出组织目标的刚性、效率性与标准性；另一方面也表现出个人或组织行为的僵化、定格化。"它造成的必然后果是组织目的与组织规划的技术化、社会价值理性被组织技术理性所取代的局面；组织的角色地位固定化，使组织中的人的行为规范也发生了变化。"② 这种组织模式和角色定位极易造成组织职能上的冲突。如：在课程改革中，上位组织往往视下位组织（上级教育主管部门与下级教育主管部门、学校与教师）为课程理念的滞后者，改革进程的阻滞者和消极应付者，而下位组织又往往抱怨上位组织脱离实际、空谈和武断。

此外，课程的组织与实施中渗透着类似马克斯·韦伯"理想类型"的思想。课程专家和课程管理者习惯于划分城市与农村，发达地区、欠发达地区和贫困地区，东部地区与西部地区的

---

① 昌吉州教育局：《关于印发〈关于加强教育教学研究，实施校本课程开发的意见〉的通知》，吕州教发〔2004〕16 号，http：//www.changji.gov.cn/education/newscontent.asp? newsid=358。

② 陆江兵：《技术·理性·制度与社会发展》，南京大学出版社 2000 年版，第186 页。

基础教育课程改革。城市的基础教育课程指什么？北京的还是上海的，聊城的还是德州的？这种理想类型一方面提供了一种分析方法，另一方面也掩饰了类型中的差异，甚至是重大差异。不仅全国大、中、小城市间存在差距，而且同一省份不同级别的城市之间（如省会城市、市地级城市、县级城市），同一省份同一级别城市（如同是县级城市）之间的差异也是非常大的。

2.2.3 技术理性成为课程实施与评价的方法论基础

科学课程实施与评价中的技术理性主要表现在，科学课程目标设计的技术化，科学教学模式、教学过程的程式化，科学教学测量与评价的数量化、标准化。

科学课程的实施是围绕着目标进行的，而目标的设计一般是建立在布鲁姆目标分类技术之上的。这种教学目标分类学隐喻着一种教与学、结果与过程、教学与评价二元分离的课程观。

中学科学教学模式及其每种模式的时间结构、要素构成都有清晰的界定，学生的教案赫然划分为："复习旧课，导入新课 5分钟，讲授新课 30 分钟，课堂小结布置作业 5 分钟"，黑板被划分为几个板块，主板书在哪儿，副板书在哪儿都有设计，甚至课堂中的走动、手势都提前设计、规划。

科学教学模式及其步骤被划分为：① 传授—接受模式：提出问题→创设情境→形成概念→建立规律→运用；问题—发现模式：提出问题→提出假设→实验验证→得出结论→扩展应用；程序教学模式：解释→问题→解答→确认。

科学教学的测量和评价具有量化的偏向。"教育测量就是对教育领域内的事物或现象，根据一定的客观标准进行严格的考

---

① 胡卫平：《科学教学心理学》，北京教育出版社 2001 年版，第 64—69 页。

核，并依一定的规则对考核的结果予以数量化描述的过程。科学教学的测量与评价，就是运用各种测量手段和统计方法，定性分析与定量测量相结合，对教师完成科学教学目标的程度，对学生学习的成就作出科学判断。"[1] 这种评价方法在实践中具有很大的市场，教师的课堂教学与学生的学习被分解、量化、赋分。以中小学校课堂教学、学生学习习惯、教师教学管理评估指标为例。[2]

表 2.1　　　　　　　　　课堂教学评价指标体系

因素序	因素	子因素序	子因素
A	教学内容	A—1	教学目的是否明确，中心是否突出
		A—2	教学内容是否正确，是否符合大纲和学生实际
		A—3	是否掌握重点、难点，抓住关键
B	教学态度	B—1	课堂准备是否充分，课堂操作是否熟练
		B—2	是否对学生严格要求，教书育人，管教管导
		B—3	本节课中进行教学改革的情况
C	教学方法	C—1	是否运用启发式教学原则，促进学生积极思维
		C—2	教学过程是否思路清晰、推理有逻辑性
		C—3	语言精确、形象、生动的程度，板书是否清楚
		C—4	是否注意因材施教、指导学生掌握正确的学习方法
D	教学效果	D—1	课堂纪律情况、注意力集中程度
		D—2	学生积极参与课堂活动的情况，师生双边活动的协调程度
		D—3	学生认知、理解、运用本节课内容的即时效果

①　胡卫平：《科学教学心理学》，北京教育出版社 2001 年版，第 6 页。
②　陶西平等：《实用中小学校长工作方法大典》，人民日报出版社 1994 年版，第 491—492 页。

表 2.2　　　　　　　　　　学生的学习情况评价指标

一级目标	二级目标序号	二级目标
学习习惯	B9	树立为建设祖国而学习的目的
	B10	按时、独立完成作业，考试不作弊
	B11	遵守自习纪律，合理安排学习时间，提高学习效率
	B12	勇于克服学习中的困难

表 2.3　　　　　　　　　　对教师教学管理的评估指标

指标	评估内容	评估标准		评估方案
学习目的和学习态度	①学习目的 ②学习态度	基本标准	80%以上的同学学习目的明确，学习积极性高，课堂气氛活跃	评估资料的获取： ①召开座谈会 ②个别交流 ③问卷调查 ④课堂观察 ⑤查看作业
		优等标准	每个同学都有明确的学习目的和高涨的学习热情，学习主动积极性高，课堂教学气氛活跃，各科作业完成好，各科教师普遍反映好	
学生文化课成绩	省、地、市、区、学校、年级统考、抽考成绩	基本标准	到达度：人均总分 > 60 分，满分	由学校提供本届学生的统考成绩，计算人均总分，按照本项指标的评估标准，评出等级，然后按量化标准折算
		优等标准	到达度：人均总分 > 90 分，满分	
学科小组活动	①活动情况 ②活动效果	基本标准	50%的同学参加了学校或年级组、班级组织的学科小组，且能坚持活动制度，参加者普遍反映有收获	评估资料的获取： ①召开座谈会 ②个别交流 ③问卷调查 ④现场观察 要特别注意收集学生的意见
		优等标准	80%的同学参加了学校或年级组、班级组织的学科小组，班级活动小组，活动制度健全，活动经常，学生普遍反映参加活动小组能巩固基础知识和培养获取掌握知识的能力	

指标	评估内容	评估标准		评估方案
自学能力	①自学习惯 ②自学能力	基本标准	80%以上的同学能主动预习、复习各科教材，能自觉运用已学知识，去了解和掌握新知识，且有一定效果	评估资料的获取： ①召开座谈会 ②个别交流 ③问卷调查 要特别注意收集学生和任课教师的意见
		优等标准	每个同学都能主动预习、复习各科教材，能运用已学知识获得新知识，知识视野开阔，有套适合自己特点的学习方法，自学效果好	

在这里，教学的目的、方法、过程，学习的目的、习惯、能力都成为可以量化赋分的问题。这种对教师的教学和学生学习行为进行评估、量化赋分的办法是当前中小学，甚至大学教学质量管理的一种普遍做法。我们并不否认这种以效率、标准化管理为特征的现代科学模式在提高学校管理水平，促进教师教和学生学两个积极性方面具有一定的现实意义和实用价值。但是这种评价模式对教师教和学生学的束缚也是显而易见的。

这种评价代表的是一种政府组织的价值导向和资源控制方式。政府组织控制着教育资源，这种资源包括人力的、物力的和财力的。比如，学校的招生规模与教师引进指标，图书仪器的配置标准，拨款的数额等都与评价结果有内在的关联，这种关联又和科学课程有着直接的和间接的关系。一方面当一所学校科学课程在评价中处于前列的时候，它可以为学校争取较多的教育资源；另一方面，一所学校获取的教育资源又直接影响着科学课程占有学校资源的比例。在学校内部，由于教学质量评价结果是课程质量的表征，科学课程的评价结果自然和教师的职务、职称晋升，岗位补贴标准、参加学术交流的经费与机会的分配、个人在学校的地位等有形或无形资产的占有相关。评价通过制度与教育资源的分配得到强化，成为课程改革的刚性坐标。以某市课程实施评估体系的说明为例：

　　　本评估体系试图从"课程管理"、"教学管理"、"学生发展"、"教师发展"四个方面对全市中小学课程实施水平进行全面的评价，并作为对学校办学水平的主导性评价手段，逐步替代其所包含的各类单项或综合评价。本评估体系分 A、B、C 级指标，其中 A 级指标 4 项，B 级指标 17 项，C 级指标 60 项，总分 400 分。评估总得分 340 分以上者为良好，360 分以上者为优秀，但各项 B 级指标得分率不得低于 70%，其中 B4、B9 和 B10 得分率不得低于 80%。[①]

　　课程中的技术理性对教师教和学生学的自主性的压抑和局限是非常明显的。教师和学生作为教育组织中的成员，其目标达成逐渐由个人的兴趣转向整个教育组织的共同目标。比如，学习目的的明确或正确与否，只有纳入到评价标准的坐标系中衡量时，才符合评价标准，个人的价值实现则没有得到应有的关照；而现实中，学生学习目的的价值取向却是多元的。如华南师范大学教育科学学院对广州一所普通中学 600 余名初中生的调查显示：

　　　对"你为什么学习"的回答，依次为：实现个人价值（59%），找份好工作（40.7%），为父母而学习（34.2%），

---

　　① 《〈常州市中小学课程实施水平评估指标体系（试行）〉使用说明》，http://czjj.czedu.gov.cn。

提高素质（28.8%），报效祖国（26.9%），赚更多钱（24.3%），成名成家（17.8%），没有目的（5.9%）。[①]

课程评价中的分数主义限制了教师教和学生学的视野，割裂了科学世界、生活世界、教学世界的内在联系，出现了《基础教育课程改革纲要（试行）》所讲的"五个过于"的现象："课程过于注重知识传授；课程结构过于强调学科本位、科目过多和缺乏整合；课程内容'难、繁、偏、旧'和过于注重书本知识；课程实施过于强调接受学习、死记硬背、机械训练；课程评价过分强调甄别与选拔的功能；课程管理过于集中。"

对科学探究的程式化掩盖了科学家探究科学的活动复杂性。科学发现大多不是按照程序化的研究活动自然得出的结果，其间伴随着直觉、机遇和偶然。日本物理学家希德金·育卡瓦说："那些探索未知世界的人们都是没有地图的旅行者；地图是探险的结果。他们并不清楚自己的目的地，因为直接通往目的地的道路还未铺。"[②] 科学发现可能是从观察开始，也可能从实验着手，还可能从艺术的直观、好奇、思考、问题开始。亚里士多德关于物体下落，生物学分类的理论，大多是从观察开始的；伽利略对亚里士多德物体运动理论的怀疑，是从逻辑推理开始的；法拉第发现电磁感应定律是实验的意外结果，应该说是从实验开始的；麦克斯韦方程组的得出则更多的是一种艺术加工，是人对"美"、"和谐"、"对称"的理性偏好与创造。

库恩认为，科学发现并非源自按照常规科学的范式按部就班

---

① 杨曲：《我们为什么学习？比一下才知道》，http://edu. sina. com. cn/1/2001—09—06/15602. html.

② 莱斯利·郝维兹著，杨自德译：《科学家箴言录》，海南出版社 2002 年版，第 41 页。

地探究自然得出的结果，而是源于反常。"发现始于意识到反常，即始于认识到自然界总是以某种方式违反支配常规科学的范式所做的预测。"① 既然科学发现是反常，那么就意味着科学发现具有不可预见性。他以伦琴发现了 X 射线而另一位研究者发现了这种光，但却没有发现任何东西为例进行了说明：②

　　　　X 射线发现的故事开始于有一天，物理学家伦琴（Roentgen）中断了他对阴极射线的常规研究，因为他注意到与他的屏蔽仪器有一段距离的铂氰化钡屏，在放电过程中，会发出光来。进一步的研究——他们花了七个激动人心的星期，这段时间里，伦琴很少离开实验室——表明，光是从阴极射线管沿直线发出来的，辐射所造成的阴影不可能因磁铁和附近其他许多仪器发生偏转。在宣布他的发现之前，伦琴自己深信，这种效应不是由于阴极射线，而是某种至少与光类似的东西引起的。

　　另一个案例来自德国化学家 F. A. U. 凯库勒，他在描述自己在梦中发现苯的环状结构的情况时说：③

　　　　我把椅子转向炉子，就打起盹来……我心灵的眼睛……现在能看清多种形态的结构；长长的、一排排的……全像蛇一样盘绕、扭曲着。……其中一条蛇捉住了自己尾巴。……

---

① ［美］托马斯·库恩著，金吾伦、胡新和译：《科学革命的结构》，北京大学出版社 2003 年版，第 49 页。
② 同上书，第 53 页。
③ 莱斯利·郝维兹著，杨自德译：《科学家箴言录》，海南出版社 2002 年版，第 42 页。

就像电光一闪，我省悟了。……让我们学会做梦吧，先
生们。

此外，对于献身科学的人来说，情感的愉悦是和科学探究过
程相伴生的，科学作为一种职业也不是仅仅是好奇所驱动的。科
学家具有家庭，需要一定的经济收入，科学研究需要经费支持，
科学家也要与社会、政府、企业等不同的部门和人物打交道，科
学的功用、冲突与科学的高尚是相伴生的。但我们的科学课程试
图在抽象一种情景，将儿童引领到一种乌托邦式的科学世界，许
多学生对这种境界敬而远之，当学生真正走入科学生涯时，发现
学校科学课程所呈现的科学场景竟然是那样的单一和虚伪。

科学课程变革中的技术理性导致了课程改革的琐碎化。改革
大多注重科学课程的一些表面上的问题，如教学方法的改进、教
学内容的选择、课程目标数量上的增减、课程结构的前后调整，
却轻视或者忽视那些影响科学课程变化的社会、政治和道德因
素，把科学课程根本理念的变化放在了次要位置上。如果科学课
程改革只是一味追求或者设想新的方法和途径，而不去思考它们
是否能解决科学教育中的根本问题，那么，即使方法和途径越来
越多，也可能会越来越无法解决科学教育中的问题。具体表
现在:[1]

（1）只针对科学教育中某些表面矛盾和问题的研究，而缺
少对科学教育的整个系统进行全面、深刻的分析，其结果是在原
有的科学教育框架中重新修改问题，却无法解决问题。

（2）只注重科学教育中教学技巧的变化，却忽视科学教育
"语言"意义的变化。教师对科学教育改革的反应是发展某些教

---

[1]　孙可平:《STS 教育论》，上海教育出版社 2001 年版，第 43—44 页。

学技巧或科学技术的专业技巧，而不去注意科学教育中概念、观念和思想背景的变化。比如，无视道德的麻木，精神的疏远，社会的不公正。

（3）只注重外部行为的变化，而不重视内在经验的发展，传统文化对个人的成就和成功的压力造成人们在经济和社会上的不平等，并由此形成不平等的竞争。注重行为变化、轻视内在经验的评价方式并不是由于评价和分等级本身造成的，而是由于传统文化中所包含的这种不平等竞争造成的。

（4）只考虑避免矛盾，却没有考虑创造一种新的科技文化。传统的文化包含了许多规范和价值，传统的科技文化也不例外。

造成这种现象的原因，在于学校是以一种近乎官僚系统的模式来运行的，教育官员的政治偏见左右了课程、评价和教师的选择；强制性的考试评价、教师资格认定、教学质量评价等制度，又起到了制度化规范的作用；课程系统的理性化、标准化，教材、学习能力、教学过程、测验和评价的指标化、模式化，使教师不必过多考虑教学活动，几乎变成了一部教学机器，只是关心教学技巧就足够了。这种制度化模式，既限制了教师职前培养又限制了职后培训的模式，教师缺乏这种全面思考与批判的素养，也没有发展与提高的动力。课程变革成为官员和专家的专利。

2.3   建构科学人文主义的课程方法论

科学课程方法论的技术理性倾向是科学主义在课程方法论领域自然的极端发展。虽然"教什么"、"怎样教"的问题可以追溯到孔子、苏格拉底、柏拉图时代，但课程作为独立的学科仅起始于 20 世纪二三十年代。当 1918 年博比特出版第一本专门研究课程问题的专著《课程论》时，同年，逻辑实证主义的代表人物石里克出版了他的《普通认识论》。以孔德 1830 年出版他的《实证哲学教程》为标志到 20 世纪 60 年代，实证主义的科学哲学一直占据西方现代哲学的主流地位。

在这样的哲学文化环境下，科学主义的课程研制方法论占据主流地位是不言而喻的。即使在现在，人本主义的课程哲学、后现代主义的课程哲学在美国课程改革中也没能取代科学主义的课程哲学，而是通过纠偏、放大，越来越和科学主义的课程哲学融合在了一起。

2.3.1　科学主义课程方法论的价值合理性及其局限

科学主义课程方法论的核心理念是相信课程编制是有规律的，这些规律通过课程研究是可以被发现的，通过研究得出的课程理论具有普遍的适用性。因此，科学课程及其设计具有相对客观性和普遍性的特征。

（1）客观性。无论什么理论，都不能否认科学知识在科学课程的编制过程中处于核心地位。无论科学知识是对客观世界的描述也好，还是科学社会学者所认为的，科学知识是科学共同体所达成的共识，是社会建构物也好，科学课程所引入的科学知识具有一定的客观性。比如，万有引力定律 $F = G \dfrac{m_1 m_2}{r^2}$ 不会因中国和美国是不同的国家，而在其科学课程中具有不同的结论。至于万有引力定律会不会被理论所证伪，则是科学发展的问题，在其被证伪之前在科学课程中具有普遍性。

（2）制约性。科学课程的发展具有受社会和科学自身发展制约的规律。现代意义上的科学课程的形成，在西方是中世纪文艺复兴以后的事，在我国则是 19 世纪以后的事。哥白尼的日心说、达尔文的进化论由于与宗教信仰的冲突在宗教时代，是必然被禁止的。即使进入 20 世纪 20 年代的美国，由于进化论与《圣经》神创论相冲突，美国田纳西州代顿镇的科学课程任课教师方达罗（Clarence Darrow）因讲授进化论而被告上法庭。再比如，在"文革"期间我们主要讲"三机一泵"，八九十年代强调"双基"，进入 21 世纪强调"科学素养"都表明了科学课程研制的社会制约性，只不过这种社会制约性相对于人文社会学科来说可能程度相对弱些。科学课程的内容还要受科学发展的制约，因为，你不可能在 19 世纪讲授相对论和纳米技术。

（3）普遍性。牛顿运动定律、能量守恒定律、热力学定律、光的折射和反射定律、卢瑟福原子模型等力学、热学、光学、原子物理学的基本定律在其适用范围内，仍然具有普遍的适用性。这种适用性没有国家、文化、地域的局限。美国宇航局仍然用牛顿定律计算火箭和卫星的轨道，虽然科学教科书所提供的科学知识不是最终的科学真理，但目前仍是人们的认识能力所能达到的最好层次，科学的进步就在于对自然的不断深刻、不断全面的认识，不能用未来的未知的科学结论作为摒弃现代科学知识的理由。

人们往往引用波兰尼的观点强调科学知识的个体性。他认为，科学家个体的介入对于科学发现具有重要的意义，在科学发现的过程中，科学家个体的判断力是和想象力、直觉等个体性因素协同工作的。他说："在一项探究活动中，心灵的两种功能从头到尾都在联合地发生作用。一种是想像力的刻意的主动力量，另一种是我们称作直觉的自发的整合过程。"① 但他仍然承认，科学知识和科学发现中具有一类严格规则（strictrules），如乘法表，不给人留有解释的余地。当然波兰尼的兴趣不在这里，而是

① 郁振华：《克服客观主义——波兰尼个体知识论》，载《自然辩证法通讯》2004 年第 4 期，第 5 页。

由情感、激情、直觉等组成的模糊规则（vaguerules）。这就是说即使在波兰尼那里，他也承认科学知识中具有严格规则的知识，这些知识就是传统科学知识观所崇尚的客观、普遍、价值中立的知识。传统科学知识观的问题是把这些严格规则的知识放大成了科学知识的全部。

（4）规律性。课程思想、理念、资源、文化、信仰的多元和发展，造就了多元的科学课程范式。进步主义、要素主义、永恒主义、科学主义、人本主义、结构主义、社会改造主义、存在主义等各种课程哲学思潮此消彼长，美国的《2061计划》、英国的《最终报告》各有侧重，美国的《国家科学教育标准》、英国的《国家课程中的科学》、加拿大的《各州科学课程标准》各有特色，这千差万别的科学课程及其改革是否拥有共同的特点？答案是肯定的。比如，都强调作为未来公民的科学素养、对科学本质的认识、基于科学探究的科学教学、数学与科学教育、STS教育等。

我们进行科学课程改革时，要进行大量的调查、统计分析，对当前科学课程中存在的问题进行梳理，这些问题并不是某一学校、某一地区的，而是选择大样本的调查研究，探寻出共同的、有针对性的问题，据此制订相应的改革策略。虽然这些结论并不一定能够完全反映科学课程的本质问题，但仍然反映了科学课程及其变革的规律性。否则，"不用事实判断的方法，怎么能把握教育活动的客观性和真实性？不用实证的方法，如统计与测量，怎么能把握教育活动的普遍性？不用实验和试验的方法，怎么能把握教育活动的规则和可行性？"① 也就是说，量化的、技术理

----

① 扈中平：《教育研究必须坚持科学人文主义的方法论》，载《教育研究》2003年第3期，第14—15页。

性的科学主义课程方法论对于课程实践虽然具有一定的负效应，但它也并非完全反动。问题是我们如何对待、应用它和它的研究结果，发挥它的价值合理性和正效应。

科学主义的课程方法论在表现其价值合理性的同时，也体现了其价值局限性。它遮蔽了科学课程及其设计的主观性、价值性、复杂性。科学课程实施的主客体均是人，人是有思想、有价值判断的理性动物，同时，又是具有情感、意志、激情、冲动、焦虑的非理性动物，人是理性与非理性的综合体。科学主义的课程方法论片面放大了课程理性，把课程研究放在寻找普遍的规律，探寻普遍的课程范式，推行刚性的课程模式之中。比如，我国建国以来的教学计划、教学目标、教学评价就是典型的案例。在这样一种课程境域里，教师成为工学模式中的铸件工程师，学生成为需要熔化、浇注、塑型的原材料，教学目标和教学过程成为加工原材料的模具。实践证明，这样的课程方法论对于培养富有人性、富有创造、富有学习能力的人来讲，不是促进而是扼杀。科学主义的课程方法论需要人文主义课程方法论的纠偏和匡正。

2.3.2　人文主义课程方法论的价值合理性及其局限

由于科学课程活动的主客体是人，无论是科学课程的设计者、组织者、实施者、管理者、评价者，还是课程的实施对象——学生均是具有价值倾向、情感、意志的能动的人，因此，科学课程的活动具有主观性。此外，科学课程的内容——科学知识也不是绝对客观的、普遍的、价值中立的，知识的选择渗透着社会意识形态，科学课程及其变革具有人文性。

（1）主观性。课程的设计者是课程专家或骨干教师，但不会是课程教师全部。什么样的知识应该进入课程，课程的实施需要达到什么目的，应该怎么样去实施课程，什么样的课程是好课程等等，都渗透着个人或集体的价值观、课程观、知识观、师生观、社会观的偏向，表现出较强的主观性。建立在学科结构主义基础上的科学课程是一种模式，建立在人本主义立场上的科学课程又是另一种特色。

在课程实施的过程中，师生的兴趣、情感、情绪、态度、性格、价值认同感等不仅制约着课程实施效果与课程设计思想的一致性，而且哪些内容受师生欢迎，哪些活动开展的全面深入，哪些内容需要纳入评价的范围都受个人、社会主客观因素的影响。这些特点必定使科学课程及其变革具有主观性。

（2）非理性。按照传统的科学知识观，科学发现的过程应该是一个"祛魅"的过程。科学家要消除自己的价值观、宗教信仰、情绪、情感等非理性因素的影响，即使不能完全清除，也要最大限度地减少这些因素的影响。但是，波兰尼认为，科学家的科学发现不但不能祛除非理性因素，而且，科学发现需要理智的激情。"科学探索中的每一个步骤都意味着以一种明确的方式来处置时间、精力以及各种各样的物质资源。这一切的总和构成了一个科学家的职业生涯。在科学研究中，科学家的猜想体现了他全部的希望，牵动了他的个体存在的方方面面，可以说，他充满激情地承诺着他的猜想。"[①] "理智的激情不仅肯定了预示着一个不定范围内的各种未来发现的和谐关系之存在，而且也能够引发关于某些特定发现的暗示，并维持对它们的终年的持久追求。在此，对科学价值的正确评价融入了发现它的能力之中，正如艺术家的感受力融入了他的创造力之中。这就是科学激情的启发

①　郁振华：《克服客观主义——波兰尼个体知识论》，载《自然辩证法通讯》2002年第1期，第12页。

功能。"①

科学课程的非理性品格，第一表现为学生的科学探究活动和科学家的科学探究一样富有理智的激情参与其中，在探究过程中学生的心灵同样能够体验到发现的愉悦；第二表现为科学课程本身是人文社会学科，非理性是人文社会学科的重要品格之一；第三，科学教学是一门艺术，是一门虽然从技术训练开始又必然/必须超越技术层次而达至艺术的学问，这种教学艺术境界是以自我体验、升华为主体的；第四，从事科学课程活动的主体——学生和教师都是富有生命活力的人，必然决定了科学课程的主观性、人文性、非理性。

（3）价值性。什么知识最有价值？是斯宾塞对科学知识的一种价值判断，也是课程设计者需要进行判断的问题。科学知识浩如烟海，什么知识最有适宜性？选择哪些知识进入课程？知识如何组织？是课程编制者需要考虑的核心问题，这些过程都离不开价值判断。科学课程和人文社会科学课程一样具有情感、态度和价值观的教育功能，科学史、科学哲学观都渗透着国家意识形态。比如，坚持辩证唯物主义的观点，就会对理性主义、历史主义、相对主义的科学哲学观进行批判，对我国古代科学成就的渗透，则起着民族自豪感的功能等。

此外，科学课程评价本身就是一种价值判断，"课程评价取决于课程的价值观，要针对具体的目标，有广泛的内容，还要有一定的操作程度，所以是一项十分复杂的工作"②。课程评价不仅要评价课程实施的效果，而且还要对课程内部的科学性、政治

---

① 郁振华：《克服客观主义——波兰尼个体知识论》，载《自然辩证法通讯》2002 年第 1 期，第 12 页。

② 余自强：《科学课程论》，教育科学出版社 2002 年版，第 183 页。

性进行评价。比如，教师在课堂上倾向于"神创论"还是"进化论"，在自然地理中对领土归属问题的表述等，都是课程评价要给予关注的，并且是基于一定的政治立场进行评价的。

（4）人文性。科学课程本身具有人文价值，科学精神、科学伦理、科学美、科学哲学、科学史是科学课程人文价值的集中体现。严复把科学精神概括为"黜伪而崇真"，爱因斯坦把科学概括为自由创造，他说："科学的发展，以及一般的创造性精神活动的发展，还需要另一种自由，这可以称为内心的自由。这种精神上的自由在于思想上不受权威和社会偏见的束缚，也不受一般违背哲理的常规和习惯的束缚。这种内心的自由是大自然难以赋予的一种礼物，也是值得个人追求的一个目标。"① 雅斯贝尔斯说："大学教育的特色在于教育的科学性上，它强调培养学生基本的科学态度。这种科学态度表现在，为了客观地认识和分析事物，能够暂时撇开自我的价值评价，超越某一学派的一孔之见，以及自己目前意愿的局限去进行工作。科学性具有实事求是、反复推敲、对相反的可能性进行不断斟酌和自我批判的特性。……科学的最大特性是怀疑和质问一切的精神，对事物进行谨慎而有保留的判断，并对这一判断的界限和适用范围进行检验。"②

科学不但具有直观的美学价值同时具有内在的美学价值。七彩斑斓的彩虹、牛顿环，浩瀚无垠的太空、绕轨道运行的星体，多样化的生物世界均给人以直观的美，自然界中这种直观的美不仅诱发着科学探索的好奇，而且引发了文人骚客情感的共鸣。对称、和谐、简洁使科学给人以深层次的美感体验，牛顿的运动方

---

① ［美］费耶阿本德著，周昌忠译：《反对方法》，上海译文出版社1992年版，第180页。

② ［德］雅斯贝尔斯著，邹进译：《什么是教育》，生活·读书·新知三联书店1991年版，第112页。

程、麦克斯韦方程、爱因斯坦的狭义与广义相对论方程、狄拉克方程、海森伯格方程所体现的简洁性、对称性变换，以及依据这几个方程就基本构建起的整个物理学体系，均表现出物理学的对称美和简洁美。海森伯格认为，科学真理有两个标准，一个是"美学标准"，一个是"价值标准"。美学标准所衡量的是科学中的美，价值标准所衡量的是科学的真。科学理论和数学公式的形式美就是符合"真理的美学的标准"①。彭加勒也说："科学家研究自然，并非因为它有用处；他研究它，是因为他喜欢它，他之所以喜欢它，是因为它是美的。如果自然不美，它就不值得了解；如果自然不值得了解，生活也就毫无意义。"②

　　科学课程具有人文性，我们就必须相应地用人文主义的课程方法论去研究它，才可能全面地认识它、把握它。"比如，人的需要、价值、情绪、情感、性格、意志等，就是科学所不能把握的，在很大程度上还必须借助于体验、感悟、直觉、思辨等方式。"③

2.3.3　构建科学人文主义的课程方法论

　　既然科学课程具有科学与人文的两重性，因此我们就必须坚持科学人文主义的课程方法论。对于课程中理性、客观、普遍的部分，以科学主义的课程方法论为主去研究、把握它，同时渗透人文主义的课程方法论；对于科学课程中主观性、价值性、人文性的问题，则以人文主义的课程方法论为主去研究它、把握它，

---

　　①　［德］海森伯格：《原子物理的发展和社会》，中国社会科学出版社 1985 年版，第 79 页。

　　②　彭加勒：《科学的价值》，光明日报出版社 1988 年版，第 357 页。

　　③　扈中平：《教育研究必须坚持科学人文主义的方法论》，载《教育研究》2003 年第 3 期，第 15 页。

同时渗透科学主义的课程方法论。

在当前的课程领域人们亟于批判科学主义的褊狭，但实际上，我们在长期的课程实践上，缺乏的恰恰是科学的课程方法论。回顾建国以来科学课程的改革，多是政治的冲动而非理性的研究，许多理论研究可以称为政治口号的脚注，部分理论研究是远离实践的空谈。正如扈中平所说："我国的教育研究有太多的体验、感悟、直觉、思辨等方式，忽视了教育研究的科学性，有的研究甚至就是想当然、凭感觉，过于模糊、宽泛、松散，严重缺乏实证性和最基本的准确性。许多结论既无法证实，也无法证伪；既不能说它正确，也不能说它错误，说了跟没说似乎差不多，教育理论中充斥着'正确的废话'。"[①]

另一种倾向虽然称不上是科学主义，但可以称为科学教条主义，主要发生在 20 世纪 80 年代以后。以引进布卢姆的教育目标分类理论为标志，学科结构主义、考试主义与目标化教学很好的融合在一起，掀起了一场量化运动。学者发出了"教育科学向自然科学借鉴些什么"[②] 的呼唤，从事教育科学研究的人耻于教育科学研究的非科学性、实证性，教育学走向成熟唯一的途径似乎就是科学化道路。

"教育科学"名词本身就是迷信科学的例证，无论 pedagogy 还是 education 都没有"科学的教育学"的含义。在课程实践中人们热衷于刚性的模式，似乎课程工作者应该提供一种程式化、技术化的课程模式，供实践者套用才算是有效的课程研究。"三步教学法"、"三主两评"主体参与教学模式等得到迅速的传授

---

① 扈中平：《教育研究必须坚持科学人文主义的方法论》，载《教育研究》2003 年第 3 期，第 15 页。

② 郭思乐：《教育科学向自然科学借鉴些什么》，载《教育研究》1996 年第 5 期，第 19 页。

和效仿，成为跨学科、跨地域、跨文化的普遍的课程教学模式。人们对数字化表示的热衷，也反映出课程实践中的科学教条主义的特征。如，在推进尝试教学法的过程中，人们总结出"明确一个基本观点，理解两个基本特征，培养三种精神，促进四个有利，掌握五种操作模式，运用六条教学原则，重视七个达到尝试成功的因素。"① 我们不妨简称为"一二三四五六七"实施模式。

实践证明，人文主义的课程方法论容易导致课程研究的相对主义与虚无主义，既然没有共同的理性、规律和范式，课程研究的意义又在哪里？既然均是充满了个别性，那么你提出的理论又是在讲给谁听？同样，科学主义，尤其是教条式的科学主义的课程方法论忽视课程研究中的主体性、差异性、多样性、复杂性，让课程变成了僵死的教条，课程中的"人"成为"小写的人"，扼杀创造，遮蔽了自由的人性。

课程改革必须坚持科学主义与人文主义相融合的课程方法论，国内外许多课程理论和实践正在进行这种新的转向。比如，课程行动研究就是吸收了实证主义方法论的合理性，又融合了现象学、解释学、批判理论等哲学思潮的有意义的课程理论探索，它注重场地研究和实际问题的解决，正逐步成为一种主流课程研究范式。正如扈中平所言："教育学必须借鉴自然科学的研究方法和思维方式，但教育学大可不必自然科学化，否则，可能意味着教育学的死亡。坚持科学人文主义的方法论，才是教育研究的必由之路。"② 对于科学课程研究来说，也是如此。

---

① 汪刘生：《尝试教学论发展态势的理论思考》，http：//www.nbszxx.com/list.
② 扈中平：《教育研究必须坚持科学人文主义的方法论》，载《教育研究》2003年第3期，第15页。

第三章　人文追求与价值回归

科学与数学、技术的结合上升为一种技术理性，科学逐渐成为一种"主义"，它给人文留下的地盘越来越狭小，理性对非理性的压抑越来越强大。人文对科学的反抗、批判和不满便是自然而然的了。然而，这种技术理性、这种科学主义并非科学的本真向度，科学本身也被异化了。人文在寻找自己的地盘时，科学也在反思，试图找回失落的真我。

因此，在谈到科学与人文的关系时，我们不能忽略科学本身的人文价值。科学并非缺少人文，科学并非非要外在的人文滋润才能避免找寻失落的人性，科学本质上就是人文的。异化并非科学的专利，人文社会科学的异化随处可见。马克思主义哲学在前苏联被斯大林主义所异化，这种异化不仅局限于哲学领域，进而影响到了科学，影响到了中国。如："李森科主义"。① 人文的呼

---

① 李森科是乌克兰人，1898 年 9 月 29 日出生于波尔塔瓦州卡尔洛夫村的一个农民家庭。他曾读过两个园艺学校，1925 年毕业于基辅农学院，随后受聘到甘查育种站工作。李森科的父亲在一次偶然的机会把在雪地里过冬的乌克兰冬小麦种子，在春天播种，结果获得了好收成。此事为李森科得知后，立即向有关上级部门作了汇报，并在此基础上提出了他的所谓"春化作用"理论。李森科借助于他的春化理论加之阶级斗争理论，得到了斯大林时期苏联政府的支持，后又得到了赫鲁晓夫的青睐。李森科在第二次全苏农民突击队员代表大会上，把春化理论和当时的阶级斗

唤更多的是借助于批判科学，抑或利用科学客观、普遍、价值中立的形象在释放自我压抑、扭曲和异化，在表达难以言说的言说。

科学课程改革的自我批判往往简单借用人文批评的话语，由于人们对什么是科学？什么是科学知识？什么是科学课程？什么是科学主义？什么是科学主义课程？什么是人文？什么是人文主义？什么是人文主义课程？科学学科与科学主义、人文学科与人文主义之间是一种什么关系？科学学科与人文主义之间又有一种什么样的关系等问题厘定的不够清楚，或者这些问题本身就不可能厘定清晰，造成了人们对人文主义理解的褊狭，这种褊狭又消极地影响着科学课程及其变革的历程。

反思当前科学课程及其变革中的人文关怀，往往停留在表层方面，几乎全部是核危机、环境污染、资源危机、人口问题等，对科学精神的强调则仅仅停留在尊重事实、不臆造数据等方面。当我们提到"科学"与"人文"时，往往又是在二者的二元对立和对科学的一味批判的立场上来谈的。其实，科学与人文的关系远不是对立的，科学与人文也不是科学学科和人文社会学科各自独立的单一研究命题。

争形势相联系，提出"为保卫春化处理和在为确认春化处理理论的斗争中我们同某些科学家进行了各种各样的争论……在春化战线上难道没有阶级斗争吗？阶级敌人总是阶级敌人，不管他是不是科学家"。由于现代遗传的创始人物是美国科学家摩尔根，李森科便借助于政治的力量把遗传学攻击为资产阶级体系，他又借助于虚假的增产报表，证实其提出的春化理论，再通过总结已逝世的育种专家米丘林的理论，炮制米丘林生物学和米丘林—李森科主义。通过突出强调社会主义与资本主义两个世界在生物学上的两种意识形态的斗争，又披上马克思主义的外衣，使其虚假的理论统治前苏联生物科学 30 年之久。30 年间，李森科先后担任全苏农业科学院院长、苏联科学院院士、列宁全苏农业科学院院士、乌克兰科学院院士。详细资料请参见程钢、郭瞻予著《知识的批判》，辽海出版社 2000 年第 1 版，第 150—185页。

3.1　科学、科学主义、科学主义课程

3.1.1　科学

从词源学上讲，science 一词源自拉丁文 scientia，scientia 意指一般意义上的"知识"。德文的科学（wissenschaft）与拉丁文的 scientia 类似，含义较广，不仅指自然科学，也包括社会科学，以及人文学科。在梵语中"科学一词指特殊的智慧"。在 17 世纪中叶，science 译为中文"格致"，指分科之学，意为专门的知识和专门的学问。科学一词是在戊戌时期从日本引入中国的，1897 年，康有为在其《日本书目志》中首次引入该词，并在光绪皇帝的奏折中宣称："宏开校舍，教以科学，俟学校尽开，徐废科举。"①康有为所称的科学显然并不是指理科，但科学一词却被 20 世纪中国知识界所普遍接受，随着时间的推移，"科学"一词逐渐演变成现在意义上的"自然科学"。当代汉语的"科学"一词译自英文的 science，一般是指自然科学（naturalsciegce）。自然科学以数理科学为典范，而数理科学通常又是以牛顿科学为范型。

最早给科学做出明确规定的是亚里士多德。他认为科学研究是一种从观察上升到一般原理，然后再返回到观察的活动，科学的重要功能在于解释，科学解释就是从关于某种事实的知识过渡到关于事实的原因的知识。在这里科学包括科学研究方法——观察活动，以及对观察活动结果——对事实知识的因果解释两个部分。亚里士多德没有说这种解释是不是自然界的客观摹写，但是他注意到了科学活动的特殊性。需要澄清的是亚里士多德所说的科学并非现在所指的自然科学。他认为，具有同一理念的对象就

---

① 程钢、郭瞻予：《知识的批判》，辽海出版社 2000 年版，第 188 页。

属于同一科学，在城邦里政治科学是最高的科学，它规定了城邦需要哪些科学，哪些人学习哪些科学，以及学习的程度。他甚至把技术也归入了科学。

关于什么是科学的问题，一直是科学家、科学哲学家、科学史学家、科学社会学家研究的问题。不同学科背景的人对科学有着不同的理解，同一学科背景的人对科学的理解也十分不同。有的科学哲学家把科学视为一种实证的知识体系，另一些科学哲学家则强调科学的理性品格，认为科学是理性认识的结果。有的科学哲学家认为科学是对自然规律的客观认识，而科学社会学家则认为科学是一种文化，是社会建构的产物。现在人们越来越认为，科学是一种具有多元属性的系统，它是一种社会建制、一种认识工具，一种方法论系统、一套知识体系。

罗素把凡是诉诸于人类的理性而不是诉诸于权威的一切确切知识，称之为科学。罗素所说的确切的知识，指关于有限领域的、具体对象的、一定程度精确的或有实证根据的知识，而不是靠信仰来支撑的知识。罗素所强调的是把科学知识与宗教知识严格地加以区分，把"从经验中来的知识"和"天启的知识"区别开来。科学是从观察和实验所发现的特殊事实出发，这些事实是无须推理就能认识的，然后通过正确有效的过程，得到普遍的规律，这种规律能够预言将来发生的事件。科学和宗教不同，宗教"自称含有永恒的和绝对可靠的真理，而科学却总是暂时的，它预期人们一定迟早会发现必须对它的目前的理论作出修正，并且意识到自己的方法是一种在逻辑上不可能得出圆满的最终的论证的方法"①。

---

① ［英］罗素著，余奕春、林同琛译：《宗教与科学》，商务印书馆2000年版，第5页。

　　难能可贵的是，罗素不仅概括了科学发现的逻辑归纳方法，而且指出这种方法无法进行自我证明，也并非圆满的方法。罗素认为，科学理论的逻辑起点是并不需要继续推理的经验事实，就像几何中的公理。而此后对科学发现模式的争论恰恰是经验事实何以为真，能否承载由此推理得出的科学理论的重负。科学理论会不断被新的理论所取代，这正是科学区别于宗教的性质。波普尔的批判理性主义也是从方法论出发，证明科学并非证实，而是证伪，科学不是真理而是猜测和假设，这种猜测和假设是相对于未来而言的。他只是换了个分析的角度。

　　康德也是从理性的角度定义科学的，他所定义的科学有两个特点，一是强调理性，凡是符合理性的、被确证了的系统知识都可以称为科学。二是把科学又进行了分类，一类是可以被先验理性所确证的，或者说由无误逻辑演绎得出的知识体系，称为本义上的科学；另一类是被经验事实所证实，称为非本义上的科学，他倾向于称其为技术。"任何一种学说，只要它可以成为一个系统，即成为一个按照原则而整理好的知识整体的话，就叫做科学。"① 他进而又区分了本义上的科学和非本义上的科学。他说："只有那些确定性是无可置辩的科学才能成本义上的科学；仅仅只是具有经验性上的确定性的知识只在非本义上称之为学问（Wissen）。"② 他举例说："例如在化学中，这些基础或原则最终不过是经验性的，并且理性用来解释既存事实的那些法则仅仅是经验法则，那么它们就不具有自身必然性的意识（没有无可置辩的确定性），因而在严格意义上来讲这个整体也

① 伊曼努尔·康德著，邓晓芒译：《自然科学的形而上学基础》，上海人民出版社 2003 年版，第 2 页。
② 同上书，第 3 页。

没有资格称为科学。这样一来，化学与其称为科学，不如叫做系统的技术。"①

李凯尔特从历史哲学的观点对自然科学和文化科学进行了分类，认为自然科学和人文科学具有不同的研究对象（他称为质料）和不同的研究方法（他称为形式），至于为何科学与人文的质料和形式会相异，他没有再深入的探讨，只是根据自然科学和人文科学历史发展的现状，进行了经验概括意义上的区分和研究。"科学既可以从它所研究的对象的角度，也可以从它所采用的方法的角度而相互区分，因此，既可以从质料的观点、也可以从形式的观点对科学进行分类。"② 基于质料和形式的不同，李凯尔特区分了自然与文化、自然科学与文化科学。他认为，自然科学把与任何价值都没有联系的事物和现象看做自己的对象，它的兴趣在于发现对于这些事物和现象都有效的普遍联系的规律，因此必须采用"普遍化的方法"。历史的文化科学作为文化的科学来说，要研究与普遍文化价值有关的对象，而作为历史的科学来说，则必须从对象的特殊性和个别性方面叙述对象的一次性发展。正如文德尔班所说的："有一些科学是寻找一般规律的，另一些科学则寻找个别的历史事实。"③

W. C. 丹皮尔则从科学史的角度对什么是科学给出了他的解释。他说："在希腊人看来，哲学和科学是一个东西，在中世纪，两者又和神学合为一体。文艺复兴以后，采用实验方法研究自然，哲学和科学才分道扬镳，因为自然哲学开始建立在牛顿力

---

① 伊曼努尔·康德著，邓晓芒译：《自然科学的形而上学基础》，上海人民出版社 2003 年版，第 3 页。
② ［德］李凯尔特著，涂纪亮译：《文化科学和自然科学》，商务印书馆 2000 年版，第 14 页。
③ 同上书，译者前言。

学的基础上，而康德和黑格尔的追随者则引导唯心主义哲学离开了当时的科学，同时，当时的科学也很快地就对形而上学不加理会了。"① "科学可以说是关于自然现象的有条理的知识，可以说是对于表达自然现象的各种概念之间的关系的理性研究。"②

美国科学社会学家默顿发展了萨顿关于"科学是系统的、实证的知识，或在不同时代，不同地方所得到的、被认为是如此的那些东西"③ 的观点，系统概括、论证了科学所具有的精神特质。他说："科学的精神特质是指约束科学家的有情感色彩的价值观和规范的综合体。" "普遍主义、公有性、无私利性以及有组织的怀疑态度，构成了现代科学的精神特质。"④ 萨顿关于现代科学的精神气质的概括成为后现代主义解构的对象。

科学社会学家巴伯对科学的本质进行了多视角的论述。他认为，科学首先是理性活动的产物，"科学的幼芽扎根于人类那根深蒂固的、永不停息的尝试之中，试图靠运用理性的思考和活动来理解和支配他生活在其中的这个世界"⑤。"只有当理性思维被应用于我们可称之为'经验的'目的——即对于我们的几种感官或对于以科学仪器的形式加以改进发展的感官来说，是可以达到的客体时——科学才存在。"⑥ 科学的一个本质特征是它的高度概括化和系统化的观念。"科学并不是要素与活动的杂乱无章

---

① ［英］W. C. 丹皮尔著，李珩译：《科学史——及其与哲学和宗教的关系》，广西师范大学出版社 2001 年版，第 1 页。

② 同上书，第 8 页。

③ 刘兵：《新人文主义的桥梁：解读萨顿》，载《科学的生命》，山东人民出版社 2002 年版，第 85 页。

④ ［美］R. K. 默顿著，鲁旭东、林聚任译：《科学社会学（上）》，商务印书馆 2003 年版，第 363—365 页。

⑤ ［美］巴伯著，顾昕等译：《科学与社会秩序》，生活·读书·新知三联书店 1991 年版，第 6 页。

⑥ 同上书，第 8 页。

的组合，而是一个具有凝聚性的结构，其各部分在功能上有相互依存的关系。"① "构成现代科学之基本原则的那些东西，是极其概括化和系统化的系列观念。这样的科学是从大量的特殊情境中抽象出来的。"② 巴伯并没有把科学停留在理性的维度，他认为：应"从根本上把科学看作是一种社会活动，看作是发生在人类社会中的一系列行为。从这一角度看，科学不单单是一条条零散的确证的知识，而且不单单是一系列得到这种知识的逻辑方法。"③ "科学必须既是理性的又是经验的。"④

英国科学社会学家贝尔纳则主要从科学的社会功能的角度对什么是科学展开了论述。他认为科学是一项社会事业，科学研究是一种社会职业，科学家是一个劳动群体。他说："科学已经不再是富于好奇心的绅士们和一些得到富人赞助的才智之士的工作。它已经变成了巨大的工业垄断公司和国家都加以支持的一种事业了。这就不知不觉地使科学事业，就其性质而言，从个体的基础上转移到了集体的基础上，并且提高了设备和管理的重要性。"⑤ "把科学看作是一种纯粹的、超脱世俗的东西的传统信念，看起来在最好的情况下也只不过是一种逃避现实的幻想，而在最糟糕的情况下则是一种可耻的伪善。"⑥ "今天的科学家几乎完全和普通的公务员或企业行政人员一样是拿工资的人员。即令他在大学里工作，他也要受到控制整个生活过程的权益集团的有

---

① ［美］巴伯著，顾昕等译：《科学与社会秩序》，生活·读书·新知三联书店1991年版，第2页。

② 同上书，第12页。

③ 同上书，第2页。

④ 同上书，第9页。

⑤ ［英］J. D. 贝尔纳著，陈体芳译：《科学的社会功能》，广西师范大学出版社2003年版，序言。

⑥ 同上。

效控制，即令不是细节上受到控制，也是研究的总方向上受到控制。"①

杜威对科学的认识则具有高度概括性的特征。他认为：科学是一种工具，一种方法，一套知识体系。在杜威看来，在广泛的意义上，科学是一种手段和工具；在思维过程的意义上，科学是一种方法，在思维的结果上，科学是一种知识体系。杜威注意到了科学的三个维度，科学既是知识体系、认识工具，也是思维方法。他更为关注的是把科学视为一种思维的方法与思维的过程。他说："我们把科学定义为系统化的知识，但这个定义完全是模棱两可的。它究竟是指该学科的事实材料的整体，还是某事物被系统理论化，适合被称作'知识'的过程？这个问题出现了。还有，它们与实际相联系的顺序怎样？说科学包含了两者无疑是对的。但是在时间先后和重要程度上，把科学作为方法的看法优于把科学作为事实材料的看法。"② 为什么科学作为方法比作为事实材料更重要呢？他回答说："毫无疑问，最有价值的知识是关于方法的知识，通过这些方法，一切事物都有条件被称为知识，而不仅仅作为论点、猜想和定理。这些知识的学习从来都不是指针对知识本身，它不只是作为一种信息而是一种思维操作模式，一种习惯上的思维模式。"③

我们认为，由于科学处于不断的发展和变化的历程之中，对什么是科学的问题需要从历史、学科、发展等多角度来理解。科学首先是对客观存在的一种反映，这一客观存在一般是指自然物

① ［英］J. D. 贝尔纳著，陈体芳译：《科学的社会功能》，广西师范大学出版社 2003 年版，第 15 页。

② 李春密、李会容："就科学教育的问题'采访'约翰·杜威"，载《学科教育》2000 年第 12 期，第 32—33 页。

③ 同上书，第 33 页。

质世界。科学相信自然世界存在一种客观的规律性，这种规律可以靠人所拥有的理性来把握。在课程领域，科学主要指物理学、化学、生物学、自然地理学以及技术科学的知识与方法论体系。从知识形态来看，科学知识是一种系统化了的知识体系，它不同于意见、猜测与传说。科学以范畴、定理、定律等形式反映客观存在的现象和本质，揭示其运动规律。相对于人文社会科学知识而言，科学知识具有较少的价值性、情境性、个人性等。科学不仅包括认识所获得的结果——科学知识，而且也包括认识的过程与方法、科学精神与科学气质。从科学探究的过程看，科学是一种富有批判性的探索未知的创造性活动。

3.1.2 科学主义

"科学主义"一词在课程领域的使用多是一种贬义词。不仅指一种科学霸权，而且暗含科学对人文、科学课程对人文课程的压制。但是对什么是科学主义，不仅在课程领域，即使在哲学领域也并不是十分明晰的概念。混乱地进行科学主义批判，很容易走向反科学的立场，对科学事业和科学教育将会产生消极的影响。

那么，什么是科学主义呢？根据《韦伯斯特百科词典》的定义，"科学主义指一种信念，认为物理学与生物科学的假设、研究方法等对于包括人文和社会科学在内的所有其他学科同样适用并且必不可少"[①]。科学主义的典型特征有三个：一是认为科学是最有价值的知识，二是把世界泛化为一种数学化、机械还原的图景，三是认为科学方法可以延伸到一切学科领域，包括道德、伦理与价值领域。

---

① 刘华杰：《什么是科学》，载《民主与科学》2000 年第 3 期，第 11 页。

培根把知识分为三类，诗歌、历史和哲学。当时科学和哲学还没有分离。培根认为，诗是最底层的知识，因为诗人写诗不服从定律，也没有什么规律，它可以随心所欲的臆造，只不过是对于口才艺术的兴趣。哲学（或科学）是高级的知识，因为它能给人类带来利益，让人类不断从自然界中获取生活所需要的物质资料，减少饥饿、疾病给人类带来的痛苦。斯宾塞对培根的科学知识观进行了进一步发展，他说："什么知识最有价值？一致的答案是科学。""在现代世界中，最有价值的知识是人能用其检验并解决自己问题的知识。这是通过科学和科学方法给予人类的知识。"① 斯宾塞把由事实观察、比较分类、逻辑演绎、证明组成的科学方法放大成了最有价值、在一切学科都适用的方法。

哲人科学家奥斯特瓦尔德（W. Ostwald）建立了一种基于能量学基础上的能量一元论。他认为，"能量是描述世界秩序的完整概念，是一切现象和存在物的实质，是最根本的实在，唯有它才能把万事万物囊括其中。""世界上的一切现象仅仅是由处于空间和时间中的能量变化构成的，因此这三个量可以看作是最普遍的概念，一切可能计量观察的事物都能归结为这些概念。""生命的本质特征在于不断的能量活动，而且首先以比较集中、易于存贮和转化的化学能建设其能量本体。精神生活依赖于感觉经验，而感觉实际上是一个能量传递和转换过程，意识活动则是心理能的作用。他还讨论了人类社会的能量学，用使用能量的不同阶段解释社会形态的演进和文明的发展。"② 他对快乐进行了能量意义的定义：$G = (E + W) \times (E - W)$，其中 G 表示快乐

① 参见刘德华《科学教育的人文价值》，四川教育出版社 2003 年版，第 27 页。
② ［德］弗里德里希·奥斯特瓦尔德著，李醒民译：《自然哲学概论》，华夏出版社 2000 年版，第 5—7 页。

的程度，E 是自愿消耗的能量总数，W 是被迫耗费的总能量。[①]
在奥斯特瓦尔德那里，就连快乐这种情绪体验都变成了可以用物
理学概念和数学公式定量描述的科学问题，那么还有什么不能用
科学解决的问题呢？

　　对科学的信仰不仅存在于学术群体，而且广泛存在于政治、
文化和日常生活领域。人们普遍相信，科学不仅可以解决科学领
域的问题，而且对于社会、经济、政治问题也很有功用。在日常
生活中，社会改革方案贴上科学论证的标签往往容易获得信任，
即使出了问题，也可以归结为论证的科学性还不够。尼赫鲁曾
说："只有科学才能解决饥饿和贫困、疾病和失学、迷信和过时
的传统习惯、资源的巨大浪费、富国中的贫富差别等等问
题。……忽视科学所造成的后果是谁也承担不了的，在每一次转
折关头，我们都在寻求科学的帮助。……未来属于科学、属于能
与科学为友的人。"[②] 作为一位政治家尼赫鲁对科学的认识有其
深刻的一面，但其中也隐含着科学主义的文化立场。

　　R. G. 欧文（R. G. Owen）在《唯科学主义，人与宗教》一
书中认为，唯科学主义是一种偶像崇拜，他称之为"科学崇拜"
（Scientolatory）。他说："在某些方面，使科学被认为是全知全能
的人类救世主而逐渐受到崇拜，这种'科学崇拜'声称所有的
问题都能被它科学地加以解决，甚至能检验精神、价值和自由问
题。"[③] J. 韦莫斯（John Wellmuth）对唯科学主义作了更为明确
的定义："'唯科学主义'一词，其意义可以理解为一种信仰，
这种信仰认为只有现代意义上的科学和由现代科学家描述的科学

---

①　杨国荣：《科学与科学主义》，载《学术季刊》1999 年第 2 期，第 6 页。
②　同上书，第 7 页。
③　［美］郭颖颐：《中国现代思想中的唯科学主义（1900—1950）》，江苏人民
出版社 1989 年版，第 16 页。

方法，才是获得那种能应用于任何现实知识的唯一手段。"①

由于人们对科学主义批判和解释的视角不同，对科学主义的理解也呈现出多元性特征。有学者把科学主义归纳为六种表现："1. 自然科学是人类知识的典范，它不仅必然是正确的，而且可以推广用以解决人类面临的所有问题。2. 科学对自己本身的依赖，即我们确信：不能把科学作为已经是可以认识的一种形式来理解，而必须把认识同科学同样看待。3. 自然科学的方法被应用于包括哲学、人文科学和社会科学在内的一切研究领域，并且只有这样的方法才能富有成果地被用来追求知识的信念。4. 在哲学认识论的研究中，从探讨各门具体科学入手，用实证科学的研究手段和方法来研究认识论、回答认识论问题的一种倾向。5. 把所有的实在，都置于一个自然秩序之内，而且认为只有科学方法才能理解这一秩序的所有方面，无论是生物的、社会的、物理的或心理的。6. 科学精神是一切研究领域都应遵循的。"②

我们认为，科学上升到"主义"就失去了一种学科、一种认识活动的意义而上升到一种规训，成为一种具有形而上的特征，位于知识等级体系的中心地位，被绝对权威化的知识体系。科学主义把科学知识视为至高无上，把科学方法视为无所不能，把科学精神视为道德典范。

科学知识、科学方法、科学精神无疑是人类的宝贵财富，但对其价值的无限放大，不仅让人们看不到科学丰富的文化特征，而且使科学本身也变得模糊了。"科学一旦'主义'便不再仅仅是科学，而是流变为一种支配其他一切知识话语的'元叙事'。

————————

①　［美］郭颖颐：《中国现代思想中的唯科学主义（1900—1950）》，江苏人民出版社1989年版，第16页。

②　曹志平、邓丹云：《论科学主义的本质》，载《自然辩证法研究》2001年第4期，第11页。

从后现代的立场看，'主义'乃是十足的贬义词，它凭借虚构的中心，垄断了对世界的阐释权，而阐释的多种可能一旦被'主义'消磁之后，满世界便只剩下了一种声音。"①

3.1.3 科学主义课程观

科学主义课程观表现在两个维度，一是把科学课程提升到学校教育的优势地位，二是把科学方法运用于课程研究的所有领域。在科学主义教育时代，不是没有人文、社会学科课程，而是轻视它们的价值。科学主义方法论在课程领域的扩展也不是说完全取代了人文主义方法论，而是处于相对霸权的地位。

（1）科学主义课程观的形成及其在课程观念中的体现

科学主义的课程观可以追溯到早期科学教育家斯宾塞。他认为，教育就是教导一个人怎样生活，使他获得生活所需要的各种科学知识，为他完美的生活做好准备。他把完美的生活划分为五种活动：一是直接保全自己的活动，二是获得生活必需品间接保全自己的活动，三是抚养和教育子女的活动，四是与维持正常社会政治关系有关的活动，五是在生活中的闲暇时间满足爱好和情感的活动。一个人要获得完美的生活就必须掌握科学知识，掌握哪些知识呢？他说："什么知识最有价值？一致的答案就是科学。这是从所有各方面得来的结论。为了直接保全自己或是维护生命和健康，最重要的知识是科学。为了那个叫作谋生的间接保全自己，有最大价值的知识是科学。能够正确指导父母完成职责的是科学。为了解释过去和现在的国家生活，使每个公民能合理地调节他的行为所必需的不可缺的钥匙是科学。同样，为了各种艺术的完美创作和最高欣赏所需要的准备也是科学。而为了智

---

① 刘德华：《科学教育的人文价值》，四川教育出版社2003年版，第25页。

慧、道德、宗教训练的目的，最有效的学习还是科学。"① 他显然要使科学超越人文、道德、伦理和宗教，成为统治一切的力量。需要澄清的是斯宾塞所说的科学要比现在所指称的自然科学要宽泛一些，这既可以从他对科学的论述也可以从他的课程设计思想中看出来。

从斯宾塞所设计的课程体系来看，他不是唯科学主义的。他认为，与直接保全自己的活动相对应，需要开设生理学、解剖学；与间接保全自己的活动相对应，需要开设读、写、算，以及逻辑学、几何学、力学、物理学、化学、天文学、地质学、生物学、社会学等科目；与抚养子女的活动相对应，需要开设心理学、教育学等科目；与维持正常社会关系有关的活动相对应，需要开设历史等科目，历史科目包含社会学、政治学、哲学的内容；与在生活中的闲暇时间满足爱好和情感的活动相对应，需要开设了解欣赏自然、文化、艺术知识的科目。斯宾塞的课程思想显然不是唯科学主义的，人们之所以把他作为科学主义课程观的源头来批判，我们认为源于两个原因，一是把斯宾塞所说的科学简单地理解为现在所指称的自然科学；很显然，斯宾塞所说的科学不单指自然科学。在他那里，哲学、心理学、历史学、教育学等都成了科学，这也符合当时人们对科学的理解和认识。二是自然科学课程无疑在他所设计的课程体系中处于核心地位。

从课程理论的发展历史看，从博比特、泰勒的工学模式到布鲁纳学科结构主义，整个主流的现代课程理论是以科学主义为其方法论基础的，这在第二章已进行了系统的反思，此处不再赘述。从课程实践的角度看，1958 年美国颁布了《国防教育法》，

---

① ［英］斯宾塞著，胡毅、王承绪译：《斯宾塞教育论著选》，人民教育出版社1997 年版，第 91 页。

国家把对科学家、工程师的培养视为国家安全的根本事业，数学、科学不仅从显性的课程结构中，而且从隐性的课程价值上均占据了学校课程的优势地位。

科学课程在学校课程中地位的提升实际上是科学技术在国家和社会安全中地位提升的自然延伸。在 19 世纪，科学技术与资本主义工业的联姻，虽然奠定了科学技术的社会地位，但是人文社会学科和宗教的显学地位并没有受到科学的威胁。科学的社会地位质的飞跃是在第一次世界大战期间。战争中，科学、技术与新型军事武器的关系得到战争国的普遍重视；科学家、工程师与工业家的联合在战争中发挥了前所未有的作用。第一次世界大战，迫使政府注意到科学、技术、工业与国家军事实力的关系。第二次世界大战期间，德国拥有当时一流的科学家和发达的工业体系，成为其横行欧洲大陆的基础；美国在战争后期处于技术领先地位，缘于不断流入美国的国外科学家的支撑，《国防教育法》的颁布从本质上说也是美苏冷战的结果。"从国际范围看，现代基础科学教育改革始于 20 世纪 50 年代，其直接原因，一般认为与 1957 年社会主义苏联人造卫星的发射成功有关，因为它造成了对资本主义世界科技和人才领域的严峻挑战。"[1] 科学课程的"主义"化不是源于科学的内在的精神价值而是源于科学的外在的社会功用。每次重大科学课程改革的直接原因似乎均是出于国家科学技术竞争的需要，人道的、人文的言辞无非是一种外在的修辞而已。

不管科学主义的课程观是源自课程理论还是深刻的社会动因，其在学校课程实践中最突出的表现就是单一的课程知识观。这种课程知识观一般是建构在客观、普遍、价值中立的实证主义

---

① 张红霞：《科学究竟是什么》，教育科学出版社 2003 年版，第 137 页。

哲学理论上的，把知识作为外在于人的客观实在。这种课程知识观把知识作为教师和学生静止的、死的认识对象，教科书被视为"圣经"，教师的授课类似于布道，由于教师掌握着科学知识，就像牧师拥有解释《圣经》并与上帝对话的权力一样，教师与学生之间自然不是一种平等的关系。这种课程知识观把学校教育过程看做是知识累积的过程，师生往往把成为科学家，去发现、去创新知识作为未来而不是当前的课程目标，当前知识的学习仅仅是一种准备。

由于知识等于真理，知识是外在于主体的客观存在，因此在评价学生有没有掌握知识时，往往基于一种"符合论"的课程评价观。把评价目标和评价标准视为"完全刚性"的，"理想的教学"和"理想的学生"是百分之百达到评价标准的，刻苦、背诵、记忆成为好学生和获得好成绩的手段与优秀品质的标准。往往认为好的教师应该拥有更多的知识与技能，要有"一桶水"才可能给学生"一滴水"。好的教学就是在最少的时间，耗费最少的精力，让学生获得最多的知识。

在这种科学主义课程知识观的引导下，我们为了实现科学课程内容现代化的目标，往往不断增加新的科学知识，课程门类越来越多，科学教科书变得越来越厚。但是，"学习精英"的成长历程虽然不是全部，但是部分地说明不是知识的量而知识的质与创造性之间具有强的关联性。如，中国各学科获奥林匹克竞赛金牌总数大多数情况下位于世界第一，但我国一流科学家、原创性科学研究成果、拥有的世界知识产权数量，却总是距离发达国家那么远。

（2）科学主义课程观在课程实践中的体现

现代科学课程是从西方引进的，无论是早期的教会学校，还是近代新式学堂，都是把科学课程置于一种外在功利的目的上。

教会学校把科学课程视为意识形态渗透的手段，洋务派、清政府把科学课程视为实现富国强兵的工具。张之洞在创办广东水陆学堂时指出："有船而无驾驶之人，有炮而无测放之人，有鱼雷水雷而无修造演习之人，有炮台而不谙筑造攻守之法，有枪炮而不知训练修理之方，则有船械与无船械等。"① 李鸿章等人则指出，引进外国机器设备，或请洋师、洋匠，只能是"目前计"；而"久远计"，必须自我制造，否则"即使访询新式，孜孜效法，数年而后，西人别出新奇，中国又成故步；所谓随人作计，终后人也"②。应该说他们对科学的这种认识是科学发展史和学校科学教育史上的一个历史性进步。可惜的是这种有着深深的中国实用主义文化传统烙印的观念，通过与考试主义的结合，成就了中国百年来科学课程的文化传统：应试与功用。这种课程文化反过来又使中国传统的实用主义文化得以再生、强化，循环往复。科学精神没有纳入或者统治者根本不希望其纳入到学校科学课程的视域。用"中学为体，西学为用"来概括这种文化思想也许再贴切不过了。

这种功利主义的科学课程观还表现在考试、奖励制度上。同治十一年（1872 年）化学试题其一是"KClO₃ 其华字若何？"其二是"次硝锶水，其代字若何？"其三是："天气助火何故？"其四是"水系何物相合之质？"其五是"做轻磺气，其法若何？"其六是"磺锶水其性情何如？"其七是"以何法能多炼磺锶水？"格物题其一是"以水力积气开凿山道，其机各式若何？"其二是"以水为则而权物之轻重者，其理法若何？"其三是"有船底为三角，前后宽窄如一，长十丈，于水面量之，阔丈五，吃水八

---

① 吕达：《课程史论》，人民教育出版社 1999 年版，第 52 页。
② 同上。

尺，试推其船货共重几何？"其四是："蒸汽有力可用，由何而生？"其五是"瓦德之汽机胜于前进，于何见之？"[①] 这些试题有一个共同特征，就是与我国"文革"时期强调"三机一泵"相类似，特别重视机械、技术应用。

科学课程的激励机制和科举本质上是相通的。这可以从与《奏定学堂章程》同时颁行的各学堂奖励章程中看出。奖励章程规定：中学堂毕业生要进行考试，对读书成绩较好的学生奖励科举出身，"最优等作为拔贡，优等作为优贡，中等作为岁贡"，均准保送升学，"分别收入所升学堂肄业"，同时"由督抚学政填给会衔执照"，作为步入仕途，跻身政界的通行证。这种做法，直至1905年科举制度废除后也没有停止，一直沿用到清朝灭亡。[②]

这让我们联想起奥赛，对于奥赛金牌获得者如果没有免试升入诸如北大、清华等重点大学的奖励，会是一种什么情境？难怪梁启超担忧，国人对于科学抱有不正确的态度，除了受传统的"道器"观影响而轻视科学外，便是把科学看得太呆太窄了，往往将科学研究的结果与科学本身的价值混为一谈，没有懂得科学这个词的意义。[③]

新中国成立以后，在相当长的一段历史时期内，流传着"学好数理化，走到天边也不怕"的口号。"重理轻文"是对这种科学主义课程观的简约说明。重理轻文不仅停留在思想上，而且表现在国家的教育和课程政策上。以1952年的院系调整为例。

----

① 同治十一年（1872）各科岁考题：《中国近代教育史资料汇编——洋务运动时期教育》，上海教育出版社1992年版，第126页。

② 吕达：《课程史论》，人民教育出版社1999年版，第155页。

③ 参见洪治纲《梁启超经典文存》，上海大学出版社2003年版，第283—284页。

据统计，经过院系调整之后，"全国综合性大学由 55 所减至 14 所，工科院校由 18 所增至 38 所，师范院校由 12 所增至 37 所"。"理工院校占高校总数的比例，由 1949 年的 13.7% 增为 21.4%。全国工科学生招生规模扩大了 1 倍，由原先招收 1.5 万人增至 3 万人。1946 年，工科学生仅占在校生总数的 18.9%，1952 年达到 35.4%，为各科学生之首，改变了此前以文法科为主的学校和学科结构"。"1949 年，在校大学生中文科类学生共占 33.1%，其中文科、财经、政治各科的学生比重分别是 10.2%、16.2%、6.3%；至 1953 年，即第一次院系调整后，已分别下降为 6.7%、6.4% 和 1.8%（共占 14.9%）。到 1957 年，第二次院系调整后，又进一步下降为 4.4%、2.7% 和 1.9%（共占 9%）。1962 年这一比例最低，仅为 6.8%。同样，在高等教育中具有特殊功用，被称为现代教育的'轴心机构'的综合性大学被严重削弱。多学科的综合性大学在高校中所占的比重，由 1949 年的 23.9% 降至 1952 年的 10.9%。1986 年，这一比例为 4.3%。一大批历史悠久的优秀的综合性大学失去了应有的价值和地位，被改为工科院校。"①

　　这种功利主义的科学技术观，不仅带来了高等教育的结构调整，而且带来了科学精神的异化。科学技术的唯一目标就是为经济建设、国防建设、社会主义事业服务，"为科学而科学"的研究精神失去了存在的现实合理性。这样教育出来的科学家、工程技术人员必然人文底蕴薄弱。

　　　　五十年来，我们培养了不少科学家和工程技术人员，但

---

　　① 杨东平：《中国高等教育的苏联模式——关于 1952 年的院系调整》，ht-tp：//www.usc.cuhk.edu.

他们当中真正"有文化"的并不多。以至于在 1983 年访问意大利的一个中国物理学家代表团的绝大多数成员，在那不勒斯参观圣多明哥教堂时，听到意大利朋友得意地向他们介绍托马斯·阿奎那（Thomas Aquinas）这位曾以万物应有"第一推动力"之说来论证上帝存在的最著名的经院哲学家的事迹，竟茫然不知所云，没有任何反应。①

中国是有应试传统的，高等教育的院系调整势必带动中等学校教学计划的调整。1952 年 3 月，中央颁发了《中学暂行规程草案》。教育目标第一条是"使学生能正确运用本国语文，得到现代科学的基础知识和技能，培养科学的世界观"。第二条是"发展学生为祖国效忠、为人民服务的思想，养成其爱国、爱人民、爱劳动、爱科学、爱护公共财物的国民公德和刚毅勇敢、自觉遵守纪律的优良品质。"② 这和我们长期坚持教育目标以德育为首的习惯极为不同，在这个章程里把掌握科学知识和科学技能放在了第一条，而把思想品德教育目标放在了第二条。这从一个侧面说明了科学在这个时期的学校教育目标中的地位是多么显赫。

（3）科学主义课程观在课程结构中的体现

对课程结构的分析我们仍以 1952 年的中学教学计划为例，一方面因为它是科学主义转化为课程政策并对课程实践产生重大影响的教学计划之一；另一方面 20 世纪 50 年代至 60 年代，在世界范围内是实证主义哲学昌盛时期，也是科学主义课程观在世界各国尤其是美国占据主流影响的时期。当然，我们并不是在论

---

① 程钢、郭瞻予：《知识批判》，辽海出版社 2000 年版，第 108 页。
② 骆炳贤、何汝鑫：《中国物理教育简史》，湖南教育出版社 1991 年版，第 157 页。

证这个时期中国的教学计划受到了世界课程改革潮流的影响，因众所周知的原因，1952 年的教学计划是照搬苏联的产物。当时的中国与西方处于相对隔绝的状态，它们的课程政策对我国的影响是十分有限的。但是，我们也考虑到课程政策受社会影响的必然性，50—60 年代是美苏争霸，中美军事斗争十分严峻的时期，科学主义课程观在东西方的成长应该是殊途同归。

表 3—1   1952 年教学计划中数学、科学课程学时比例统计表

科目	初中阶段		高中阶段		中学阶段	
	教学时数	占初中阶段总学时的比例(%)	教学时数	占高中阶段总学时的比例(%)	教学时数总计	占总学时数的比例（%）
算术	216	6.32	—		216	3.14
代数	216	6.32	216	6.25	432	6.28
几何	144	4.21	180	5.21	324	4.71
三角	—		108	3.13	108	1.57
解析几何	—		108	3.13	108	1.57
物理	144	4.21	324	9.38	468	6.81
化学	144	4.21	288	8.33	432	6.28
植物	108	3.16	—		108	1.57
动物	108	3.16	—		108	1.57
生理卫生	72	2.11			72	1.05
达尔文理论基础	—		72	2.08	72	1.05
地理	252	7.37	144	4.17	396	5.76
合计	1404	41.07	1440	41.68	2844	41.36

资料来源：骆炳贤、何汝鑫：《中国物理教育简史》，湖南教育出版社 1991 年版，第 158—159 页。

1952 年的教学计划所规定的教学时数中，初中总学时为 3420，高中为 3456。如果把数学学时也计算到科学领域，那么

在初中阶段科学课程的总学时占了初中总学时的 41.07%；其中，物理占总学时的 4.21%，化学占总学时的 4.21%，生物和生理卫生占了总学时的 8.43%；如果不包括数学，科学课程占总学时的 16.85%。在高中阶段，如果把数学学时也包括在内，科学课程总学时占了高中阶段总学时的 41.67%；其中，物理占总学时的 9.38%，化学占总学时的 8.33%，达尔文理论基础占了总学时的 2.08%，地理占了总学时的 4.17%；如果不包括数学，科学课程占总学时的 23.96%。

如果仅从学时比例上看，数学和科学总学时仅为 41% 左右，人文社会科学总学时在 59% 左右，那么为什么说科学课程占据了学校课程的中心地位呢？要从历史比较的角度来看，科学课程的确在学校课程中的地位在逐渐增强。1929 年《中小学课程标准》中规定的初中周上课时数为 208，其中数学 28 学时，植物 4 学时，动物 4 学时，化学 7 学时，物理 7 学时，[1] 分别占周学时的 13.46%，1.92%，1.92%，3.37%，3.37%，数学与科学课程总计占周总学时的 24.04%，物理、化学、植物、动物四科占周学时的 10.58%，而 1952 年颁布的初中教学计划中，以上四科占了总学时的 14.74%，提高了 4.16 个百分点。高中阶段，1929 年《中小学课程标准》中规定周学时总数是 197，其中数学 20 学时，生物 10 学时，化学 13 学时，物理 12 学时，[2] 数学与科学课程占总学时的 27.92%，物理、化学、生物三科占周总学时的 17.77%，1952 年颁布的高中教学计划中，没有开设植物、动物，但物理、化学二科占了总学时的 17.71%。

---

[1] 骆炳贤、何汝鑫：《中国物理教育简史》，湖南教育出版社 1991 年版，第 85—86 页。

[2] 同上。

（4）科学主义课程观在教科书叙事方式上的体现

对科学客观性、确证性的信仰体现在教科书的叙事方式上，这种叙事方式不仅是"宏大的"，而且是完全陈述、不容令人置疑的。如：

> 科学探究需要观察和提出问题，需要通过各种途径收集证据和处理数据，需要建立假设，需要证据去检验假设，还需要应用科学原理进行解释。①

随后，便用海王星的发现作为案例证明科学家的确是通过观察、提出问题、收集和处理事实与数据、建立假设、验证假设、得出结论的科学探究过程一步步获得科学发现的。这里有两个隐喻，一个是所有的科学家都是这样开展科学探究工作的，一个是所有的科学发现都是通过这样的科学探究得出结论的。这种隐喻又通过渗透科学探究在生活中的应用进一步得到了说明和强化：

> 科学探究的方法不仅对科学家是十分有用的，而且对我们每一个人解决生活中的问题也是有用的。例如，有一天小明肚子突然疼起来了，可能的原因是哪些呢？是受凉了还是食物中毒？是盲肠炎还是其他毛病？首先得搞清楚疼的部位，再想一想，最近是否淋雨还是天气突然变冷时衣服穿少了？吃了哪些东西？根据这些情况做出初步的设想，然后再请医生诊断，通过必要的检查和化验，就可以找出原因并对

---

① 袁运开等：《科学》，华东师范大学出版社 2001 年版，第 8 页。

症治疗。①

　　且不说海王星发现的真正过程是否吻合教科书所呈现的科学探究的过程，即使吻合也不能证明科学教科书所呈现的科学探究范式的普遍性。许多科学发现并不是从观察开始的，比如：伽利略的物体运动理论。他首先是从逻辑悖论怀疑亚里士多德的运动理论的。按照亚里士多德的理论，重的物体比轻的物体下落快，我们假设有一个物体 A 和一个物体 B，物体 A 的重量 G_A 大于物体 B 的重量 G_B，两个物体同时下落，A 因为更重些下落得应该比 B 快。如果 A 和 B 合在一起组成重物 C，由于 C 的重量 G_C 大于 G_A，也大于 G_B，当物体 C 和物体 A 一起下落时，C 应该比 A 下落得更快些。但是，考虑到 B 比 A 下落的慢，两个物体合在一起以后，由于 B 会拖住 A，减慢下落的速度，C 应该比 A 下落得慢些才对，这样就出现了逻辑悖论。后来伽利略又通过斜面实验验证了他提出的物体运动理论。

　　生活中对肚子疼的处理，也并不完全按照探究的步骤，许多情况下，家长或教师同学一般视肚子疼痛的程度，凭直觉判断是送医院还是在家休息，抑或进行简单的日常处理。至于医生是按如此的探究步骤，也是因人而异的。此外，教科书所呈现的科学探究在暗示一种证实理论，而波普尔提出的证伪理论以及观察，渗透着理论的观点，虽然得到了科学哲学和科学家的认可，但并未进入教科书。

　　在科学发现中，即使两个人同时探究同样的问题，经历同样的科学探究过程，得出的结论也有可能是完全不一样的。汉森认为："首先记录观察，然后寻找观察的知识，这就给出了头脑和

────────

① 袁运开等：《科学》，华东师范大学出版社 2001 年版，第 10 页。

眼睛如何配合的简单模型。然而看和我们的知识体之间的关系并不是简单的关系。"[①] 他通过开普勒和第谷与行星运动规律的案例，提出了一个有意义的问题，"开普勒和第谷在黎明的东方是否看到了相同的事物呢？"[②] 他解释说："开普勒和第谷观察日出的物理过程值得注意。太阳发射出相同的光子；这些光子穿过太阳空间以及地球的大气层。这两位天文学家均具有正常的视力；因此这些光子以同样的方式穿过他们眼睛的角膜、水样液、虹膜、眼球晶体和玻璃体；他们的视网膜最后都受到光子的作用，就像发生在硒元件中的电化学变化一样。开普勒的视网膜所留下的物象和第谷视网膜所留下的物象是相同的。所以，他们看见了相同的东西。"[③] 但是开普勒得出了行星运动定律，而第谷却没有。汉森说："他们的经验要素是同一的，但其概念组织则相去甚远。因此他们能在黎明的东方看见不同的东西。"[④] 他评论说："辨认资料、论据、观察之间的差异，所要求的不只是简单地指出可观察物体，认识这一点很重要。"[⑤] 也就是说，开普勒和第谷既看到了相同的东西又没有看到相同的东西，前者是形式，后者才是本质。

托马斯·库恩在评论科学教科书"几乎始终无例外地被理解为，科学方法只是收集这些教科书资料所使用的各种操作技巧，连同指导这些资料与教科书的理论概括联系起来所使用的逻辑运作"时说："如果科学就是流行教科书中所收集的事实、理

①　N. R. 汉森著，邢新力、周沛译：《发现的模式》，中国国际广播出版社 1988 年版，第 23 页。

②　同上书，第 6 页。

③　同上书，第 7 页。

④　同上书，第 21 页。

⑤　同上书，第 22 页。

论和方法的总汇，那么，科学家便是这样一批人：他们不管成功与否，都力求为这个总汇贡献一二。"① 其实，科学教科书所呈现的是常规科学范式，而非科学发展的整体范式。

为什么科学家和教科书一再宣称一种普遍的科学探究的范式呢？科学知识社会学家巴恩斯指出："任何一种信念都可以用来为某些利益服务；假设有一个适当的整体性的文化模式，那么，就可以使任何一种特定的信念为任何一种特定的利益服务。"② 科学"价值中立"的品格的确为其广泛参与社会活动并取得文化统治地位起到积极的作用，科学以其客观、公正的形象甚至被广泛地用于体育运动、大选投票、法律鉴定等社会领域。巴恩斯说："科学家们享受了不关心私利的荣誉，这种荣誉实际上是很普遍的而且并不完全是不应得的，但是，它会使得与科学家们关于知识的主张结合在一起的价值有一种虚假的合理性。"③

实际上，科学主义的课程从一个侧面说明了科学以及科学课程在一个国家政治、经济、文化、军事结构中的功能。它体现了在不同的时期，国家选择什么知识，如何选择知识，怎样有效地组织、传授知识，评价知识的一种体制。当然，这种科学主义的课程体制越来越不适应人们对生活、对知识本质、对知识与社会、人与社会、人与自然关系的深刻认识，当前的科学课程改革正在寻求或正在形成一种建构在多元主义立场上的课程理论。

---

① ［美］托马斯·库恩著，金吾伦、胡新和译：《科学革命的结构》，北京大学出版社 2003 年版，第 1 页。

② ［英］巴里·巴恩斯著，鲁导东译：《科学知识与社会学理论》，东方出版社 2001 年版，第 179 页。

③ 同上书，第 174 页。

3.2 科学课程人文追求的必然

由于二元对立的世界观，我们习惯于对事物进行非此即彼的理解，难以理解宜此宜彼的属性。不是对的就是错的，不是我们的朋友便是我们的敌人，这种二元对立的思维方式长期影响着我们的生活。在物理学上有波粒二像性，比如说光子是光波同时又是光粒子。现在我们谈"双赢"本质上说就是一种思维方式的转变。对科学与人文关系的理解也应如此。

由于文化理解的不同，我们在科学课程及其变革中对科学与人文关系的理解显得非常肤浅，这种肤浅首先表现在对科学本身的人文属性缺乏理解。从文艺复兴来看，人文主义者以希腊文化为手段，提倡人权、自由和人性解放。科学推崇理性，把人类从宗教意识形态中解放出来，科学并非缺乏人性和自由。

亚里士多德在其《形而上学》一书中认为，科学的产生需要三个条件：一是"惊异"，即对自然现象的困惑和惊奇；二是闲暇，也就是知识阶层不需要为了生活而忙碌，都是在人生必需品以及使人快乐安逸的种种事物几乎全部获得以后；三是为了自身的存在，只因人本身的自由，不为任何其他利益而找寻智慧。也就是说科学是一门自由的学问、自由地思考、自由发表意见，不受其他目的和利益的支配。① 从这个意义上讲，科学、理性、自由是同一的，科学本身就具有人文性。

---

① ［古希腊］亚里士多德著，吴寿彭译：《形而上学》，商务印书馆 1959 年版，第 5 页。

3.2.1　科学与人文何以冲突？

从本体论的角度看，科学和人文、科学学科与人文学科、科学知识和人文知识都是人类文化的表现形式，都是人类实践和思维活动的产物和工具。那么科学与人文之冲突何以产生？

第一，科学与人文的冲突源自人类知识累积的不断扩展与认识能力有限之间的矛盾。由于人类认识能力的有限性，在每个人兴趣引导下，都拥有了自己的知识范围，没有边界的知识领域被自我能力划定了边界，也就有了学科建制。

狄尔泰就从自然科学与人文科学研究范畴的不同对科学与人文进行了区分。他认为，自然科学研究的是物质实体，人文科学研究的是精神实体，全部知识"科学"，一类被称为科学，另一类被一些思想家称为"精神科学"（Geisteswissenschaften）。精神科学的称谓虽不完美，但它"恰当地表现了事实的核心范围，据此，人们实际探测出了这些学科的统一体，勾勒出了它们的范围，确定了它们与自然科学的区别"。在此基础上，他又给出了人文科学的范畴，"所有以社会历史真实为宗旨的学科，在本书中都被置于'人文科学'的名目之下"。"那些在人类历史中发展起来的被当做'人本的、历史的和社会的科学'的东西，组成了我们不奢求掌握却寻求初步理解的精神事实的范围。"[①] 精神世界的过程是一种内在体验，内在世界的体验过程形成独立的经验材料，成为人文科学认识论基础。"既然什么都是依据这种内心体验存在于我们面前，既然构成一种价值和目的的东西也都仅仅存在于我们的感情和意志的生动体验中，那么内在经验的科

---

① ［德］韦尔海姆·狄尔泰：《人文科学导论》，华夏出版社2004年版，第5—6页。

学就包含了决定自然可以存在于我们的认识论原理，以及解释各种意图的存在、最高善和价值的我们的行动的原理；我们所有应付自然的实践行动，都是以此为基础的。"①

科学与人文无非是两个大的知识群，不仅在这两个知识群之间冲突，即使在科学知识领域内部，抑或在人文知识领域内部，都存在着不同的信仰和冲突。如在哲学知识领域，理性主义与经验主义，唯物主义与唯心主义，实证主义与怀疑主义的冲突等。

第二，科学与人文的冲突缘自两个领域的相互不理解。学科边界成为学术领地，门派之隔，各自形成自己的知识领域、方法论基础、思维模式和价值取向，门派之间的少有交流，缺乏理解，必然造成斯诺所言的文化间的冲突。斯诺认为，从事科学文化的人（科学家）和从事人文文化的人（如文学家）之间，几十年来几乎完全没有相互交往，无论是在智力、道德或心理状态方面很少有共同性，这使得整个西方社会精神生活日益分裂为两个极端，"一极是文学知识分子，另一极是科学家，特别是最有代表性的物理学家。二者之间存在着相互不理解的鸿沟——有时（特别在年轻人中）还相互憎恨和厌恶……他们对待问题的态度完全不同，甚至在感情方面也难以找到很多共同性的基础"②。

第三，科学与人文的冲突源自各自哲学信仰的不同。科学相信理性，人文偏爱非理性，科学相信并找寻世界的本质，而人文尤其是后现代主义者根本不相信有什么本质、真理和中心。按道理，从事不同文化领域活动的人应该是地位上的平等关系，他们各自拥有自己学科存在的理由，各自应相安无事，但冲突却激烈

---

① ［德］韦尔海姆·狄尔泰：《人文科学导论》，华夏出版社 2004 年版，第 9 页。

② C. P. 斯诺著，纪树立译：《两种文化》，生活·读书·新知三联书店 1994 年版，第 4 页。

地发生了。罗蒂认为，科学与人文之间的这种冲突源自科学家、哲人、诗人的傲慢心理。"我们不应问科学家、政治家、诗人或哲学家是否高人一等……我们应当把科学看作适用于某些目的，把政治、诗歌和哲学（不被看做一门超级学科，而是看做根据过去的知识对目前思想倾向的一种明达的批判活动）都看做是各有目的。我们应当摒弃西方特有的那种将万事万物归结为第一原理或在人类活动中寻求一种自然等级秩序的诱惑。"① 罗蒂的意思似乎是说，科学与人文的冲突缘自本质主义哲学观，世界本质是由水、火、气、数、原子组成的吗？人的本质是一种经济动物？政治动物？还是强力意志？还是力比多（Libido）？当人们坚持自己找到了或者拥有了"世界本质上是什么？""人本质是什么？""从哪里来？""到哪里去？"的答案时，似乎冲突就不可避免了。

第四，科学与人文的冲突缘自思维模式的不同。经过科学思维训练的人，习惯于逻辑推理，习惯于寻找原因与结果之间的必然联系，经过人文训练的人则习惯于直觉。帕斯卡尔说："习惯于依据感觉进行判断的人，对于推理的东西毫不理解，因为他们想一眼就能钻透而不习惯于探索种种原因。反之，那些习惯于依据原则进行推论的人，则对于感觉的东西也毫不理解，他们在那里面探索原则，却不能一眼看出。"②

莱布尼兹也曾表达过与帕斯卡尔类似的观点。他认为，动物具有类似理性的联系，但那是建于记忆和直觉基础上。比如，狗对棍棒的逃避，其中没有逻辑推理，纯粹是条件反射。"但是真

---

①　[美] 理查德·罗蒂著，李幼燕译：《哲学和自然之镜》，生活·读书·新知三联书店 1987 年版，第 15 页。

②　帕斯卡尔著，何兆武译：《帕斯卡尔思想录》，陕西师范大学出版社 2003 年版，第 7 页。

正的推理依靠必然的或永恒的真理，像那些逻辑学的、算术的、几何学的推理即是这样，它们确立一个观念和必然论断之间的无可怀疑的联系。"① 也就是说一个结论，人的理性思维是需要经过准确无误的逻辑推理，才是可信的。当然，科学发现中直觉、美感、激情并不比人文领域中缺少，正是由于这种对科学领域思维习惯的单调归纳，才导致了一种冲突。

第五，科学与人文的冲突缘自科学与人文各自对理性的背离。传统的人文主义高扬人性，以人为中心，颂扬无限的理性精神，这种特点在文艺复兴和启蒙时期表现得十分突出。早期的科学并不是社会建制的，伽利略、牛顿、哥白尼并不是以科学为职业的，大多出于自己的好奇，在业余时间和从事文学创作一样从事科学研究活动。卢梭也曾对医学、生物学表现过浓厚的兴趣，并从事过一定的研究活动。但那是在贵族的庄园里，在山花烂漫的山野中。大多数早期的科学家是虔诚的教徒，牛顿把他从事科学研究的目的与证明上帝的存在相联系，通过科学研究找寻与上帝对话的方式，满足求知的欲望和好奇心。"为科学而科学"是这个时期科学研究的核心目的。

文艺复兴以来，尤其是启蒙运动以来，人文主义逐渐偏离了理性的轨道，叔本华、尼采、弗洛伊德、海德格尔、柏格森哲学从理性传统引向了非理性主义，希特勒从强力意志中为其法西斯统治找到了理论根据。另外，科学的技术化倾向，把科学由价值理性引向了工具理性，科学主义所表现出的科学文化霸权丧失了其人道的理性传统。人文与科学日渐走向分裂和对抗。贝尔纳说："人们不仅反对科学的具体成果，而且对科学思想本身的价

---

① 莱布尼兹：《以理性为基础，自然和神恩的原则·和谐的秩序》，四川人民出版社 1997 年版，第 31 页。

值也表示怀疑。19 世纪末叶，由于社会制度面临危机，反知识主义开始抬头了，索雷尔和柏格森的哲学就表现了这种思潮。他们把本能和直觉看得比理性更为重要。在某种程度上，正是哲学家们和形而上学理论家们自己首先铺平了道路，使人们有可能替法西斯主义的思想——在神人般的领袖指导下采用残暴手段的思想——辩护。"①

启蒙时期，科学与人文的结合战胜了宗教神学，恰恰预示着两者分裂的可能性。人文通过科学印证了"人"的理性力量，科学与技术的结合显示了人类征服自然的无穷能力，显示出人是人的主人，人是宇宙的主人这一传统人文主义的价值基础。文艺复兴时代，人文主义反对中世纪经院哲学用神性压抑人性，用原罪压制人的自由，视人与人性高于一切，是人权而不是神权是价值坐标的原点。正如普罗泰哥拉的名言，"人是万物的尺度，是存在者如何存在的尺度，也是不存在者如何不存在的尺度"。人与自然、人与社会的关系的危机，并不是或不仅仅是科学的罪孽，更多是文艺复兴时期人文主义对人性的过度张扬，科学只不过是这种价值取向的牺牲品而已。

奥鲁斯·格琉斯（Aulus Gellius）曾抱怨人文主义这个词背离了其真实的意义。他认为，humanitas 被不正确地用来指称一种错乱的善行（benevolence），即：希腊人所称的爱人类（philanthropy）；而实际上，这个词意味着信条与纪律，它并不适合于芸芸众生，而只适合于经挑选出的一小部分人——简单地说，它的含义是贵族式的而非平民的。白壁德也曾评论说，古代人文主义者在整体上具有强烈的贵族气质；它的同情是在我们今天看

---

① ［英］J. D. 贝尔纳著，陈体芳译：《科学的社会功能》，广西师范大学出版社 2003 年版，第 5 页。

来很窄的一个渠道中流淌的；对于那些未受过教导与训练的卑微低贱之人，它自然地轻蔑倨傲。① 这种轻蔑之情在文艺复兴时期的人文主义者弥尔顿身上有了恰当的体现，在他诗句中说：②

> 我说不出那些普普通通的乌合之众，
> 那些游手好闲的放荡之徒，
> 他们像夏天的苍蝇一样生长毁灭，
> 没有名分，也没有谁能记住他们。

在科学与人文的冲突与争论中，科学主义不是一个褒义词，人文主义也并非人们理所当然所认为的那样是什么正义的力量。吴国盛认为，现代性的基础恰恰是近代人文传统和以技术理性为标志的近代科学传统在事实上的紧密结合。科学与人文的分裂一方面是近代教育体制文理分科造成的科学教育与人文教育的割裂，另一方面是唯人主义传统与科学技术结合造成了现代社会对人文本质的远离。③

3.2.2　科学课程人文追求的必然性

在科学成为独立的知识领域之前，科学和人文是一体的，在科学成为独立的学科体系之后，科学本身所拥有的人文蕴涵被冷落了、被遮蔽了。解读爱因斯坦、玻尔、海森伯格的哲学思想和生活传记不难发现，他们都拥有深厚的人文底蕴，他们的哲学思想对人文的贡献正如对科学的贡献一样伟大。科学家成长的道

① ［美］欧文·白壁德：《什么是人文主义？人文主义全盘反思》，生活·读书·新知三联书店 2003 年版，第 4—8 页。

② 同上书，第 8 页。

③ 吴国盛：《科学与人文》，载《中国社会科学》2004 年第 4 期，第 13 页。

路、科学发展的历程都说明科学与人文的和谐共生是科学创新、人才成长的基石，是实现科学课程自身价值的前提和基础。只在这样的科学课程世界，学生才能真正体验到自然世界的多姿多彩、感受到科学世界的复杂和美妙、理解科学知识的文化本质和科学发展的曲折历程，让学生在这样的科学课程世界里找到科学的精神和灵魂。

科学课程的人文追求表现在两个维度，一是鉴于科学知识与人文知识的互补性，在课程的变革中，实现科学知识与人文知识的优势互补、和谐相处，表现为课程结构中科学知识教育与人文知识教育的平衡与协调。二是透过科学社会学、科学史、科学哲学的视角让学生理解科学的本质，通过科学探究、亲身体验，让学生感受科学研究的惬意，通过渗透 STS 教育理念，实现科学世界、生活世界、科学课程世界的统一，在科学探究中培养学生的科学素养，提升学生的科学精神，张扬科学的人文价值。

（1）科学知识和人文知识品格的互补性

自然知识与人文知识，科学研究与人文研究各自具有独特的范式。按照科学社会学家默顿的观点，普遍性、客观性、价值中立性、有条理的怀疑主义是科学知识和科学研究活动的品格。自然科学家通过对个别的、具体的、大量的自然观察和实验进行分析研究，借助于概括出的经验事实，运用逻辑归纳和推理分析的方法，来建构起具有普遍性和一般性的科学体系，形成抽象的逻辑体系和概念网络，再用这些抽象的概念、原理去解释分析、预测具体的自然现象。自然科学家总是力求把纷繁复杂的自然现象归纳成一些尽可能简单而基本的法则，提炼出一些事物遵循的基本原理，以此来把握自然世界的本质与普遍规律，建立起关于自然世界的基本图景与统一关系。

虽然科学社会学对科学绝对的跨越国界、超越信仰进行了有力的解构，但是相对于人文知识而言，科学知识的普遍性、价值中立性更多些。广义相对性原理不会因为是在中国还是在美国的科学教科书而有什么不同，也不会因你是基督教的信徒还是无神论者而改变其形式。当然，这并非绝对。对于生物进化论而言，在唯物主义者眼里和唯心主义者眼里就有区别，在宗教信仰者眼里它根本就是异端邪说。

自然科学的这种研究范式，要求科学家必须在最大的程度上摆脱各种外在的影响，避免科学家的个性、爱好、性格、宗教信仰或政治倾向等因素影响到他所研究的物质对象。胡克在为英国皇家学会草拟的章程中写道："皇家学会的职责是：通过实验改进自然事物的知识，以及所有有用的技艺、制造业、实用机械、工程和发明的知识，同时不干预神学、形而上学、道德、政治、文法、修辞学或逻辑。"①

科学的发展具有两个基本的认识论与方法论传统，一个是从古希腊哲学那里继承下来并日趋完善的形式逻辑体系与数理逻辑体系，另一个是从文艺复兴时期伽利略等近代科学家那里逐渐形成的系统的实验与观察方法。前者是逻辑的、思辨的、数学演绎的，后者是经验的、实证的、事实陈述的。现代自然科学家们从事科学活动并得出科学结论，一般都要遵循逻辑推理与经验实证相统一的原则。一种科学结论要被科学界接受，要成为一种科学理论，一方面它必须在知识体系上符合逻辑法则，具有逻辑上的严密性和统一性，经得起逻辑分析与推理。另一方面，一种科学结论要成为科学理论，它还必须在实践上

---

① 参见吴国盛：《科学与人文》，载《中国社会科学》2001 年第 4 期，第 13 页。

是可以被确证、可以被反复检验的。一般说来，一种基于现象和经验事实所提出的科学理论，它应该在实践上或者是被经验事实所证实，或者是被经验事实所证伪。而且这种检验必须是可以重复进行的，在相同的条件下重复检验的结果应该是一致的、相同的。

人文知识则具有高度的情境性，这种情境性是保持独立人格的基础和内在力量。人文的理解需要"融入"与"神往"，人文精神的把握需要情感共鸣。"问君能有几多愁，恰似一江春水向东流"，如果没有情感注入，你怎能体会作者无限惆怅的心理。一名出色的演员之所以出色，最基本的就是把握住了剧情中所扮演角色的情感与心灵过程。同样一件艺术作品，不同的欣赏对象会产生不同的情感体验，这种体验又承载着欣赏者的价值判断。鲁迅先生曾说："一本《红楼梦》，单是命意，就因读者的眼光而有种种：经学家看见《易》，道学家看见淫，才子看见缠绵，革命家看见排满，流言家看见宫闱秘事……"①

科学知识具有理性的品格，人文知识富有非理性的品质，人是理性与非理性的统一体，人的发展既需要感知、概念、判断、逻辑、推理等理性品质的提升，也需要情感、意志、直觉、灵感、需要、信念等非理性品质的发展，只有科学与人文的和谐教育才能避免人的片面发展。"单纯的科学教育确实与单纯的文学教育一样，将会造成理智的扭曲。"② 借助科学知识与人文知识的互补性，整合科学课程与人文课程，是实现科学与人文和谐教育的有效途径之一。借鉴人文知识的人文品格，挖掘科学知识本

---

① 曹金钟：《论〈红楼梦〉的悲剧性》，载《红楼梦学刊》1994 年第 4 期，第 200 页。

② ［英］赫胥黎著，单中慧、平波译：《科学与教育》，人民教育出版社 1990 年版，第 106 页。

身的人文品性，实现科学教育的人文化，是实现科学与人文和谐教育的又一条有效途径。

科学与人文的和谐教育是人类生存的内在需要。人们尊重科学缘于它给人类生活带来的极大改善，它延长了寿命，减少了痛苦，消灭了疾病，增加粮食产量，为人们外出提供现代交通工具、为航海家和渔民提供天气预报、为人们在黑夜提供光明、为人类的信息交流提供现代通讯手段等等。但是，现代人感觉到，科学在给人带来丰富物质生活和更多闲暇的同时，人们并没有体验到更多的生活幸福，为什么？人文精神的失落。现在，人们为了更好地去生活，越来越体验到人文滋养的重要意义。住宅小区的人性化设计、城市建设的人性化发展、艺术创作在生活中地位的提升等，都因这种生活需要而驱动。

科学史、科学哲学、科学社会学的研究，使人们更多地理解了科学人性化的一面，冰冷的、淡漠的科学面孔中越来越浮现出富有人情、人性、和谐与美的品格，科学本身在走向人文。

但是，我们必须注意到人文的非人文化趋向正在导致人文本身的堕落。哲学话语的单一，文学、艺术创作的政治化、金钱化，都使人文和人文知识分子丧失了人文精神。人文教育中的技术化倾向，使得文学欣赏变成了字、词、句、语法的机械记忆，甚至连美术、音乐的学习也变成了横、竖、撇、捺与音符的机械训练。这种异化的人文不但滋养不了科学，也拯救不了人文本身。

（2）科学课程及其变革的人文选择

实现科学课程的人文化，就要挖掘并实现科学的人文价值，找回科学失落的真、善、美，让科学回归其人文本真，让学生在科学探究中实现与人文的对话，得到人文熏陶。

当前在教育领域，尤其是在高等教育学界，讲科学与人文往往是站在二元对立的角度谈科学与人文的结合，强调在课程体系中增加人文学科的学分、学时比重，要求理工科学生修读一定学分的人文课程方可毕业。这种方式固然是实现科学与人文结合的有效途径，但是在一定程度上影响了理工专业教育的修读要求。目前，理工科课程体系中，大学英语、体育、军事教育、公益劳动、思想道德修养、法律基础、毛泽东思想概论、邓小平理论和三个代表重要思想、马克思主义政治经济学、马克思主义哲学原理、当代世界政治与经济、计算机应用基础等公共必修课程已经占了总学时或总学分的三分之一强。如果过多地增加人文课程势必会增加学生的学习负担。这种增加人文科目、增加人文课程学分的思想在基础教育改革中也产生了较大的影响。

我们认为，人文精神并非人文学科的领地，人文教育也并非人文课程的专利，科学精神就是人文精神，渗透着科学精神的科学教育就是一种人文教育。有的人文学者片面地把人文精神限定在人文学科领域，主张把人生的意义从科学的客观性、确定性、严密性和精确性中抢救出来。在某些人文主义者的视野里，似乎只有人文学科才具有人文价值，自然科学不仅不具有人文价值，而且同人的尊严、自由和发展是相对立的，人文精神只能依靠人文学科的教育。因而他们希望通过加强人文学科的教育来找寻已失落或被遮蔽的人文精神。萨顿曾深刻地指出："确实，大多数文人，而且我也要遗憾地说还有不少科学家，都只是通过科学的物质成就来理解科学，都不思考科学的精神，既看不到它的内在美，也看不到它不断地从自然的内部提取出来的美。"① 斯诺也说："他们仍然喜欢自称传统文化就是整个'文化'，好像根本

---

① ［美］乔治·萨顿著，陈恒六等译：《科学史和新人文主义》，华夏出版社1989年版，第10页。

就不存在自然秩序，好像探索自然秩序无论就其本身的价值或者就其结果来说都毫无意义，好像物理世界的科学大厦无论在智力深度、复杂性或说明方式方面都不是人类心灵最漂亮、最奇妙的集体创造。但是非科学家大都对这座大厦毫无了解。他即使想了解也不可能，好像整个这个集团在极其广阔的精神历程中不能分辨色调。"①

　　科学蕴藏着丰富的人文精神。科学相信自然界的和谐与秩序，并通过科学的知识体系让人理解它，相对于宗教神秘主义而言，科学信念可以使人的心灵获得自由和宁静，而不是处于不可捉摸的不安与焦虑之中。涂尔干关于新教徒自杀率的研究就说明了这一点，许多教徒因担心不能成为上帝的选民而自杀。科学部分地满足了人们天生的好奇心，彩虹是美丽的，你又可以通过实验了解它的机理，这是怎样一种双重享受呢！科学也并不缺乏外在的美和内在的美，它同样可以像绘画、音乐、文学一样愉悦你的感官和心灵。可见光谱的直观美，$E = mc^2$ 的简单美、统一美、数学美等，给人以精神愉悦。彭加勒曾说："由于科学理论的首要目的是表达人们发现自然中存在的和谐，所以我们一眼就能看到这些理论一定具有美的价值。对一个科学理论的成功与否的衡量事实上就是对它的美学价值的衡量，因为这就是衡量它给原本是混乱的东西带来的和谐。"②

　　科学的发展一刻也离不开伦理的约束，物理学家西拉德因担心核物理学的发展帮助纳粹德国制造出原子弹，而呼吁物理学家暂缓发表他们的研究成果，体外受精、克隆人等不仅仅是

---

　　①　［英］C.P. 斯诺著，纪树立译：《两种文化》，生活·读书·新知三联书店1994年版，第14页。
　　②　钱德拉塞卡：《科学中的美与求美·和谐的秩序》，四川人民出版社1997年版，第265页。

个科学问题，更是一个伦理问题。爱因斯坦曾说："单靠知识和技巧不能使人走向幸福和高尚的生活。人类有充分的理由把那些崇高的道德标准和道德价值的传播置于客观真理的发现者之上。"①

科学发现中一点也不缺少好奇与激情，科学家对自己的猜想寄托了全部希望，牵动着他生活的方方面面。在科学研究中，理智的激情是一种不可或缺的因素，它不只是一种心理的副产品，而且具有一种逻辑的功能。科学的原创性工作源于激情，源于科学家对自己工作的强烈的爱。波兰尼说："科学被认为是不顾其情感的起源而客观地建立起来的。至此，这一点是应该清楚了，但我不同意这种信念。现在我要明确地来讨论科学中的激情。我要阐明科学的激情不只是心理的副产品，相反具有一种逻辑的功能，它是科学不可或缺的因素。"②

3.3　科学的内在人文价值

科学的人文价值表现在三个维度，科学的理性精神与求真意识、科学的美学价值、科学的批判意识和怀疑精神。科学课程的人文主义取向的核心，是寻找一种真正的科学教育，这种教育既有知识的传授，又有科学精神的陶冶。

3.3.1　科学的理性精神与求真意识

理性（logos）来自希腊文 λογοS（逻各斯），逻各斯的基本

---

① 张国：《从多视角审视科学与人文学的异同与相关性》，载《科学技术与辩证法》1998 年第 12 期，第 8 页。

② 郁振华：《克服客观主义——波兰尼的个体知识论》，载《自然辩证法通讯》2002 年第 1 期，第 11 页。

含义指"规律"。希腊人相信世界存在一种秩序，一种联系，一种支配性法则，人们认识了这种秩序也就认识了世界。赫拉克利特认为世界万物是一团按一定规律燃烧的火，毕达哥拉斯认为世界起源于神秘的数，柏拉图认为世界万物都是理念的摹本，亚里士多德以善为最高理念和最高目的构建了一个等级世界。古希腊人的观点各种各样，但在相信世界存在某种秩序方面并无二致。"秩序与规则观念的最早形式是古希腊神话的'命运'，它一直在冥冥之中起着作用，连宙斯也对此无法抗拒。另外，还有逻各斯的学说，该观念认为世界万事万物受逻各斯支配。"[1]

正是在这种信念的推动下，古今的科学家探索不已，把握自然的法则、世界的规律、事物现象的前因后果与内在联系，从而推动认识的深化与科学的发展。正如怀特海所说："我们如果没有一种本能的信念，相信事物之中存在一定的秩序，尤其是相信自然界中存在着秩序，那么，现代科学不可能存在。"[2] 世界是有秩序的，而且人类凭借自己的理性思维可以把握它，这种信仰就使人从封建迷信中摆脱出来，上帝是理性的、世界是理性的、人是理性的，那么上帝、世界、人之间的对话就变得可能。爱因斯坦说："可以说：'世界的永久秘密就在于它的可理解性。'要是没有这种可理解性，关于实在的外在世界的假设就会是毫无意义的。"[3]

科学活动隐含着理性信仰，这种信仰促进科学不断进步，科学的不断进步又印证、强化着这种信仰。经过科学训练的人，会

---

① 陈刚：《西方精神史》（下卷），江苏人民出版社 2000 年版，第 281 页。

② ［英］怀特海著，何钦译：《科学与近代世界》，商务印书馆 1996 年版，第 4 页。

③ 《爱因斯坦文集》（第一卷），商务印书馆 1994 年版，第 343 页。

自觉不自觉地进行理性的生活。巴伯说："无论他们是明确地利用逻辑还是仅仅隐含地利用逻辑，所有人都多少具有进行理性思维和活动的潜在能力，并且把它们用在其日常生活中。""理性思维使非同一性事物保持分立（A 不能既是 A 又是非 A），而且接下来的就是对事物之间的联系进行演绎推理的过程。以这种方式进行思考也就是合乎理性的，不管利用这种方式的人是否明确地意识到这些逻辑原则。"①

经过系统科学训练的人，易于将科学理性内化为自己的内在品格，养成科学的理性精神。默顿说："科学的精神气质是指约束科学家有情感色彩的价值观和规范的综合体。这些规范以规定、禁止、偏好和许可的方式表达。它们借助于制度性价值而合法化。这些通过戒律和儆戒传达、通过赞许而加强的必不可少的规范，在不同程度上被科学家内在化了，因而形成了他的科学良知，或者用近来人们喜欢的术语说，形成了他的超我。"②

科学理性的求真精神，是反对迷信和极权的革命的力量。伽利略用望远镜观察太空，发现月亮表面凹凸不平，太阳拥有黑子，打破了上帝殿堂完美无缺、人类生活在地狱的恐怖与险恶的宗教神话。科学的这种求真的力量成为文艺复兴时期启蒙思想家们的有力武器。他们高举理性和人性的两面大旗，用理性反对神性，用人权反对神权。赞美人性，崇尚自由。从这种意义上说，理性首先是一种人类的能力，是人类特有的一种本质力量或主体能力，它与人们所特有的思维力，包括抽象力、分析力、综合力、判断力、记忆力等相联系，是人类思维能力发展到高级阶段

---

① ［美］巴伯著，顾昕等译：《科学与社会秩序》，生活·读书·新知三联书店1991 年版，第 7 页。

② ［美］R. K. 默顿著，鲁旭东、林聚任译：《科学社会学》，商务印书馆 2003 年版，第 363 页。

的产物，是区别于动物的本质特征之一。

缺乏理性的社会是一个没有秩序、没有文明、没有进步的社会。"文革"时期，陈伯达假借马克思主义哲学，批判爱因斯坦相对论，批判宇宙大爆炸论和现代宇宙学是学术领域唯心主义的典型，是"供给宗教和科学以新的论证"的伪科学；批判黑洞理论"在科学上是荒谬的，在哲学上是唯心的，在政治上是反动的"；批判控制论为"唯心论"、"资产阶级反动学说"；批判电子计算机是"骗人骗己，麻痹人民的意志，转移阶级斗争的大方向"；批判热寂说，否定热力学第二定律；批判"还原论"否定和破坏分子生物学的研究。这一切说明我们在人文社会科学领域缺失求真的意识，这种求真意识虽然正在复兴，但和社会发展要求相比还存在很大差距。

萨顿曾对现代人缺乏求真意识十分忧虑，他说："诚实，完全的无条件的诚实，是科学的胜利，是现代科学的胜利，从前的人对此没有认识。有重要意义的是，'讲真理'并非只是基督教的十诫之一，更具有重要意义的是，除了在狭窄的科学领域内，说谎、以不同方式篡改真理和贬低真理并没有遭到应该得到的非难。这说明，无论我们的科学知识有多么深刻多么广泛，但科学的精神仍然很薄弱。"①"科学方面的舍身忘我精神是为真理而热爱真理，追求真理。一个人必须学会热爱真理，不问其利益和用途——无论是否有利可图，是否令人高兴，也无论是令人鼓舞或使人沮丧。人们在真理面前和探索真理的过程中，必须完全忘掉自己，无论真理是什么样子，都要准备热爱它。这是发现真理的必由之路。这是科学的主要教益。作为普通人，当我们一旦理解

---

① ［美］乔治·萨顿著，刘郡郡译：《科学的生命》，商务印书馆1987年版，第152页。

了这一点，就会真正具有科学精神，而社会正义也就很容易实现了，我们当中一些人刚刚出发，而大多数人尚未起步。"①

不过，科学理性的不断泛化，却又会成为一种反动的力量。在康德那里理性是超越现实、永恒、绝对、无限和先验的东西。黑格尔认为理性是世界固有的深邃本性，是世界的共性。胡塞尔把理性看成是一切事物、价值和目的的最终意义的东西，人的本性就是追求理性，追求理性所揭示的终极目标，认为高扬欧洲文化的理性精神，是拯救欧洲科学，以致整个欧洲文明的希望。伽达默尔曾形象地说："理性表示知识和真理为科学的方法所不能把握的半圆状态……真正说来理性的德行并非只是要实现人类生活的一个半圆，而是应当能支配给人类打开的整个生活空间，也应当能支配我们的一切科学能力和我们的一切活动。"② 理性不仅是自然世界、社会世界的本性，而且成为人之为人的本性，成为人类理解和思考的智慧和能力，成为人文世界的本性。这种理性的泛化是理性主义的根源，这种泛化压抑了非理性存在的空间，直接导致了非理性主义的反抗。人文与科学冲突的一个直接原因，就是现代人文主义的非理性倾向，反对理性、理性主义对非理性的压抑，以理性为基础的科学自然成为批判的对象。

理性的过度发展和过度张扬，带来了人性结构的严重失衡，人的理性发展在一定程度上是以对人的非理性的抑制和压抑甚至牺牲为代价的，理性的过度张扬造成了非理性的贬损、失落。人的片面化、平面化、单调化成为普遍的现象，人性不健全、不完整带来了个性的丧失或减弱。正是在对理性的反省和批判中提出

---

① ［美］乔治·萨顿著，刘郡郡译：《科学的生命》，商务印书馆 1987 年版，第 158 页。

② 参见杨耀坤《理性、非理性与合理性——科学合理性的概念基础》，载《科学技术与辩证法》1999 年第 10 期，第 35 页。

了拯救和保护人的非理性方面的必要性，非理性主义由此崛起。非理性主义在认识论、价值观和历史观等方面都形成了自己的观点。

我们认为，理性虽然不是支配生活全部的整圆，但却是人类生活中的半圆。人的生活离不开理性和理性精神，极端的理性生活是单调的、僵死的，极端的人文和非理性生活也是不健康的。奥运场馆"鸟巢"、"水立方"追求后现代的建筑艺术和视觉效果，忽视科学、安全、经济成本而需要重新修改就是一个典型的例子。"一切道德、科学连同宗教和艺术都是同一个树枝上的各个分枝。所有这些走向都是为着使人类生活趋向于高尚，把它从单纯的生理上生存的境界提高，并且把个人导向自由。"[1]

3.3.2 科学的美学价值

科学中的美是什么？杨振宁说："我考虑了试图用一些词来定义科学中的美的可能性。显然，这样一些词，如①和谐、②优雅、③一致、④简单、⑤整齐等等都与科学中的美，特别是与理论物理中的美有关。"[2] 海森伯格对美的理解则更加具有哲学传统，他认为，对什么是美有两种定义，这两种定义甚至是对立的。"一方说，美是部分同部分，部分同整体的固有协调。另一方，起源于普罗替诺，说美根本不涉及部分及部分，而把美说成是'一'的永恒光辉透过物质现象的朦胧显示。"[3] 韦伯斯特大辞典把美定义为："一个人或一种事物具有的品质

---

① 刘德华：《科学教育的人文价值》，四川教育出版社 2003 年版，第 54 页。

② 杨振宁：《美和理论物理学·大学科学读本》，广西师范大学出版社 2004 年版，第 274 页。

③ 海森伯格：《精密科学中美的含义·大学科学读本》，广西师范大学出版社 2004 年版，第 264 页。

或品质的综合，它愉悦感官或使思想或使精神得到愉快的满足。"①

　　科学中的美是有层次的、直观的自然现象美，人们都可以体验到，并使感官或思想或精神得到愉快的满足。科学内在的美却需要经过科学训练才能体验到。正如对绘画艺术的欣赏，有的绘画艺术对几乎所有人都会产生美的震撼。如达·芬奇的绘画。当然，经过专业训练的画家和门外汉得到的愉悦可能角度不同，程度有别。有的绘画艺术，如印象派画家莫奈、雷诺阿、德加的绘画，却并不是人人都能感到愉悦的。当前的后现代画派则更是如此，非经过专业训练是很难体验得到的，我们认为对科学美的欣赏大多和印象派等绘画艺术的美相似，非经过系统科学训练是很难体验到的。

　　数学美是科学美的核心部分，数学美首先表现为部分与部分、部分与整体的和谐。毕达哥拉斯就数与音乐的关系进行过有趣的研究。他发现，一些长度处于一种简单的数值比的振动的弦，如果在同样的张力之下就会发出和谐的声音。这种现象从中国古筝琴弦的分割方式上也可以观察到。

　　数学的美在天文学的研究中有着举足轻重的作用。开普勒首先是从毕达哥拉斯和谐对称的原理来确定已发现的六颗行星的轨道的。他是怎么做的呢？"在几何学中，除了球体之外，有着最大对称的几何体是正多面体，自然存在的正多面体只有五种：正四面体、正六面体、正八面体、正十二面体和正二十面体，对每一种正多面体都可以作一个外接球面和一个内切球面，于是由这五种正多面体可以作出六个这样的球面，它们是行星的圆轨道所

---

　　① 参见杨振宁《美和理论物理学·大学科学读本》，广西师范大学出版社 2004年版，第 273 页。

在的球面。定出这些轨道后，又由于和谐的要求，天体在这些圆形轨道上应当作匀速运动，这样就可以确定这些天体的公转周期。"①

后来开普勒获得第谷毕生的观测资料和根据观测提出的探究事物规律的忠告，总结出了行星运动的开普勒三定律。行星轨道虽然由圆变成了椭圆，太阳由位于圆心改为椭圆的一个焦点，但仍然是美的；行星围绕太阳不是做匀速运动，但单位时间扫过的面积相等，仍然存在守恒。美的预设对数据处理的"先入之见"在科学发现中起到了非常重要的作用。海森伯格评论说："在这些发现中开普勒觉得自己同古老的毕达哥拉斯的论据是多么的接近，这种联系的美是多么有效地引导他提出这些定律，这可以从下述事实中看得很清楚；他把行星绕日运动同弦的振动相比较，并说到不同的行星轨道的和谐一致，说到这些星球的和谐。……他欢呼起来'感谢我主上帝，我们的创造者，您让我在您的作品中看见了美'。"② 对美在科学发现中的意义，海森伯格评论说："我们可以开诚布公地说，在精密科学中丝毫不亚于在艺术中，它是启发和明晰的最重要的源泉。"③

在科学世界，说"美"的必然是"真"的未必正确，说"真"的必然是"美"的则几乎成了科学的信条。狄拉克在1963 年出版的《科学美国人》（Scientific American）一书中写道："使一个方程具有美感比使它去符合实验更重要。"④ 通过

---

① 冼鼎昌：《门外美谈·大学科学读本》，广西师范大学出版社 2004 年版，第282 页。

② 海森伯格：《精密科学中美的含义·大学科学读本》，广西师范大学出版社2004 年版，第 267 页。

③ 同上书，第 272 页。

④ 参见杨振宁《美和理论物理学·大学科学读本》，广西师范大学出版社 2004 年版，第 279 页。

美你得出的方程可能与现有的实验数据不相符，但"有时候，如果你遵循你的本能提供的通向美的向导前进，你会获得深刻的真理，即使这种真理与实验是相矛盾的"①。正如反物质理论、气体分子动理论的发现一样，在许多科学发现中，通过改进实验或者修正理论，最终还是证明根据美学原则得出的方程是正确的。

杨振宁把理论物理中的美分为三个层次，一是现象之美，如虹；二是理论描述之美，如库仑定律；三是理论结构之美，当理论公式化时，它趋向一个漂亮的结构，通常指它本身的数学结构。② 如麦克斯韦方程组：

$$\oint_s \vec{D} \cdot d\vec{S} = \int_v \rho \cdot dv \qquad\qquad \nabla \cdot \vec{D} = \rho$$

$$\oint_j \vec{E} \cdot d\vec{l} = -\int_s \frac{\partial \vec{B}}{\partial t} \cdot d\vec{S} \qquad\qquad \nabla \times \vec{E} = -\frac{\partial \vec{B}}{\partial t}$$

$$\oint_s \vec{B} \cdot d\vec{S} = 0 \qquad\qquad \nabla \cdot \vec{E} = 0$$

$$\oint_l \vec{H} \cdot d\vec{l} = \oint_s \left(\vec{j} + \frac{\partial \vec{D}}{\partial t} \right) \cdot d\vec{S} \qquad\qquad \nabla \times \vec{H} = \vec{j} + \frac{\partial \vec{D}}{\partial t}$$

$$（3—1）\qquad\qquad\qquad （3—2）$$

公式 3—1 是麦克斯韦方程组的积分形式，公式 3—2 是麦克斯韦方程组的微分形式。无论是积分形式还是微分形式，均不仅表现出了数学的简单美、对称美，而且从麦克斯韦方程组基本上可以演绎出整个电磁学理论体系；又表现出物理学的结构之美。

数学美几乎成为物理学之美的核心，许多物理学家赞叹数学在物理发现中的重要性。爱因斯坦说："创造性的原则寓于数学

① 参见杨振宁《美和理论物理学·大学科学读本》，广西师范大学出版社 2004年版，第 279 页。

② 同上书，第 277 页。

之中，因此，在一定意义上，我以为正如古人所梦想的那样，纯粹的思想能够把握实在。这是真的。""理论科学家越来越不得不服从纯数学的形式考虑的支配。"①

卢里亚对科学发现的过程有其独特的美学解释。他认为，传统的科学发现过程被理解为科学家通过对客体的观察和测量得出一组数据，数据越精确，得出的结论会越准确，然后对数据进行分析，根据分析提出一个明确的假说，对这些假说进行关键性测试，总结得出复杂的理论。而事实上科学家真实的工作并不是如此。他把科学家的工作类比成小孩子对付玩具并从游戏的过程中有所感悟，"科学家先是提出各种解释，随后从中进行选择，选择标准不仅要'真'而且要'美'"②。"科学家的整个工作程序，如同画家或艺术家那样，是一连串想象的迸发——其中某些深邃，某些肤浅，还有许多则落入俗套。特别有生命力的顿悟是稀少的，但正是它们标志着科学的真正进步。"③ 科学家提出的假说除了能对数据进行解释之外，必须还要具有使人愉悦的特点，通常表现为简洁的美。

科学的美学价值不仅表现为直观的美、形式的美而且具有深层结构的美，科学探索过程也表现出艺术激情之美。科学的教育过程应该和艺术教育过程一样，除了知识的传授，更应是一种美的体验过程，情感的陶冶过程。但在现实的教育中，科学教育在追求激情和美，而艺术教育的过程反而变得越来越如同机械的科学教育，这是必须要改变的。

---

① 杨振宁：《美和理论物理学·大学科学读本》，广西师范大学出版社2004年版，第277页。

② 卢里亚：《科学与艺术·大学科学读本》，广西师范大学出版社2004年版，第289页。

③ 同上。

3.3.3　科学的批判意识和怀疑精神

不论科学的发展是默顿所说的不断累积的过程，还是库恩所说的范式革命的过程，哲学家们还在争论，但科学在不断的增长却是确定无疑的。科学计量学的研究表明，19 世纪人类科学知识是每 50 年增长一倍，20 世纪是每 30 年增长一倍。20 世纪 60 年代，科学技术的新发现和新成果比过去 2000 年的总和还要多。科学知识的更新速度也越来越快，18 世纪知识更新周期是 80 年至 90 年，19 世纪到 20 世纪缩短为 20 年。而当今，知识更新的周期只有 5 到 10 年甚至缩短为 2 到 5 年，网络技术更新周期缩短为 8 个月。在计算机芯片制造领域有一个著名的摩尔定律，即计算机芯片的运算速度每 18 个月就可以提升一倍。

是什么导致科学的持续进步？那就是科学的理性求真、永不枯竭的好奇心和没有权威、没有迷信、不断超越自我的怀疑精神和批判意识的综合作用。

怀疑是科学发展的生命，科学排除了怀疑就成为和宗教相同的信仰了。科学共同体在科学研究的过程中，把可重复性实验作为检验科学理论正确与否的标准，不能由重复性实验证明的理论，就不能成为科学的理论，而只能是科学的假说、科学的猜想或者被排除在科学之外，这反映了科学本身时时处于怀疑之中。怀疑是产生科学问题的前提和基础，这种怀疑可能源自观察和实验，也可能源自逻辑推理。科学的整个发展历程可以概括为持续不断的经历怀疑、问题、假说、证验、结论的循环过程。伽利略怀疑亚里士多德的运动理论、爱因斯坦怀疑牛顿的绝对时空观，他们分别创立了经典物体运动理论体系和相对论理论体系。科学中如果没有了怀疑的意识，就不可能有科学问题、科学假说、科学猜想，也就没有了科学和科学发展。"科学的最大特性是怀疑和质问一切的精神，对事物进行谨慎而有保留的判断，并对这一判断的界限和适用范围进行系统检验。"①

　　批判意识本质上是一种不断反思和超越的品质，它不是简单否定，也不是彻底否定，被批判反思的对象不但是一个基础，也是一个目标。如果没有批判反思我们就容易全盘接受先人或别人的知识和经验，并不自觉地把这些知识和经验作为固定或普遍的规范，放弃自己的独立探索，这就会失去纠正前人和他人错误的理论视野。从科学发展的历史看非欧几何对欧几里得几何的超越，非线性科学对线性科学的超越，无不是批判性反思的结果。科学探索的疆域总是伸向未知，因而科学的前进总要求超越现有的理论，而批判反思正是科学发展的灵魂，失去了批判反思，科学就失去了创新的生命力。

　　科学批判精神的获得并非是通过什么高深的科学研究才能做到，从日常生活中获取科学结论，就必然要对生活常识进行批判性抽象概括。比如，"重的物体比轻的物体下落快"，"物体在不受外力的作用下，会停止运动"，再没有比这些结论更符合常识的了。羽毛、干枯的树叶从空中缓缓落下，冰雹、石头却是急速下落，你不用力踩你的自行车踏板，自行车会慢慢停下来，这有什么错？而且亚里士多德就是这样认为的，而且统治科学千年之久。现在，即使接受过初中物理教育的人也理解这种常识性解释的局限性，科学结论的获取必然要批判常识生活中的想当然。科学探究的过程理应充满这种质疑、批判、反思，但教科书提供的蒙太奇式的科学探究历程，忽略了这一点。瓦托夫斯基指出：科学与常识有着内在的联系，因为"在科学本身的基础上，铭刻

---

　　① ［德］雅斯贝尔斯著，胡毅译：《什么是教育》，生活·读书·新知三联书店1991年版，第142页。

着它同普通经验、普通的理解方式以及普通的交谈和思维方式的历史连续性的印记，因为科学并不是一跃而成熟的。"① 但常识本质上是非批判性的，"常识性知识的特征就在于：它既不是明确系统的，也不是明确地批判的，就是说，既没有把它的所有各个部分同所有其他部分联系起来，也没有自觉地企图把它当作一个首尾一贯的真理系"②。因此，常识与科学世界之间是一种"基础"与"超越"的关系，"离开'常识'既不会形成人类把握世界的其他方式，也不会实现这些方式的发展。但是，来源于并依赖于'常识'的人类把握世界的其他方式，却既不是常识的'延伸'，也不是常识的'变形'，而是对常识的'超越'"③。

从用某种臆想的原因来解释观察到的事实，进展为用某种单一的解释的原理来概括整个自然界；从以共同的经验概括而形成描述和规范实践的常识概念框架，进展为具有明确性、可反驳性和逻辑解释力的科学概念框架；从经验事实的理性反思，进展为针对描述和规定实践的各种规则和原理的批判，这就是科学源自生活而又不断超越生活的发展历史。这一发展史同时也是科学的一部批判史。科学源自生活，意味着任何人都可以从对自然的探究中养成批判精神；科学超越生活世界，也隐含着科学与生活世界分离的危机。"变常识的世界图景为科学的世界图景（或者说，变常识的世界观为科学的世界观），就不仅仅是以科学的知识内容去变革常识的经验内容，更重要的是以科学的思维方式和哲学的思维方式去变革常识的思维方式。"④ 科学的思维方式和

---

① ［美］M. W. 瓦托夫斯基著，范岱年等译：《科学思想的概念基础——科学哲学导论》，求实出版社 1989 年版，第 11 页。

② 同上书，第 84—85 页。

③ 孙正聿：《哲学通论》，辽宁人民出版社 1998 年版，第 69 页。

④ 同上书，第 61 页。

哲学思维方式虽有差异，但本质是相通的，那就是为科学而科学、为思想而思想、为认识而认识，就是"批判"与"反思"。这种形而上的追求必然是对日常生活的超越。

3.4　科学课程的人文追求与价值回归

科学课程应该是科学与人文的统一，从掌握科学知识、技能的角度看，科学课程应当具有科学性的特征，否则开设科学课程做什么？通过科学课程的学习，让学生知道从哲学、历史学、伦理学等多文化角度了解科学的本质，养成科学素养，陶冶心灵，锻炼心智，形成科学精神，科学课程具有人文价值和使命。当然，科学知识、方法、技能的培养与科学精神的培养并不是相互割裂的过程，但科学精神的培养却是科学教育的最高目标和灵魂。

3.4.1　科学课程人文价值失落的追问

科学富有人文价值，课程本身的人文学科属性理应决定科学课程人文选择的必然性。但现实的课程实践中，这一价值被忽略、被遮蔽了。中国所特有的科举意识、经学教育的传统使学校盛行一种唯知识、唯技术、唯能力的科学课程，这种课程造成学生对科学的片面理解。在学生眼里，科学成了僵硬的没有生命的由概念、定理、定律等抽象符号以及由砝码、天平、气垫导轨、起电机、加速器等实验设备组合而成的系统。科学家在这样的环境里要么冥思苦想，要么艰苦实验，成了只有科学灵感而不食人间烟火的"怪物"。这种课程既不能让学生把握科学的本质，也没有让学生理解科学的价值，形成科学的精神。学生成为追求完美学业成绩的单向度人。赫尔曼说："长期以来，大多数人陶醉于科学所取得的辉煌成就，无论媒体对科学的传播，还是科学教育内容的取舍，都不同程度在误导人们对科学全面正确的理解与把握。""人们过分理想化地将科学当成了远离失败的伟大历程。迄今为止，几乎所有的教科书都是按学科的逻辑联系来设计框架和组织材料的……使那些没有机会了解科学理论、科学思想萌芽与成长艰辛历程的学生，在课本的教导下成了盲目崇拜的牺牲品。"①

科学课程的社会本位主义的价值追求，片面强调社会适应，忽视了学生所生活其中的课程生活。从部分课程目标来分析，不难看出以社会适应为指向的课程目标存在重心偏离的现象。比如：培养"建设者和接班人"、教育要"适应现代化对各类人才的需要"、教育要"与未来社会的发展相适应"，学校确立了"以市场和社会需求为导向"，"以提高学生升学实力和掌握现代职业技能为方向的人才培养目标"等办学指导思想的话语描述就是如此。这种观念往往容易吸收原子主义的课程方法论，也就是说每个学生对教师来说是一个个机械性极强的原子个体，这些原子个体会通过学校教育按照社会要求进入其所提供的空穴。"在人、科技、教育的关系上，不是把人培养成能在终极关怀层次上能驾驭科学和技术的主体，而只是使人成为科学、技术运行中的一个环节，一种为机器所摆弄的工具。只看到人在科学技术发展中的工具性价值，而看不到人在科学技术发展中的主体性价值；只让人感受到科学技术满足人类的物欲驱动之价值，而不能使他们领悟到科学技术具有满足人所特有的深层精神需求的价值；只使人学会运用科学技术使之成为谋生的手段，而不能使他

---

① [美] 哈尔·赫尔曼（Hal Hellman）：《真实地带》，上海科学技术出版社2000年版，序言。

们透过科学技术之光窥见人生之真谛。"①

课程实施过程中，科学教育世界、科学世界、人文世界和学生生活世界的相互割裂，是导致科学课程人文价值失落的重要原因。

科学教育世界试图镜式反映科学世界，忽略了教育世界本身的身份和价值，过多地关注科学知识的逻辑体系，较弱地研究科学教育的价值、方法与艺术；更为遗憾的是，科学教育世界所描绘的科学世界是异化了的、扭曲了的、隐去了科学共同体成员富有人性的研究活动，没有了科学探究的激情、好奇、智慧、机遇、曲折、恩怨和求真、求美、求善的丰富内涵。"科学作为人为和为人的事业，无论如何摆脱不了人性因素，正如人不能提着自己的头发离开地球一样。无论是科学的起因，还是科学研究的过程，都离不开个人的兴趣、热情、价值取向等主观因素，离不开个人的信心和技巧。"②

科学世界无疑是对生活世界的超越，但是科学世界与生活世界又有着内在的联系，许多科学技术的发展得意于工匠传统。科学的进步在某些时候完全是被科学仪器的发明所推动的，而科学仪器往往一开始是由工匠造出来的。近代天文学的进步肯定应该归功于望远镜的发明，而生物学和医学则应归功于显微镜的发明，这两样东西都是工匠而不是科学家发明的。望远镜大概是在 1608年由荷兰眼镜制造商汉斯·利珀希发明的。这一发明的消息传到意大利，伽利略就立即动手制作了自己的望远镜，通过望远镜，他发现了全新的宇宙景象：木星有卫星，月球上有山脉，太阳上

---

① 刘德华：《科学教育的人文价值》，四川教育出版社 2003 年版，第 4 页。
② 黄瑞雄：《波兰尼的科学人性途径》，载《自然辩证法通讯》2000 年第 2 期，第 32 页。

有黑子，金星有转动周期。这些新现象不利于亚里士多德的宇宙论，而强有力地支持了哥白尼的日心说。此外，炼金术与化学的关系、建筑与力学的关系，医生与医学的关系都说明了科学与生活的关系。学生的生活世界中的科学是整体的也不是割裂的，观察植物时你怎么能让学生无视叶片上的蝴蝶？怎么能让学生看不到枝叶的振动？怎么能让学生看不到根部的土壤？而我们的科学教育世界却总是习惯于分裂，习惯于一个部分一个部分地去认识它们。

此外，教师和科学教科书在隐喻着一种线性发展的科学、科学家个人创造科学历史的观念。有的教师把"重的物体比轻的物体下落快"、"有科学家想发明永动机"渲染成一种不明智的和失败的行为。似乎科学的发展是英雄人物创造的历史，而远离失败与幻想，科学真的是这样一副面孔吗？

以亚里士多德的运动理论为例，物体为什么运动呢？他说：运动有两种，一种是天然运动，一种是被迫运动。轻的东西有"轻性"，如气、火，它们天然地向上走；重的东西有"重性"，如水、土，它们天然地向下跑。这是天然运动，这是由它们的本性决定的。世间万物都向往它们各自的天然位置，有各归其所的倾向。轻的东西天然处在上面，重的东西天然处在下面，在"各归其所"的倾向支配下，它们自动地、出自本性地向上或向下运动。一旦物体到达了自己的天然位置，就不再有运动的倾向了，这时候只有外来的力才迫使物体运动，这样的运动是被迫运动，因为它们已经达到了最低处所。被迫运动依赖于外力，外力一旦消失，被迫运动也就停止了。亚里士多德关于运动的解释是很符合常识的，如果从科学发展史的视野进行思考，就会觉得先哲们的认识和现代的科学理论同样具有价值。因为我们今天认为正确的东西，很可能在不远的将来被否证，被更新的科学理论所替代。嘲讽"失败"的习惯，不但扭曲了科学发展的真正历史，而且无意识当中让学生害怕失败，感觉科学是天才从事的事业。

随着对科学的多元文化性质的认识，促使人们反思科学课程和科学教育的封闭、机械与保守主义的认识论特征，试图构建一种科学与技术、文化、生活、社会的内在统一的课程体系。STS（science/technology/society）课程改革思潮就是这一思想的典型代表。STS课程综合了不同科学和人文社会学科的内容，涉及科学与社会学、经济学、政治学、宗教等问题，设计的许多课题都带有争论的性质，如当代科学的本质、科技发展对社会的影响、科学技术的作用和局限性等。STS的课程理念是面向全体学生而不是培养精英的科学教育，非常重视技术教育在普通教育中的地位和作用。

20世纪80年代以后，正如许多人本主义科学课程一样，STS课程也遭到科学家、教育家的批评，但是STS课程的理念则被吸收到科学课程的设计过程中。如美国公布的《国家科学教育标准》中关于科学内容的标准要求分为八个部分：科学中统一的概念和方法；以探究为特点的科学；物质科学；生命科学；地球与空间科学；科学与技术；从个人角度和社会角度看的科学；科学史和科学的性质。① 其中有三项标准是显性的STS教育内容。

不仅STS的教育思想被凝练到科学课程的目标设计，而且STS所倡导的通过科学与技术、社会的联系来认识科学的思想被扩展为综合设计科学、课程、进行知识契合的课程理念。《科学教育改革的蓝本》关于课程联系的建议中说："不论是检验音乐的数

---

① ［美］国家研究理事会著，戴守志译：《国家科学教育标准》，科学技术文献出版社1999年版，第8页。

学结构，还是通过碳的同位素来研究玛雅文化的年代，各种各样的学生均可以通过跨学科联系来接触各种科学原理。教师可以应用跨学科联系来改善教学大纲，并很快地补充一些课程的内容。搞清事物的各种来龙去脉，可以增强学生学习知识的能力，并懂得科学与其他学科之间的联系。""将科学教育与现实世界相联系，是搞清各种课程之间联系的另一条途径。通过研究事物的来龙去脉，与学生的思想世界相联系，可以大大增强学生的学习动力。"①

3.4.2 科学课程人文价值的实现

既然科学蕴涵了丰富的人文资源，那么在课程实践中，如何实现科学课程的人文价值呢？我们认为，转变科学课程认识论，强调科学的多元文化特征；把科学知识、科学方法与科学精神的培养进行有机的统一，并把科学精神的培养作为科学课程实施的核心和灵魂；发挥科学史的课程价值，用科学美陶冶学生心灵，是实现科学课程人文价值的有效途径。

（1）注重多元的科学课程认识论路线

无论是课程编制还是课程的实施和评价都有一个认识论基础问题，我们的科学课程的认识论应该旗帜鲜明的坚持辩证唯物主义。但是在长期的课程实践中，我们出现了机械僵化的毛病，对辩证唯物主义的哲学发展了解不多，由于长期的文理分科，科学课程教师甚至部分课程专家对辩证唯物主义哲学的发展关注不够，对辩证唯物主义哲学的认识比较片面和肤浅。紧紧抓住"世界是物质的，物质是运动的，运动是有规律的，规律是可以被认识的"这条唯物主义认识路线不放，对人类认识的过程性、

---

① 美国科学促进会著，中国科学促进会译：《科学教育改革的蓝本》，科学普及出版社 2001 年版，第 136 页。

动态性、阶段性认识不足。很少有人追问科学教科书所提供的知识是物质运动的规律吗？我们提供给学生的是科学真理吗？如果是相对真理的话，如何对待它？

物质第一性，意识第二性，并不是说思维总是被动接受的。但在课程实践中，我们一直坚持从观察、实验、归纳、检验到规律的经验主义的认识论路线，这种认识论路线主张："科学知识是已证明了的知识。科学理论是严格地从观察和实验得来的经验事实中推导出来的。科学是以我们能看到、听到、触到……的东西为基础的。个人的意见或爱好和思辨的想象在科学中没有地位。科学是客观的。科学知识是可靠的知识，因为它是在客观上被证明了的知识。"①

其实，这种由培根所倡导的认识论路线在哲学领域具有一定的市场，在科学家中却少有信徒。在牛顿最辉煌的时代，当有人问他是如何发现万有引力定律时，"他的答复是'持续不断地思考'"。韦斯特福尔评论说："这是对他特征的最好描述，不仅勾画了他的生活——其中心活动在于思维世界而不是行为世界，而且还描述了他的工作方式。"② 爱因斯坦则把科学发现归因于"自由创造"和"创造直觉"。批判理性主义、历史主义等对实证主义科学认识论及其局限也进行了深刻的批判和哲学反思。但我们对此关注很少，更别说渗透到课程理念中了。

当然，我们揭示经验归纳主义认识论路线的不足，并不是说这种认识论毫无价值或者本质上就是一种谬误，而是说对观察与

---

① 丁邦平：《科学观与科学教育改革：跨学科的视角》，载《教育研究》2002年第1期，第37页。

② ［英］理查德·韦斯特福尔著，郭先林等译：《牛顿传》，中国对外翻译出版公司1999年版，第42页。

实验作用的无限放大，抹杀了自由思考在科学发现中的重要作用。无论是波普尔的证伪主义、库恩的历史主义，还是拉卡托斯的研究纲领模式、激进抑或保守的社会建构主义都没有也不能否认观察和实验在科学理论中的地位，而只是对其功能是证实、证伪，还是建构的理解的不同。

新的科学课程及其变革强调科学探究，科学探究的过程就是科学认识论路线的隐喻。科学认识过程的复杂性，是任何单一的认识论路线所难以全面概括的，教师只有帮助学生从多个视角去认识科学、去探索科学、去掌握科学才不至于扭曲科学。

（2）张扬科学精神

科学是由人从事的事业，其中不乏有冲突和斗争。如：牛顿与莱布尼兹争夺微积分发现优先权的过程中，牛顿作为英国皇家学会会长的地位对于争论结果产生的权力影响，艾尔弗雷德·魏格纳关于大陆漂移说的思想尽管大胆而深刻，但却长期得不到科学界的认可，使他不得不为赢得承认而进行孤独艰苦的斗争等。这都说明科学共同体与一般社会群体有着许多相似之处，其间同样存在着等级差别和利益冲突。科学家也并非是时时头脑清楚、尊重事实的理性典范，他们同样有固执己见、一叶障目的时候。普朗克在谈到科学家对新发现的抵制时说："按照我的意见，一个新的科学真理不能通过说服她的反对者，并使其理解而获胜，她的获胜主要靠其反对者终于死去而熟悉她的新一代的成长。"①

正是由于人性和人为因素在科学发现中的影响，科学共同体才更加重视科学精神的意义和价值。从科学发展的历史来看，科

---

① ［美］哈尔·赫尔曼（Hal Hellman）：《真实地带》，上海科学技术出版社2000年版，前言。

学精神是保持科学进步和发展的核心力量。科学精神说到底就是一种理性精神，是一种以客观事实为依据、尊重客观规律，反对盲从、迷信、偏执、僵化的精神，是一种对于世界持理智的分析态度、对未知世界作不断探索的求知精神，是一种反对压制异己、惟我独尊，弘扬民主、平等、宽容的精神，是一种包含着丰富的美学与艺术价值的求美求真精神。正是这种科学精神养成了思想自由、学术平等的科学文化传统，并对科学发现、科学发展提供了一个良好的学术建制环境。

　　德布罗意在 1923 年提出物质波理论，1924 年以这一成果获得博士学位，时年 32 岁。1929 年他又因提出物质波理论获诺贝尔物理学奖。穆斯堡尔 1957 年在他的博士学位论文研究工作中发现了穆斯堡尔谱效应，并获得博士学位，时年 28 岁。1961 年他还因发现穆斯堡尔效应获得诺贝尔物理学奖。施里弗 1957 年在攻读博士学位期间，同导师巴丁库珀一起创立了著名的超导 BCS 理论，并获得美国伊利诺伊大学博士学位，时年 26 岁。1972 年他因这一理论获诺贝尔物理学奖。特霍夫特在 1971 年攻读博士学位期间，证明了无质量的规范场量子化方法可直接推广到有自发破缺机理的情况。1972 他获荷兰乌德勒支大学博士学位，时年 26 岁。1972 年特霍夫特与导师韦尔特曼一起提出维数正规化方法，解决了规范场微扰论中的重整化问题，从而获得 1999 年诺贝尔物理学奖。

　　除德布罗意外，以上科学家在取得研究成果时年龄均在 30 岁以下，试想如果没有自由、平等、宽容的科学环境以及科学建制，这怎么可能？爱因斯坦说："科学的发展，以及一般的创造性精神活动的发展，还需要另一种自由，这可以称为内心的自由。这种精神上的自由在于思想上不受权威和社会偏见的束缚，也不受一般违背哲理的常规和习惯的束缚。这种内心的自由是大自然难以赋予的一种礼物，也是值得个人追求的一个目标。"①

因此，科学课程中的科学精神才是其精要。科学知识的学习过程不是知识的灌装过程，而是要通过科学知识学习提高其判断是非、美丑、善恶的能力，使学生得以自主、自觉地去提高自我的道德认识水平与价值判断能力，通过科学文化水平的提高获得理性或理智，形成主动接受新的事物和生活方式的态度，提高人的自主性、责任感和使命感，承担起自己对于社会、对于自我的责任与义务，成为拥有现代人意识的心灵健康、开放、乐观向上的公民和富有科学精神、批判意识和创造能力的科学工作者。

科学探究活动并不仅仅是获取知识的手段，其中隐含着认识事物、理解事物的思维方式、精神信念、心理态度所表现出来的科学精神与科学气质。科学探究的过程也是师生、学生平等争论、自由探索的过程，在这个过程中要允许学生阐述不同的意见和发表不同的观点，要保护学生独立的人格，自由的精神，反对一切强制服从，反对任何人对真理的垄断与独占。

在学生掌握科学知识和技能的同时要有意识的培养学生的科学精神，让学生形成以科学理性为基础，以批判和质疑为"武器"，以求真为动力，以创新为目的的精神气质。具有在真理面前的平等意识、独立品质和自由人格、对他人的宽容态度、在权势面前捍卫真理的勇气、对科学好奇与追问的品格。丁文江曾说："科学的目的是要摒除个人主观的成见——人生观最大的障碍——求人人所能共认的真理。""因为天天求真理，时时想破除成见，不但使学科学的人有求真理的能力，而且有爱真理的诚心。无论遇见什么事，都能平心静气去分析研究，从复杂中求简

---

① 张金福：《论大学人文教育与科学教育的结合》（博士论文），聊城大学教育科学学院资料室，第 171 页。

单，从紊乱中求秩序。拿论理来训练他的意想，则意想力愈增；用经验来指示他的直觉，则直觉力愈活。了然于宇宙生物心理种种的关系，才能够真知道生活的乐趣。这种‘活泼泼地’心境，只有拿望远镜仰察过天空的虚漠，用显微镜俯视过生物的幽微的人，方能参领得透彻，又岂是枯坐谈禅，妄言玄理的人所能梦见。"这才是科学教育的核心价值追求。①

（3）发挥科学史的课程价值

科学教科书的知识呈现方式往往是"蒙太奇"的，通过一个个场景之间的转换，科学知识好像就是概念、定律、数学公式的集合。学生掌握科学知识，不是通过阅读科学史，而是记住一大堆陌生的符号、公式、定律，然后是在教师和课本的示范下，反复做各种情形下的练习题，直至能把这些陌生的公式、定律灵活运用到处理各种情况，就算掌握了这些知识。但是，学生真的"理解"了这些知识了吗？教学实践中许多生动的例子给予了否定的回答。

现实中的科学教学往往自觉不自觉地剥夺了学生的怀疑精神，而怀疑和批判精神对于科学发展恰恰是不可或缺的。我们经常看到，人们对科学怀着怎样一种崇敬心情，似乎只要是科学的，就肯定是正确的、好的。英国学者 C. P. 斯诺在《两种文化》的序言中说："人们过分理想化地将科学当成了远离失败的伟大历程。迄今为止，几乎所有的教科书都是按学科的逻辑联系来设计框架和组织材料的……使那些没有机会了解科学理论、科学思想萌芽与成长艰辛历程的学生，在课本的教导下成了盲目崇拜的牺牲品。"

科学史则有助于帮助学生理解科学知识的背景知识，感悟科

---

① 参见刘德华《科学教育的人文价值》，四川教育出版社 2003 年版，第 44—45 页。

学与人类生活的联系，还科学以生动的面孔。当代美国著名的科学史家、哈佛大学物理学和科学史教授杰拉德·霍尔顿从60年代以来主持的"哈佛物理教学改革计划"，该计划出版的中学新的物理教科书：《改革物理教程》，就是按照史论结合的原则编写的，以史带论，极大地影响了美国的物理学教学。①

通过科学史的教学可以向学生展现科学的发展历程，在这个历程中，体验科学家们对真理的追求，不同理论观点的冲突、纷争与批判，深刻的洞察力和永恒的批判精神等。这有助于学生体验科学所富有的批判精神，把学生从对教科书所显现的概念、术语、公式、定律的迷信中解救出来。贝尔纳说："如果不结合历史，科学知识就可能危及文化，如果把它同历史结合起来并用崇敬过去的精神加以节制，它就会培育出更高级的文化。"② 科学史不仅有助于学生理解科学，而且有助于学生理解科学知识，感受科学精神，丰富人文修养，养成科学态度，形成正确的科学观。多尔在《后现代课程观》一书中提出了"3S"课程范式，其中一个S就是"故事"（story）。科学史就是一个富有魅力的故事，它的故事融合了人与自然、人与社会、人与人的关系。丹皮尔说："再没有什么故事能比科学思想发展的故事更有魅力了——这是人类世界世代努力了解他们所居住的世界的故事。"③

3.4.3 对科学课程人文取向的反思

我们对科学人文性丧失的批判基本上来源于后现代主义科学

---

① 吴国盛：《科学的历程》，北京大学出版社2002年版，第4页。

② 张金福：《论大学人文教育与科学教育的结合》（博士论文），聊城大学教育科学学院资料室，第100页。

③ ［英］W. C. 丹皮尔：《科学史及其与哲学和宗教的关系》，广西师范大学出版社2001年版，第4页。

哲学观，后现代科学哲学对科学危机的批判是建立在用非理性主义反抗理性主义、解构实证主义的立场上的。实证主义片面发展了理性，放弃了对目的和意义的寻求。正如，法兰克福学派对技术理性所批判的那样，科学只是关心那些可以衡量的东西以及它在技术上的应用，而不再去问这些事物的人文意义，只问如何运用技术手段去工作，而不去关心其目的，人类从自然中学习的目的是为了征服自然而不是与之和谐。近代科学由于对目的的放弃，导致了内部的分裂，导致自然科学与人文科学的分裂。这种批评的核心是科学的异化和单一理性化，要从根本上把异化了的科学匡正过来，除了加强人文教育以外，更重要的不是简单的人文知识的引入，而是科学精神的张扬。

从一定意义上说，我国科学课程变革中对科学与人文关系的表层化认识，与科学课程变革的哲学贫困有着内在的联系。从宏观上讲，中国没有现代意义上的哲学，虽然后现代主义哲学取向与道家文化有着一定的联系，甚至一些中国哲学家认为，后现代主义哲学的主要观点从中国道家的"天人合一"的思想中吸取营养。但是，我们认为后现代是与现代相对而言的，是后工业化社会的产物，道家文化产生于封建社会初期，人们可以从解释的角度中吸取思想营养，但它本身并不具有后现代的属性。就像植物胚芽从土壤中吸收营养一样，历史文化是一种土壤，蕴涵着丰富的营养成分，吸收什么营养是植物自身的功能，从任何意义上讲土壤都不是胚芽本身。

在我们批判科学主义的同时，我们不能忘记中国传统文化"理性"和"科学精神"的贫乏，西方的批判是基于"理性"的过度，科学的滥用，后工业时代一种"闲暇生活"的出现。而我们正处于工业化初期，科学的价值还远没有显露出来。"我们中国人讲人与人的相处讲了三千年了，忽略了人和物的关系，经济落后了。但是从全世界看，人与人相处的问题却越来越重要了。人类应当及早有所自觉，既要充分认识人与环境的关系，更要明白人与人之间怎样相处才能共同生存下去。"①

我们在倡导人文的时候，要把人文和人文主义相区分。现代人文主义者更加倾向非理性主义、相对主义的价值观和历史观，他们对社会和历史发展规律的信仰极为反感，生活中的必然性、历史发展的必然性在他们的视野里被解构了、隐退了。理性不再是存在之所以存在的根据，它并非是权威的、进步的、统一的、高尚的力量，而是压抑情感、想象、意志、个性，把丰富的人性给予异化的、冷酷的反动力量。费耶阿本德在解构传统哲学的基础上，提出了"反对方法"、"告别理性"、"怎么都行"的呐喊。科学课程及其变革在倡导人文、寻找价值回归之路时，不仅要拒斥这样的人文主义，而且要承担起捍卫理性的责任。

解构科学主义，并非反对科学，更不是把科学主义与科学精神相混淆。"'科学精神'，是对真理的追求并为之奋斗的精神即'求真'的精神，是面对现实探索规律的精神即'求实'的精神，是以科学成果造福人类的精神即'求善'的精神，是促进人的全面发展并实现人与自然的统一的精神即'求美'的精神。这种求真、求实、求善、求美的'科学精神'本身就是'人文精神'，或者说是'人文精神'的重要组成部分。"② 科学课程及其变革要在倡导人文、寻找价值回归之路时，保持科学与人文之间、理性与非理性之间必要的张力。

①　费孝通：《在人生的天平上》，新世纪出版社 1998 年版，第 147—148 页。
②　孙正聿：《哲学通论》，辽宁人民出版社 1998 年版，第 367 页。

第四章　道德教化与社会控制

社会稳定的基础是保持社会秩序，而保持社会秩序的基础是组成社会的个体具有共同的价值规范。教育则在使社会形成共同的价值规范过程中起着重要的作用，发挥着使个体进行社会化的功能。涂尔干说："教育是年长的一代向尚未为社会生活做好准备的一代人所施加的影响。教育的目的就是在儿童身上唤起和培养一定数量的身体、智识和道德状态，以便适应整个政治社会的要求，以及他将来注定所处的特定环境的要求。"① 教育的这种社会化功能是通过课程来实现的。课程通过知识的分类、分层、组织、传播和评价实施社会控制，发挥着社会和文化再生产的职能。因此课程被纳入社会学的研究视野。

由于我们的科学课程长期单纯强调基本知识和基本技能的教育、科学的本质、科学事业的属性、科学发现的逻辑、科学发展的范式等问题没有纳入到科学课程的研究视野。对科学课程的理解仍然建构在科学知识的客观、普遍、价值中立的经验实证主义立场上，使科学课程游离于社会学的分析视野。科学技术作为一种技术理性已经成为一种社会统治的力量，成为控制人的社会行

---

① 爱弥尔·涂尔干著，陈光金等译：《道德教育》，上海人民出版社 2001 年版，第 309 页。

动的意识形态，以科学技术知识为其核心要素的科学课程自然不是价值中立的。

科学课程作为学校课程体系的有机组成部分，其在道德教化、社会价值规范的渗透、维护社会秩序和社会和谐方面具有重要的、特有的社会化功能。对科学课程的社会功能的分析大致可以从两个层面展开：一是在宏观结构上，科学课程的纵向层级结构和横向的属性分类，承担着社会选择的功能。比如，接受高等理科教育的学生在社会上处于高位是没有异议的，接受职业技术教育和普通教育的学生在就业中的差别也是被人理解的。二是在微观上，科学课程具有意识形态的功能，在宣扬一种普遍主义、实证主义、个人主义、价值中立主义的价值观。这种对普遍主义的信任恰恰是实现社会控制的知识基础。

4.1 科学的社会功能

通过科学课程的学习，让学生掌握科学知识、科学技能、科学方法，形成良好的科学素养，富有科学精神的确是其价值所在。但是，这样一个价值的实现是建在"科学是什么"这一根本性问题上的。遗憾的是我们的科学课程设计很少认真地对这个问题进行澄清，认为物质世界是外在于我们的客观存在，科学是对物质世界自然规律的客观真实的反映，学习了科学知识就理解了科学，也就理解了物质世界。在学生心目当中，概念、公式、定理、定律、符号组成的体系就是科学，科学世界就是这样一个超越民族、国家、个人，具有客观、普遍、价值中立性的知识体系，似乎只有这样的认识才是唯物主义的。

近几年来，科学课程的改革越来越关注到让学生通过科学课程的学习，了解科学的性质，形成什么是科学的初步观念。这是科学教育最基本也是最难以实现的目标。一方面，什么是科学不仅仅是科学课程的基本问题而且也是科学哲学的基本问题，而哲学的基本问题一直是没有终极答案的。无论是在科学界还是在哲学界，对什么是科学一直争论不休。另一方面，科学是一个发展中的事业，随着科学本身的发展，争论的内容在不断的变化、丰富和发展。这种多元意义上的争论、解释和理解打破了科学客观、普遍、价值中立的神话，人们对科学本质的理解更加多元、更加丰富、更加接近了。

科学理解与解释的多样性、文化性、发展性本身就是对什么是科学问题理解的基本组成部分。科学社会学是从社会学的角度对什么是科学进行研究的一种知识领域，其对科学社会功能的揭示又是理解科学、认识科学性质的一个有效途径。我们试图通过揭示科学的意识形态、道德教化、经济发展、社会控制功能，对科学是什么这一科学课程的基本问题进行一个侧面的研究。

4.1.1 科学与意识形态

科学家对科学向意识形态领域的扩展曾进行过有意识的行动。19 世纪，巴黎综合理工学院的生理学家、生物学家和心理学家群体，卡巴尼斯、曼·德·贝兰、德斯蒂·德·特拉西曾对意识形态学进行了系统的研究。当然，他们对意识形态的定义与意识形态在政治领域的定义有着本质的不同。他们认为，意识形态"仅仅是指人类观念和人类行为，包括人的生理结构和心理结构之间的关系的分析"①。德斯蒂·德·特拉西建议把整个意识形态学视为动物学的一部分，卡巴尼斯则反复强调物理学必须

① 〔英〕弗里德里希·A. 哈耶克著，冯克利译：《科学的反革命：理性滥用之研究》，学林出版社 2003 年版，第 127 页。

成为道德科学的基础。

西方马克思主义者在其著作中把科学与技术的社会功能同意识形态的社会功能相等同，认为科学与技术起着掩饰多种社会问题，转移人的不满和反抗情绪，阻挠人们选择新的生活方式，维护现有社会的统治和导致社会堕落的意识形态的作用。霍克海默说："不仅形而上学，而且还有它所批判的科学本身，皆为意识形态的［东西］；科学之所以是意识形态，是因为它保留着一种阻碍人们发现社会危机真正原因的形式……所有掩盖以对立面为基础的社会真实本质的人的行为方式，皆为意识形态的［东西］。"① 霍克海默认为，科学技术作为意识形态代表的是现代工业社会中产阶级的利益。他说："由于占统治地位的经济力量为了自己特殊目的利用科学及整个社会，这种意识形态，这种与特殊科学合为一体的思想，必定导致将现状永恒化。这种哲学最准确地概括了近几十年间欧洲中产阶级集团的思想意识。"②

马尔库塞认为，在现代工业社会，科学技术具有工具性、奴役性，起着统治人和奴役人的社会功能，这是对现代工业社会科学技术意识形态特征的深刻揭露。他说：技术理性的"这种压抑不同于我们的社会之前的较不发达阶段的压抑，它今天不是由于自然的和技术的不成熟状况而起作用，而是依靠实力地位起作用。当代社会的力量（智力的和物质的）比以往大得无可估量——这意味着社会对个人统治的范围也比以往大得无可估量。我们社会的突出之处是，在压倒一切的效率和日益提高的生活水准这一双重的基础上，利用技术而不是恐怖去压服那些离心的社

---

① 参见［美］赫伯特·马尔库塞著，刘继译：《单向度的人：发达工业社会意识形态研究》，上海译文出版社1989年版，第2—3页。

② 郑一明：《"西方马克思主义"的文化哲学思想研究》，重庆出版社1998年版，第70页。

会力量"①。"社会是在包含对人的技术性利用的事物和关系的技术集合体中再生产自身的——换言之，为生存而斗争、对人和自然的开发，日益变得更加科学、更加合理。……这一合理的事业产生出一种思维和行为的范型，它甚至为该事业的最具破坏性的压抑性的特征进行辩护和开脱。科学—技术的合理性和操纵一起被熔接成一种新型的社会控制形式。"② 马尔库塞的《单向度人》一书因其对现代工业社会科学技术意识形态的深刻揭露而成为德国青年 1968 年大学生造反的政治信仰和行动指南，他自己也成了精神领袖。

哈贝马斯不同意马尔库塞关于科学技术和旧有意识形态同等功能的观点。他认为科学技术虽然成为了意识形态，但它是一种新型的意识形态。这种意识形态和以往一切的旧有意识形态相比"意识形态性更少"。"因为现在，第一位的生产力——国家掌管着的科技进步本身——已经成为［统治的］合法性的基础。［而统治的］这种新的合法性形式，显然已经丧失了意识形态的旧形态。""因为它没有那种看不见的迷惑人的力量，而那种迷惑人的力量使人得到的利益只能是假的。另一方面，当今的那种占主导地位的，并把科学变成偶像，因而变得更加脆弱的隐形意识形态，比之旧式的意识形态更加难以抗拒，范围更为广泛，因为它在掩盖实践问题的同时，不仅为既定阶级的局部统治利益作辩解，并且站在另一个阶级一边，压制局部的解放的需求，而且损害人类要求解放的利益本身。"③

---

① ［美］赫伯特·马尔库塞著，刘继译：《单向度的人：发达工业社会意识形态研究》，上海译文出版社 1989 年版，第 2 页。

② 同上书，第 130 页。

③ ［德］哈贝马斯著，李黎、郭官义译：《作为"意识形态"的技术与科学》，学林出版社 1999 年版，第 69 页。

　　科学技术作为一种意识形态的确不同于传统意义的虚假的政治意识形态，它能够承兑它所给予人们的诺言。相比较而言政治意识形态则不同，中国几千年来，"耕者有其田"一直是历次农民起义的政治口号，但是每次改朝换代都没有哪位封建皇帝真正兑现他的诺言。对于现代社会而言，如果剔除掉那些依托于科学技术的政治诺言，能够真正变为社会现实的也不多。比如，"杜绝腐败"、"消除贫困"、"天下为公"等政治口号就很少能够实现。科学技术树立了一种客观、公正、真实、正义的形象，在现代社会，取代了上帝步入了信仰的神龛，成为一种社会控制力量。

　　科学技术作为一种意识形态不仅表现为宏观的社会政治控制，而且渗透、控制着人的日常生活，这种控制几乎又是自导自演自评的。科学技术与经济力量的结合，现代媒体对更好生活价值取向的宣传与控制，使人们相信获得"最大限度地摆脱辛勤劳作、人身依附和粗鄙简陋状况的生活"[1]　就是好的生活，这种生活如何而来呢？依靠被统治阶级已控制的科学技术以及科学精英。而科学技术的发展也在不断地证明，科学技术和现代社会的确能给人类带来这种"幸福生活"，在不断满足人类的生活需要，工人和其雇主之间的生活差别较之前工业时代小得多了。

　　但这意味着阶级差别的消失和阶级平等吗？马尔库塞说："如果工人和他的老板享受同样的电视节目并漫游同样的游乐胜地，如果打字员打扮得和她雇主的女儿一样漂亮，如果黑人也拥有盖地勒牌高级轿车，如果他们阅读同样的报纸，这种相似并不

---

　　[1]　［美］赫伯特·马尔库塞著，刘继译：《单向度的人：发达工业社会意识形态研究》，上海译文出版社 1989 年版，第 114 页。

表明阶级的消失，而是表明现存制度下各种人在多大程度上分享着用以维持这种制度的需要和满足。"① 但是，这种物质生活差别的日渐缩小，对缺乏批判性思维的人来说，的确是阶级平等的表现。在现代社会，科学技术日渐起到了阶级平等化认同的意识形态功能。

4.1.2　科学与道德教化

道德判断不仅仅只是符合个人观点的问题，而是一种"客观"的规范力量。道德标准的规范性和普遍性是道德的基本属性，它在人类社会普遍地存在着，并对人类的行动起着强有力的规范和约束作用。拉瑞·P. 纳希说："在社会发展的领域理论内部，道德指的是人类健康幸福、公正和权力的概念，它是人际关系内在的一个功能。"②

当我们自觉自愿地按照道德规范来实施我们的社会行动时，是因为我们认识了它、理解它、内化了它。如果每个社会个体都做到了这一点，那么我们就形成了一种和谐的社会秩序。什么能够承担这种道德重建的使命呢？涂尔干认为是科学而不是哲学。首先，科学为道德理解提供了可能。当科学让我们理解了世界上的物质事物时，"世界就不再外在于我们，已然成为我们自身的一个组成部分，因为我们内在地拥有一种能够充分表达它的符号表现体系。物质世界中的每一事物，都被我们用一个观念表达在我们的意识之中，而且，既然这些观念是科学的——也就是说，是清晰的和明确的，我们就能够操纵它们，

---

① ［美］赫伯特·马尔库塞著，刘继译：《单向度的人：发达工业社会意识形态研究》，上海译文出版社 1989 年版，第 9 页。

② ［美］拉瑞·P. 纳希著，刘春琼、解光夫译：《道德领域中的教育》，黑龙江人民出版社 2003 年版，第 7 页。

能够轻而易举地组合它们，就像我们用几何学命题所做的那样"①。同样的我们可以像理解科学那样，理解道德。一旦道德被我们所理解，"它不再外在于我们，因为从这刻起道德秩序就通过由各种清晰明确的观念组成的体系表现在我们心中；我们也理解了这些观念之间所有的关系。现在，我们可以核实一下，道德秩序是在何种程度上构建在事物本性（即社会本性）之上的，也就是说，实际的道德秩序是在何种程度上成为应然的道德秩序的。我们就这样看待它，也恰恰在这个程度上，我们能够自愿地服从它。因为如果有人希望道德秩序不只是它所表达的实在的自然构造，那么他就是在打着自由意志的幌子胡说八道"②。此外，科学除了具有道德认知迁移的功能之外，科学活动对于道德实践也是十分有效的。他认为，道德教育必须在小组和集体中进行，而科学活动则提供了这种道德训练的活动场景。他说："事实上，如果一个人很早就体验过集体生活，就不会再有比集体生活更惬意的东西了。这种生活有一种功效，能够提升每个人的生命力。"③

科学与道德、宗教、伦理关系的内在统一性，不仅是社会学家探讨的领域，而且是诸多科学家深入思考的问题。

关于科学与行为规范的联系，爱因斯坦说："追求真理的科学，他内心受到像清教徒一样的那种约束：他不能任性或感情用事。附带地说，这个特点是慢慢发展起来的，而且是现代西方思想所特有的。"④"只有由有灵感的人所体现的人类的道德天才，

①　爱弥尔·涂尔干著，陈光金、沈杰、朱楷汉译：《道德教育》，上海人民出版社 2001 年版，第 113 页。
②　同上书，第 115 页。
③　同上书，第 231 页。
④　同上书，第 218 页。

才有幸提出应用如此广泛而且根基如此扎实的一些伦理公理，以致人们会把它们作为在他们大量个人感情经验方面打好基础的东西接受下来。伦理公理的建立和考验同科学的公理并无很大区别。真理是经得起经验的考验的。"①

　　爱因斯坦从科学家的角度和立场，对科学与宗教的关系进行了深刻的剖析。他说："固然科学的结果是同宗教或道德的考虑完全无关，但是那些我们认为在科学上有伟大创造成就的人，全部浸染着真正的宗教信念，他们相信我们这个宇宙是完美的，并且是能够使追求知识的理性努力有所感受的。如果这种信念不是一种有强烈感情的信念，如果那些寻求知识的人未曾受过斯宾诺莎的'对神的理智的爱'（Amor Dei Intellectualis）的激励，那么他们就很难会有那种不屈不挠的献身精神，而只有这种精神才能使他达到最高的成就。"②

　　海森伯格认为，伦理学研究的最基本问题就是如何做人，而科学研究与如何做人是相通的。他说："我们不知道我们是否会成功地以老的宗教语言来表示我们未来社会的精神形式。理性主义地玩弄词句没有多少用处；诚实和方向是我们最需要的东西。但是伦理是人类社会存在的基础，并且伦理只能从最基本的做人态度（这种做人态度我称之为人的精神方面）中得到，那么我们必须作出种种努力，和青年人建立共同的做人的态度。我深信，如果我们能够在两种真理之间重新找到正确的平衡，那么我们在这方面就能够取得成功。"③

　　①　爱因斯坦：《科学定律与伦理定律·大学科学读本》，广西师范大学出版社2004年版，第219页。
　　②　同上书，第242页。
　　③　海森伯格：《科学真理和宗教真理·大学科学读本》，广西师范大学出版社2004年版，第255页。

　　我们认为，科学不仅与道德价值、宗教信仰、社会伦理密切地相互关联；而且对于生活在现代社会的公民来说，科学知识也是公民进行公共决策的基础。对于没有原子物理知识的公众来说，是不可能理解核威胁的真正本义的，也难以对此类公众政策做出正确的决策，封建社会的愚民政策就是这个道理。学习科学探究的方法，可以训练人的心智和逻辑思维方式，"理科思维"与"文科思维"就是在这个意义上讲的。

　　卡尔·皮尔逊曾说："近代科学因其训练心智严格而公正地分析事实，因而特别适宜于促进健全公民的教育。"① 他认为，经过科学方法训练的公民，习惯于整理事实，在事实之间寻找它们复杂的相互关系，依据对这些关系的理解，预言它们之间不可避免的关联。当他们把他的科学方法带进社会问题的领域时，他们将不满意于表面的陈述，不满足于仅仅诉诸想象、激情、个人偏见，而是运用高标准的逻辑推理和对事实及其结果的深刻洞察，站在有益于社会共同体的立场上决定自己的判断。

4.1.3　科学与经济发展

　　在工业和后工业社会，科学技术较之土地、资金、劳动力等生产要素而言，成为决定经济可持续发展的第一生产力。经济学研究表明，科学技术与其他要素的关系不是加法而是乘法关系，即科学技术是作为乘数乘到生产力三要素上去的，当科学技术成倍增长时，经济则加倍增长。20 世纪 60—80 年代，发达国家的经济增长，50%—87% 来自知识和技术进步的贡献，17%—27% 来自资本的贡献；发展中国家的经济增长 65% 来自资本的贡献，只有 14% 来自全要素生产率的贡献。

---

① 卡尔·皮尔逊：《科学的规范》，华夏出版社 1999 年版，第 12 页。

美国在 1946—1965 年间，科学技术进步对经济增长（净值增长）的贡献率为 71%；日本在 1952—1966 年间，科学技术进步对经济增长（净值增长）的贡献率是 65%；而中国目前只有 30%。[1] 索洛对科学技术对美国经济的贡献率的研究表明，美国在 1909—1949 年间，人均总产出翻了一番，其中科学技术进步的贡献率占了 87.5%，而其余的 12.5% 则是依靠资本投入量的增加获得的。[2] 科学技术对经济发展的极大促进作用，几乎成为不证自明的道理。

在科学与技术经济时代，企业发展的核心竞争力是知识和人才，而不是资本的扩张。微软公司的创始人比尔·盖茨 2000 美元起家，于 1973 年为世界第一台微电脑开发了 BASIC 语言的第一个版本。到 2003 年 5 月微软公司股市值达到 2786 亿美元，销售额达到 283 亿美元。这在传统产业时代是根本不可能实现的。微软公司非常重视科学与技术的研发，2004 财年计划投入的研发经费就达 69 亿美元。

在我国，由于我们不拥有信息产业核心技术的知识产权，目前很多企业产品使用的技术，都是一些跨国公司在十年前申请的专利，企业利润的大部分作为专利使用费支付给了外国公司。生产一台 DVD，需要支付给 6C 公司 4 美元，3C 公司 5 美元，1C 公司 2 美元，MPEG—LA 专利收费公司 4 美元，杜比公司 1.5 美元，共计 19.6 美元。也就是说每台 DVD 的生产成本增加了近 20 美元。如果不是廉价劳动力支撑，这些企业一天也无法生存。IBM 公司，2000 年总利润的 81 亿美元中，专利收入就达 17 亿

---

① 赵丽芬、江勇：《可持续发展战略学》，高等教育出版社 2001 年版，第 160 页。

② 张培刚：《发展经济学教程》，经济科学出版社 2001 年版，第 390 页。

美元。

　　支撑经济发展的是科学技术，是拥有知识产权的原创性科学与技术，而这原创性知识的生产靠的是人才，人才的培养靠科学教育。因此，各国对科学教育的改革与发展越来越重视。不仅高级科学专门人才的培养离不开科学教育，日常的生产生活质量的提高也离不开科学教育。世界银行的一份研究报告指出，同样都进行新的投入（新种子、肥料、杀虫剂和农药或修建道路等），受过 4 年学校教育的耕作者，比从未受过学校教育的耕作者，要多 13%，而在同样没有新投入的情况下，产出率也能达到 6%。①

4.1.4　科学与现代社会

　　科学的发展不断向生活世界和经济生产领域挺进，正在创建一个新型的社会，有的社会学家称其为知识社会，有的称其为信息社会，有的称其为科学社会、后工业社会、技术文明社会等。尼科·斯特尔把这种社会的特征概括为："①科学知识向大部分社会行为的领域渗透，包括向生产领域的渗透（科学化）；②其他形式的知识被科学知识所取代了——尽管不是消灭了，并且受到日益发展的专家、顾问和指导者阶层以及建立在专业知识的发展的基础上的相应机构的调节，并依赖于这些人和这些机构；③作为一种直接的生产力的科学的出现；④各种新型的政治行为的分化（例如科学和教育政策的分化）；⑤一个新的生产部门的发展（知识生产）；⑥权力结构的变化（技术统治论）；⑦作为社会不平等和社会一致性的基础的知识的出现；⑧将权力建立在专长基础上的趋势；⑨社会冲突的性质的转变，即从收入分配和财

---

　　①　张培刚：《发展经济学教程》，经济科学出版社 2001 年版，第 359 页。

产关系方面的分裂的斗争转变到要求获得一般的人类需要，并就此而发生冲突。"① 在新型的知识社会，科学技术的进步不断地影响着人们的物质生活和精神生活。

第一，科技进步作为推动社会文明的变革力量，不断地改变着人的价值观，直接或间接决定着人类的理想和信仰。日常消费的日益数字化和符号化，新型工业产品和广告转变着人们的日常消费和生活理念。住宅消费由宽敞、实用向人文、环境适宜转变，服饰由经久耐用向时尚转换，食物消费由温饱向营养转变；火车、飞机等现代交通工具为不同民族、不同地域、不同国家的人的交流提供了便利，这种交流又带来了不同价值观念的冲突与融合；麦当劳、好莱坞电影成为消费的时尚，潜在地传播着西方的主流文化。这些都演绎着科学技术对日常生活方式和价值观念的冲击。

科学活动同时影响着我们世界观的形成，"科学家们所做的科学工作，他们不会花费时间去讨论世界观。但是，他们赖以工作的基础却是一些信念，而一般人常常不能掌握这些信念。其中一个信念是：当人们一起工作一段时间后，就能够解释这个世界的运行方式；另一个信念是：宇宙是一个统一的体系，研究其中某一部分得到的知识常常可以应用到其他的部分；还有一个信念是：知识具有稳定性，也具有变化。"② 如果用我们的话说，科学让人相信：世界是可以被认识的，世界是普遍联系的，科学知识是不断发展的。如果再加上一句：世界是物质的，那就和辩证唯物主义世界观的表述有些相似了。

---

① ［加］尼科·斯特尔著，殷晓蓉译：《知识社会》，上海译文出版社1998年版，第16—17页。

② 美国科学促进协会著，中国科学技术协会译：《科学素养的基准》，科学普及出版社2001年版，第5页。

　　第二，科技进步在引导着一种新型的领导和管理方式，并影响着社会政治生活。管理和经济生活的科学技术化倾向是显而易见的，以效率、量化、控制为核心的科学管理思想和管理决策在现代社会机构中随处可见。科学技术的发展不断为社会管理提供现代化工具，使管理模式和管理手段逐渐走向现代化、科学化。如，学校的学生管理、课程管理的电脑化、网络化就是明显的例子。

　　政治家的政治宣言、选票广告、投票与计票的方式，乃至监控系统无处没有科学技术的影子。科学技术与政治的结合，越来越变成一种社会控制的力量。正如拉多范·里塔克说："在今天，要想找到这样一个社会生活领域是一件困难的事：这个领域对于现在正发生于自然科学和技术范围内的大规模变化之广度和频率保持中立态度、或者不受其影响。与此同时，由今天的科学的运用所造成的最广泛、最有意义的社会结果是与社会发展的以科学为基础的控制任务、与社会的以科学为基础的革命性重建的任务连在一起的。"①

　　第三，科学技术是保证国防安全的基本力量，科学技术和军事战争联系日趋紧切。1994 年财政年度，美国政府的科研经费拨款是 721 亿美元，比 1993 年增加了 2.3%，国防部获得的科研经费占的份额最大，占了科研经费总额的 5.4%。美国研究型大学的发展与军事科学研究也形成了一种互动的机制。早在二战中，麻省理工、哈佛、哥伦比亚大学等著名研究型大学均参与并承担了雷达、原子弹、喷气发动推进、固体燃料等重要军事项目。二战以后，美国研究型大学在能源、信息、生命、通讯、航

---

　　① 参见〔加〕尼科·斯特尔著，殷晓蓉译：《知识社会》，上海译文出版社1998 年版，第 65 页。

空航天、国际空间站等高新技术领域均做出了重要贡献。可以这样说，美国研究型的大学发展得益于国防安全的推动。

现代国防科学研究出现了联合攻关、寓军于民的特点。如阿波罗登月计划、"星球大战计划"、"导弹防御系统"不但均耗资巨大，而且集中了大量科学家综合开展研究，其中许多研究成果是逐渐转为民用的。如 Internet 是首先用于军事内部的通讯，后来才发展为民用技术的。现代的军事战争越来越成为一种新式武器的战争、科学技术的战争。如海湾战争、伊拉克战争就是典型的案例。

关于科学和科学家地位的提升与军事战争的关系，早在第一次世界大战期间就表现出来了。对此，贝尔纳在其《科学的社会功能》一书中有过深刻的剖析："在上次世界大战中，科学家的协作达到前所未有的程度。问题不在于少数技术人员和发明家把众所周知的科学原理都加以应用，而在于所有国家都对本国科学家实行总动员，其惟一的目的就是为了在战争期间提高现代化武器的破坏力并且设计出防护方法，以应付对方现代化武器方面所取得的进展。"①

早在 1917 年，英国就成立了科学和工业研究部，美国于1916 年也成立了国家研究委员会。这种部门的一种职能就是协调科学研究、工业生产和武器更新之间的关系。早在 1932 年，英国科学和工业研究部的年度报告中就赤裸裸地写道："这个计划是我们的前任官员在历史上规模最大的战争中制订的。战争一开始，就可以看出，科学的应用将在战争中起重要作用，于是便把科学工作者征集到国家的工作人员大军中并收到相当效

---

① ［英］J. D. 贝尔纳著，陈体芳译：《科学的社会功能》，广西师范大学出版社 2003 年版，第 39 页。

果……大家也普遍地认识到，为了平时和战时都能取得成功，应该充分利用科学资源。战争的危险为和平时期提供了教训，人们认识到，一旦战争结束，工业界就要面临一种新形势。"①

第四，科学技术的进步可以引起社会结构的变化，促进人们社会关系的调整。如，知识精英在现代工业社会已经或正在形成一种新的社会阶层（阶级）。尼科·斯特尔说："现代社会的个性和特性是由这样一些专家所决定的，即他们对专业知识或技术专长的掌握为其控制社会机构和规范个体的特性作好了准备。""多少有些更加狭义地说来，知识分子作为一个新的社会阶级的出现已经被看作是发达社会——这里，科学和技术具有强有力的作用——的典型特征了。"②"正如业已指出的那样，各种近期的有关当代社会的理论已经确定了一个新的阶层或社会阶级……那些形成、解释和直接运用知识的人被看作是社会的正在出现的新型统治者。科学家、工程师、社会科学家或'知识分子'被普遍认为是新的权力阶层。"③

在我国，一项关于"当代中国社会结构变迁研究"的课题表明，当代中国已经形成了十个阶层。分别是：国家与社会管理阶层、经理人员阶层、私营企业主阶层、专业技术人员阶层、办事人员阶层、个体工商户阶层、商业服务业员工阶层、产业工人阶层、农业劳动者阶层、城乡无业或半失业阶层。其中专业技术人员阶层"指在各种经济成分的机构（包括国家机关、党群组织、全民企事业单位、集体企事业单位和各类非公有制经济企

---

① ［英］J. D. 贝尔纳著，陈体芳译：《科学的社会功能》，广西师范大学出版社 2003 年版，第 40 页。

② ［加］尼科·斯特尔著，殷晓蓉译：《知识社会》，上海译文出版社 1998 年版，第 247 页。

③ 同上。

业）中专门从事各种专业性工作和科学技术工作的人员"①。报告中说："专业技术人员是现代工业社会的中等阶层的主干群体，他们既是先进生产力的代表者之一，也是先进文化的代表者之一。而且，他们还是社会主导价值体系及意识形态的创新者和传播者，是维护社会稳定和激励社会进步的重要力量。"② 研究报告还特别指出："在当代中国社会，专业技术人员阶层在推动科学技术发展和市场经济理念传播方面发挥了重要的作用。"③

第五，科学和技术的发展在给人类带来巨大利益的同时，也给人类的生存带来了巨大威胁和无尽的灾难。人类活动范围的扩展带来环境的不断恶化，摧毁地球由前工业社会的神话如今转变成了现实。人们枕在足以毁灭地球数百次的核弹上睡眠，充满了恐怖和不安。石油、煤炭、天然气这些不可再生的资源面临枯竭，替代能源的研究似乎并不乐观，资源的争夺引发的局部战争，和过去一样惨烈，只是多了几分高科技的内涵。

当然，对科学的批判和担忧并不是现在才有的事情。里彭主教早在 1927 年向英国促进科学协会讲话时就说："……我甚至甘冒被听众中某些人处以私刑的危险，也要提出这样的意见：如果把全部物理学和化学实验室都关闭 10 年，同时把人们用在这方面的心血和才智转用于恢复已经失传的和平相处的艺术和寻找使人类生活过得去的方法的话，科学界以外的人们的幸福也不一定会因此而减少……"④

---

① 陆学艺：《当代中国社会阶层研究报告》，社会科学文献出版社 2002 年版，第 17 页。

② 同上。

③ 同上。

④ ［英］J. D. 贝尔纳著，陈体芳译：《科学的社会功能》，广西师范大学出版社 2003 年版，第 3 页。

我们认为，虽然悲观主义者的情绪并不是没有道理，反科学思潮也一直伴随着科学的发展。但作为一个乐观的科学主义者，我们仍然相信，科学引发的问题可以通过科学和技术的发展来解决，科学的滥用不仅仅是因为科学的发展，而且是因为人类的无限贪婪。随着人文事业的苏醒，这种贪婪也许可以得到抑制。到那时，科学与人文协调发展，人类也便可以走出科学危机了。

4.2　科学课程与社会控制

国家之间的竞争依然存在，东西方文化甚至不同民族文化之间的冲突仍然激烈，世界没有消除贫困，以科技水平作为决断力量的现代战争仍然发生，以经济的、文化的、权力的差别为基础的社会分层和社会流动也是普遍存在的，科学课程作为这种宏观社会场域中的文化现象，不可能脱离这种场域而独立存在。科学课程在社会分层与社会控制、意识形态的渗透、道德教化等方面发挥着特有的社会功能。

4.2.1　科学课程与社会分层

社会对不同知识的分类、分层，意味着对掌握不同知识的社会群体的分类、分层，这种通过对知识的分层实现对社会群体的分类、分层与控制不同于强权政治，是在悄然中进行的。高中课程改革方案把整体课程分为 8 个领域、15 个科目，无论是领域还是科目都是有清晰的学科边界的，必修学分的权重则影射着不同知识的分层、地位和价值。石鸥教授指出："学校应培养优秀的科学家，同时还应培养优秀的工业和农业劳动者。""应对这种挑战的重要途径就是以多样化、选择性的课程结构适应日益增多的需求和迅速变革的世界，满足人才多样化即受教育者成长的规格、层次、职业取向等多元化的需要。"① "选择什么样的课程，就选择了什么样的生活和未来。"② 问题是谁将成为科学家？谁将成为工业和农业劳动者？是学生自我在选择吗？

科学课程的分类、分层与选择决定着学生的未来职业定向，而其职业定向就预示着他/她的未来社会地位。选择学术性科学课程意味着升入大学并步入白领阶层，而选择职业技术性课程则意味着步入技术工人阶层。古德森说："课程帮助人们获得职业工作这一事实，本身便是教育选拔功能的一个方面，但却并不必然意味着它通过给人们提供与他们工作有关的技术，来帮助他们为获得工作作准备。学术性科目的长久支配性地位和高地位无疑是因为它被看成为一种获取理想工作的资格。"③

新的课程改革按照学生志趣的不同，赋予了广泛的选择权力，这是一种进步。就科学课程而言，只要学生修满了必修学分，就可以根据自己的兴趣和未来的发展设计修读计划，可以"自主"地决定选择什么、选择多少、选择哪些科学课程的选修学分。问题是这种课程的分类、分层与组织是依据什么进行的？这种选择权力真的掌握在学生自己手中吗？

课程社会学的研究表明，一个社会如何选择、分类、分配、传递和评价它认为具有公共性的知识，反映了权力的分配和社会控制的原则。课程规定了可以把什么看做是有效的知识，教学规定了什么可以被看做是有效的知识传递，而评价则规定了什么可

---

① 石鸥：《选择一种课程就是选择一种未来：关于高中多样化、选择性课程结构的几点认识》载《中国教育学刊》2003 年第 2 期，第 2 页。

② 同上书，第 5 页。

③ 艾沃·F. 古德森著，贺晓星、仲金译：《环境教育的诞生》，华东师范大学出版社 2001 年版，第 10 页。

以被看做是这些被讲授的知识的有效实现。① 杨说："就学生是如何划分成不同的类属，学校里的课程知识是怎样被划分成不同类别等问题而言，还要了解社会权力的分配和知识分配之间的联系。这种联系还体现在学校教育与一个国家的知识构成关系上。"②

作为劳动阶级子女选择升学还是选择就业并非完全是由知识决定的，而是由背后的家庭的经济基础决定的。此外，按照伯恩斯坦的研究，科学课程是按照精致编码组织的，而精致编码本身就是中上层阶级语言的特征。是否能够学好、选择学术性科学课程并非完全由学生自身选择决定，而是有其深厚的社会文化背景，但这种背景是隐晦的。科学课程的分层恰好掩饰了本质上的不公平。

学术性的科学课程较职业性的科学课程居于高位，并非是知识本身的差异，而是社会主流价值观的一种映射，而这种主流价值观是由统治阶层所倡导和控制的。这种社会权力对知识的分等在封建社会和资本主义社会都是显而易见的。马克斯·韦伯曾分析中国儒家官僚主义教育的分层特点，他发现："①强调规矩和'读书'，在课程上则更多地局限于学习和背诵古典的经文。②在数学家、天文学家、科学家和地理学家比较常见的社会中，这种课程在知识的选择上是非常保守的。然而，所有这些知识领域也得到文人的一种'粗俗'的分类，或者用比较现代术语，是一种'非学术化的分类'。③这种课程基础上的考试控制了管理精英的选拔，以至于'非书本'正是适应了'未开化'时代中

① ［英］麦克·F. D. 扬主编，谢维和、朱旭东译：《知识与控制：教育社会学新探》，华东师范大学出版社 2002 年版，第 61 页。

② 同上书，前言第 2 页。

国社会的目的。课程是根据统治阶级关于'有教养的人'的观念所规定的，这将使我们重新思考过去提出的关于有教养的人的模式是什么的问题，并涉及现代教育哲学'有价值的活动'或'理解形式'的问题。"①

在资本主义国家，英国双轨制的教育也是如此，学术性课程比职业性课程具有更高的地位，选择文法学校或在现代中学选择学术课程的学生具有更高的地位和社会选择。在19世纪，对英国工人阶级来说，其子女接受教育的主要机构是主日学校和工业学校，为了给劳动阶级子女提供手工训练和指导而设立。1902年教育法颁布实施之后，阶级出身不再是接受教育的显性条件。但一项调查显示，1910年到1929年间，劳动阶级子女和中产阶级子女进入中学的机会比例是1:4，进入大学的比例是1:6。这项调查表明，大学的入学考试成为选择人才的一个有效机制，选择人才更多表现为一种知识选择。因为考试的科目，每一门科目在入学考试中的比重基本上决定了知识的地位和学生的选择方向。古德森认为，自1917年实施学校证书制度以后，"围绕课程展开的斗争开始集中于考试知识的定义和评估，这与现在的情况相似。学校证书迅速成为文法学校的关心所在，将要开考的学术性科目开始决定学校的课表"②。

科学课程利用考试制度和其他学校课程一起实施着对学生进行分类和分层的双重使命。考试成绩不但直接和毕业证书相关联，而且和你能获得什么样的证书相联系。是博士学位证书、硕士学位证书，还是学士学位证书？是理学学士、文学学士，还是

---

① ［英］麦克·F. D. 扬主编，谢维和、朱旭东译：《知识与控制：教育社会学新探》，华东师范大学出版社2002年版，第38—39页。

② ［英］艾沃·F. 古德森著，贺晓星、仲金译：《环境教育的诞生》，华东师范大学出版社2001年版，第31页。

教育学学士？是普通高等教育毕业证书，还是成人高等教育毕业证书？是普通教育毕业证书，还是职业技术教育毕业证书？在一个学历社会，毕业证书基本上决定了一个人的社会选择和职业身份。

贝尔（Ball）关于英国滨滩综合学校的研究表明，"在科目分层结构的顶层，是传统的'O'级科目，诸如数学、国语、外语、理科、历史和地理。这些高地位科目'有一个共同的学术性倾向，它们着眼于理论性知识。它们是为那些聪明的、学术性的第一层次的学生开设的。在这些科目之下则是'O'级实用科目，像技术学习和金工。对于第二和第三层次的学生来说，则有传统的 CSEs 和最低层的新模式 CSEs'"①。这种分层与学生的阶级背景有着内在的联系，劳动阶级的子女集中在第二层次和第三层次。

教育社会学家鲍尔斯对资本主义美国的教育进行的研究也得出了同样的结论。他认为："美国的大众教育不仅培养了具有熟练技术和有责任感的工人，而且为资本主义制度的不平等现象寻求合理借口。因为一般都认为学校是对所有人都开放的，有才能的人都能按照自己的意愿进入理想的学校，以获得上进的机会，在社会上担任重要工作。然而，鲍尔斯认为这种说法是虚伪的，教育制度始终受到阶级背景的影响。如来自高层社会的儿童，他们仍然是下一代的社会精英；来自低层社会的儿童，他们仍是下一代的穷人。"②

不管科学课程如何改革，鉴于科学技术在现代社会的重要作

---

① ［英］艾沃·F. 古德森著，贺晓星、仲金译：《环境教育的诞生》，华东师范大学出版社 2001 年版，第 37 页。

② 石鸥：《教学病理学》，湖南师范大学出版社 1999 年版，第 51 页。

用，对于要在计算机、通讯、生物技术、能源、原材料、航空航天甚至经济、管理金融、会计等高收入职业领域就业的人来说，他们必然选择学术性科学课程。这种职业的分类和分层是由社会而非由自己决定的。

4.2.2　科学课程与社会控制

考试与知识分层、学生身份分层的内在逻辑被社会视为理所当然。如果不是西方坚船利炮打开了中国的国门，威胁着统治阶级的执政地位，谁能怀疑这种"鲤鱼跳龙门"式的考试制度不是实现社会阶层流动的最好选择呢？改革开放以后，大学入学考试制度的恢复从某种意义上说维护了社会公平，但从另一种意义上，是代替"成分论"而进行社会选择、实施社会阶层变迁的一种社会机制。

在现代工业社会，教育系统"层级化"已经导致越来越多的"考试"和越来越重视"考试"。考试成为评估也是确认"专家"知识的最"客观"的方式。"如果你不能考核它，它就不值得知道。""正规教育越来越强调对文字的考试而不是口头表达。"[①] 作为统计学的真理，一半的四季豆总是比平均长度短，而不管育种者如何努力生产更长的四季豆。在教育领域中，低于平均成绩的学生也总是完全存在的，无论个人和学校如何努力。这种类比揭示了考试的筛选功能，对于劳动阶级的子女而言，虽然课程为他/她提供了进步的可能空间，但背后的常态分布却决定了他/她的学业失败。"一种知识的建构不可遏制与生产这些知识的人利益联系在一起"，而且这些人提出了"他们自认为有

---

① 麦克·F.D.扬主编，谢维和、朱旭东译：《知识与控制：教育社会学新探》，华东师范大学出版社 2002 年版，第 47 页。

道理的评价标准"①。教师所主张的"作为知识和能力的东西"的等级概念，以及包含在这种次序中的各种内涵，在学校活动的分化过程中扮演了一个十分关键的角色。②

科学课程地位的不平等其实影射着社会控制的意识形态导向。学术性科学课程比职业性科学课程地位高，是和社会地位的不平等相关的。因为与职业技术性科学课程相对应的职业是劳动阶层，他们有着较强的劳动强度，较少的劳动自由，较低的经济收入。而学术性科学课程则是对应升入大学的，大学是进入白领阶层，甚至是社会管理阶层的重要阶梯。但是，学术性科学课程的高地位并不是与生俱来的，而是一种社会建构物。

如在"文化大革命"时期，由于上大学并不是能通过考试而是通过推荐和家庭成分决定的，学术精英与封、资、修相联系，劳动阶级最光荣，科学课程的生产性、应用性的特点就十分明显。如：物理课程以"三机一泵"（拖拉机、柴油机、电动机和农用水泵）为主体。学术性课程不但没有高的地位，甚至连在学校存在的空间都没有。

学校课程的地位是由获取社会地位的价值取向和获取这种地位的社会规定所决定的。20 世纪 80 年代，数学、语文、外语等科目的地位高，是因为当时的升学考试中，语、数、外等科目所占的分数各为 100 分，而物理和化学二门科目各占 50 分。科学课程中，物理、化学又比生物课程的地位高，因为升学考试中，包括物理和化学，却不包括生物。这种考试制度影响了学校课程的地位分等，课程的地位分等又直接影响着教师的地位和升迁。

---

① 麦克·F. D. 扬主编，谢维和、朱旭东译：《知识与控制：教育社会学新探》，华东师范大学出版社 2002 年版，第 11 页。

② 同上书，第 12 页。

在一所学校，高地位学术性课程的任课教师比低地位学术课程和职业课程的任课教师，有更多的升职机会。其中，包括职称评定、职务晋升。"从经验上看，我们能够无可争议地证明，知识的日益分化对于某些希望获得某种地位，进而将'他们的知识'赋予更高级别和更高的价值，并加以合法化的群体来说，是一个必要的条件。这种高价值通过正规教育机构的建立而得到制度化，并且由这样的教育机构将它'传递'给社会中经过特别选择的人。"①

科学课程的社会控制功能还可以从中国近代教会学校传播科学课程得到有效的说明。中国教育史上第一所教会学校是由罗伯特·马礼逊（R. Morrison）于 1818 年开办的一所英华书院，校址在马六甲。1839 年，美国传教士布朗（S. R. Brown）开设了一所以马礼逊名字命名的教会学校——马礼逊学校。学校开设中文、算术、代数、几何、生理学、地理、历史、英文等，还有化学课，学校开办不久，就迁到中国的澳门和香港。科学与宗教教义是有冲突的，为什么西方教会学校开设科学课程呢？他们的核心目的是把中国人基督化。"对近代传教士而言，他们来华的目的只有一个，就是以基督教征服中国，使中国基督教化。"②

教会学校是实现其核心目的的最有效途径。但他们即使采用免费食宿的措施，也只能吸引到很少的学员，他们认识到要改变这种状况须借助于传播广泛的科学知识。有人撰文对传教士们忽视科学教育进行了批评："他们既没有去教中国人以科学，也没有将数学、天文学等书籍翻译为中文，他们没有做什

① 麦克·F. D. 扬主编，谢维和、朱旭东译：《知识与控制：教育社会学新探》，华东师范大学出版社 2002 年版，第 42 页。

② 胡卫清：《普遍主义的挑战——近代中国基督教教育研究（1877—1927）》，上海人民出版社 2000 年版，第 79 页。

么事来吸引文人们的注意。"① 为什么传教士们认为科学可以吸引中国人的注意呢？这源于他们对中国传统实用主义文化的体认。他们注意到之所以儒家经学备受器重，是因为科举考试考这些科目。"在那些中国佬眼中，能够最迅速地赚钱的知识就是最实用的。……我们到这里来是为了在基督教的影响下教育他们，给予他们知识，使他们在自己的同胞之中成为实际生活里最合格的人。"②

　　传教士们对科学课程传教价值的认识是建立在对科学、对中国传统文化的双向体认上。他们在科学课程的实施过程中，非常注意通过科学课程的中介功能来达到传教的目的。"在介绍了各种文化元素奇妙的化合作用之后，传教士就一定要追问这些元素是从何而来的呢，如果没有极具智慧的上帝的存在，这些元素又怎么能配成世界万物呢？"③ 通过对科学课程的宗教改造，传教士们把传播科学内容和传播教义统一在了一起。但是，在传播科学课程中，他们不可能做到时时、处处都和宗教教义相联系。因此，传教士们注意在科学课程实施的过程中，通过展示自我的人格来影响学生的信仰。"他们试图使学生明白是信仰使他们的老师耐心、完美、真诚，而所有这些体现在道成肉身的圣子基督身上。"④

　　科学课程的设置可以调整教会学校的课程结构，克服单一的宗教灌输带来的逆反心理。传教士们认识到："应当多采取间接的、潜移默化的方式教育学生，不必整天直接灌输宗教知识，使

　　① 胡卫清：《普遍主义的挑战——近代中国基督教教育研究（1877—1927）》，上海人民出版社2000年版，第81页。
　　② 同上书，第119页。
　　③ 同上书，第154页。
　　④ 同上书，第88页。

学校这个真正的教育机构变成宗教性的主日学校。"①

西方传统教士们对科学与宗教的对抗、理性对神性的反叛是非常清楚的。他们试图通过把经过宗教包装过的科学传授给中国人,一方面发展了教徒,另一方面又给予教徒立世的本领,为最终实现对中国进行宗教控制打下基础。他们的目的并不是在于科学课程本身,而看重的是科学的中介价值,"我们到这里来不是为了发展国家的资源,不是为了促进商业,也不仅仅是为了促进文明的发展;我们到这里来是为了同黑暗势力作斗争,拯救世人于罪恶之中,为基督征服中国"②。

通过科学课程的开设,他们达到了三种目的:一是可以使教会学校出名,二是可以使教会学校的毕业生更有能力,三是可以利用中国上层人士对西方科学的好奇心,通过传播科学知识与上层社会建立密切的联系。教会学校科学课程的开设与西方科学技术的传播,不但为教会学校培养了自己的社会代言人,而且逐渐让士大夫们改变了对"奇技淫巧"的态度。对于有尊师传统的中国来说,传教士不但被上层社会所接受,而且借助于教师的身份而成为一种特殊的统治阶层。

阶级的分化、政治、经济的不平等、统治机器的集权与失衡很容易造成社会的冲突甚至是革命性斗争,但课程知识领域的分层和控制却具有很大的隐蔽性。学术课程具有较高的地位以及课程知识的分化与不平等被视为理所当然的事情,在很长的时间里逃避了社会学的分析和批判。为学业失败的学生设计"低层次"课程,如职业类课程,这些课程明显地忽略了这些学生在社会中

---

① 胡卫清:《普遍主义的挑战——近代中国基督教教育研究(1877—1927)》,上海人民出版社 2000 年版,第 109 页。

② 同上书,第 80 页。

获得那些能够与酬劳、声望和权力相联系的知识的机会，而且还具有一种当然的合法性、合理性。把这种学业失败的原因自然而然地归咎于学生个人，而不是课程，是学校领域再自然不过的事情了。对于重新找回学习成功的学生来说，不但是"浪子回头金不换"，而且成为教师成功教学的案例。

爱斯兰德（Geoffrey M. Esland）认为，出现这种状况，是和一种客观主义的认识论有关。知识被视为外在于人类本身的一种客体，如果他/她不能获得客体性的知识，是因为他/她缺少这种天赋能力，就像他/她搬不动别人能够搬动的石块一样，知识一旦赋予了客观性真理的属性，也便逃避了社会学分析。他说："整个世界想当然的本质很少受到质疑。个人意识将对象看成是存在于'外面的某处'，看成是强制性的和外在的现实。它们的持续存在提供了理性行为能够依靠的可能性，而且它们的存在也可以通过由意义所呈现的信号而得到证实。因此，知识可以与构成、维护和转变知识的人的主观活动区分开来。这样一种观点实际上把人看成是一个被动的接受者，看成是一个顺从的外部事实的社会体现。人并不表现为一个世界的生产者，而是一个世界的产物。所以，我们具有了一个具体化的哲学，在这种哲学中，客观性是自在的；而且，这种哲学认为，对于主张这种客观性的人来说，知识在个体主观经验中的构成并不是一个问题。人们往往会发现，反对这种本质上反人类的认识论主张是非常困难的。"[①]

在课程实施过程中，随着权力、规范的不断内化，儿童逐渐形成了对社会价值规范的情感认同，课程在实现着它的社会化功能。正如帕森斯所说："支持这些共同价值的'情感'一般并不是

---

① 麦克·F. D. 扬主编，谢维和、朱旭东译：《知识与控制：教育社会学新探》，华东师范大学出版社 2002 年版，第 96 页。

有机体各种先天生理习性的明确表现。总体而言，它们是学习来的或习得的。而且，它们在行动取向中所发挥的作用，主要并不是成为被认知并被'适应'的文化客体，而是成为开始被内化的文化模式；它们构成了行动者本人个性系统结构中的一部分。"①

社会学家席美尔认为，社会的同一性和历史延续是通过"认识的综合"而得到维持的。这种"认识的综合"通过个人记忆和联想的能力，建立了社会的定位结构。而在具体行动的同质性后面，则是经过社会建构的社会生活的"形态"——一种具有同一性和等值的核心性意义结构。某个人对知识的分类将意味着他自己的知识边界。而这种说法的意图则表明规范（nomos）是一种主观性的存在，而不单纯是想当然的客观现实。②

米尔斯把这种"合理性"、"合乎逻辑"或肯定某个判断是真实的东西，理解为一种自我反思或者是按照某种标准模式对自己思想的批判。逻辑的规则，不管是实践的还是学术的，都是习惯性的，并且将根据话语的或探究的目标得到建构和选择。如果合乎逻辑的、"完善"的推理、提问以及所有描述学生的各种系列活动都根据某种视角想象为是一套社会的习惯，而这些习惯所具有的意义也能够得到规定者的认同，那么，那些不服从规定的学生和行为便不仅在教师的日常世界中被认为是"错误"、"拙劣的发音和语法"，或者"差劲的论证和表达"，而且被看成是一种"偏差行为"。③

对于教师和学生来说，这些习惯不仅意味着绝对的"正确"

①　C. 赖特·米尔斯著，陈强、张永强译：《社会学的想象力》，生活·读书·新知三联书店 2001 年版，第 31 页。

②　麦克·F. D. 扬主编，谢维和、朱旭东译：《知识与控制：教育社会学新探》，华东师范大学出版社 2002 年版，第 95 页。

③　同上书，第 6—7 页。

和"错误",而且表明,有关的互动在一定程度上不过是被教师们想当然地支配着的规范的产物而已。米尔斯在考察传统认识论的效果时提出,绝对主义的有效性模式根源于前相对论物理学,也就是经典物理学。在这种物理学中,观察者和被观察对象是分离的,时间和空间是绝对的,科学研究的过程与科学研究的结果是完全分离的。从历史上看,人们往往可以从绝对主义的模式追溯到一种集权型知识精英的传统,这些精英与掌握经济和政治权力的人具有十分密切的联系。

总之,知识与课程社会学的研究为我们深入探讨科学课程在社会分层和社会控制方面,提供了有力的方法论支持。我们可以从批判的角度,去研究科学课程对学习对象的选择和筛选,这种选择和筛选在学校恰恰表现为是学习对象——学生对科学课程的"自由选择"。科学课程通过学业考试将学生送入不同层次的人生轨道和不同类型的职业领域,他们也相应地在社会上拥有了不同的政治、经济、文化权力,其社会分层的功能自然而然地实现了。没有激烈的社会冲突,没有革命,但实现了同样的目的。

4.2.3 科学课程与道德教化

环境伦理的培养是科学课程的一项重要使命,当今人类面临的最主要的生存危机,不是饥饿、不是疾病而是环境危机。地球生命正面临着自 6500 万年前恐龙灭绝以来最大规模的消失,而人类的行为要对此负主要责任。

现在每天大约有 100 多个物种永远消失,在以后的日子里这个速度还会加倍甚至翻番。维持生命的资源,如空气、水和土壤,正被惊人地污染或消耗。人口数量以指数在增长,到 2010 年世界人口将从 2000 年的 60 亿增加到 70 亿。世界范围内的荒野、森林、湿地、山地、草地等正在被开发而不复存在。臭氧层在不断地遭到破坏，温室效应使全球在不断变暖，冰山融化，沙漠化加剧。人类交通工具的不断发达，造成严重的能源危机，能源危机又导致了激烈的国际冲突。人类在享受现代文明的同时，越来越生活在生存环境不可逆转的持续的破坏所导致的愤怒和恐惧中。

雷切尔·卡森（Rachel Carson）在 1962 年出版的《寂静的春天》一书让人们对 DDT 以及其他农药的滥用及其将导致的灾难性后果有了更深刻的认识。奥地利的康德拉·洛伦茨教授（Kanrad Lorenz）更是用人类文明的"八大罪孽"来批判现代社会所造成的社会问题和环境恶果："（1）因为在'地球这个宇宙飞船'上生存空间缺乏，致使人口过剩给不受管束的侵犯行为以原动力；（2）对环境的破坏竟达到了只能听任污染而不能恢复其原貌的地步；（3）不受管束和无限制的增长导致人类正走向种族自灭；（4）由于药物及其技术的使用以及使得所有自然的善推动了其本性，造成了感情上的骚动不安和知觉上的麻木疲惫；（5）由于对生育以及其他遗传学的研究成果的无知、盲目和漫不经心，导致了遗传蜕变；（6）仅仅因为传统的重要性及其功能作用没能立即显示出来，就破除传统或把传统价值观予以抛弃；（7）对广告、洗脑宣传，以及科学知识具有可灌输性与易感受性；（8）核武器增多（这种增多本可以通过裁减军备而轻易地加以消除）。"[①]

人们在日益关注环境问题，人们越来越意识到环境道德的价值和意义。在公园、广场、机场、商店、电影院等公共场合固然法律法规可以有效地阻止危害环境的行为，但对于环境保护好的国家和地区而言，其中除了法律制度建设之外，更重要的是公民

---

① ［奥地利］康拉德·洛伦茨著，徐筱春译：《文明人类的八大罪孽》，安徽文艺出版社 2000 年版，第 242 页。

素质的提高和环境意识的增强。环境道德可以增加个体的道德意识和责任心，在这种道德约束下，个体无论是在有人监督还是独处，是在公共场合还是在个人家园都会自觉地、负责任地约束自己的行为。

关于科学技术与环境保护的关系，悲观主义者认为科学技术是环境恶化的罪魁祸首，不能指望科学技术会解决环境问题；乐观主义者认为依靠科学技术的进步可以解决环境的危机，比如：寻找新的替代能源、对海水进行处理获取淡水、寻找地球以外的生存环境、城市的污水处理与再利用等。无论悲观主义者还是乐观主义者，在通过加强环境教育，提高全民的环境道德意识，减轻甚至阻止持续的环境的恶化方面是有共识的。

道德行为是建立在道德认知基础上的，虽然道德认知不等于道德知识，但知识对于道德的形成无疑起着非常重要的作用。科学课程对于环境道德教育起着非常重要的作用，通过科学知识的学习，为学生了解环境问题产生的原因及其防治，提供了背景性知识。生物学中生态的观念，有关食物链的知识，可以让学生了解到 DDT 在杀害植物病虫害的同时，也消灭了有益的昆虫，以昆虫为食的鸟类的生存又受到严重威胁。对于没有生物学知识的人来说，仅仅认识到鸟类是因食用农药而毒死的。因此，从学前教育到大学教育的科学课程中渗透环境教育的思想，让儿童成长的整个过程都知道什么是合乎环境道德的行为，通过背景性知识的掌握，理解为什么要遵从这些环境道德，无疑对于环境伦理的养成具有深刻的意义。

无论是分科的还是综合的科学课程都在渗透有关人与自然，科学、技术与社会的内容。全日制义务教育科学（3—6 年级）课程标准，在其情感态度与价值观领域有 14 条内容标准，其中有 4 条是加强科学技术与环境伦理教育的内容："3.1 意识到人与自然是要和谐相处。3. 2 珍爱生命。3. 3 能从自然界中获得美的体验，并用一定的方式赞美自然美。关心日常生活中的科技新产品、新事物，关注与科学有关的社会问题。4. 3 意识到科学技术会给人类与社会发展带来好处，也可能产生负面影响。"①

　　生物、物理、化学等科学教科书都加强了环境教育的议题。袁运开主编的《科学》教科书中有多个章节的正文、课外资料和思考题都涉及环境问题。其中，第八章第 3 节"生物圈"中写道：

　　　　"自从地球上出现了人类以后，人类就在有限的地球上无节制地发展着，使地球承受重负，资源、能源正在不断地被消耗，环境被严重污染（pollution）。地球上每年有 $6 \times 10^4 km^2$ 森林消失，每年有 4500 亿吨工业废水倒入江河，20 亿人生活在污染物超标的大气环境中，有 10 亿以上的人饮用被污染的水。……除此之外，还有气候变暖、臭氧层（ozone sphere）被迅速破坏、酸雨（acid rain）等，也已从局部扩大到区域，甚至全球，从地表延伸到高空及地下，与生物圈内的大气、海洋和土壤都有密切的联系，严重损害人类的健康，威胁人类的生存。""人造生物圈试验的失败说明，到目前为止，在人类可及的范围内，地球是唯一孕育生命的星球，我们只有依赖它才能生存。人类从诞生起，衣、食、住、行以及经济活动，无一不依赖这个星球。地球上的森林、湖泊、草原、海洋等自然生态系统是人类赖以生存的自然环境。至今，还不存在人类可以迁居的天外'绿洲'。既

----

① 中华人民共和国教育部：《全日制义务教育科学（3—6 年级）课程标准》，北京师范大学出版社 2001 年版，第 12—14 页。

然人工造一个地球目前是不可能的，到宇宙中再找一个像地球一样的星球目前也不行，那就只有保护好现在的地球，而别无选择。"①

这段话在传播这样的环境伦理：地球的资源是有限的，人与自然是共生的，地球是当前甚至是今后相当长的一个时期里唯一适于居住的星球，地球环境污染非常严重，人类存在生存危机，自然本身也并非是没有生命意义的死的物质。我们关爱地球除了她是人类居住的场所，关乎人类自身的生存这一功利价值思考外，我们更应该给予自然本身以生命意义，来关心她，与其友好、和谐相处。通过对人与自然关系的认识，让学生形成一种与自然和谐共生的意识，让学生在掌握科学知识的同时，了解科学在进行道德决策时的作用和影响。让学生知道"对自然性质的科学描述与人们进行道德决策紧密地联系在了一起。科学是对人类与自然关系作用方式作出正确的道德判断的基础，科学家则是决定环境议题的专家。"②

从道德教化的视角看，科学教学过程又是一种文化灌输的过程。科学教育文化生态学的研究表明，科学教学的目的就是要将科学融入个体的主题文化之中，教科学就是把科学同化到学生整个心灵活动之中，成为他们整个心灵活动的重要组成部分，使他们运用科学正如运用其他一样自然而然。在科技飞速发展的年代中，作为一般原理的科学思想、科学态度和科学方法应该被同化到每一个个体的头脑中，使科学成为个体的主体文化的一部分。

---

① 袁运开：《科学》，华东师范大学出版社 2001 年版，第 224—226 页。

② 孙可平、邓小丽：《理科教育展望》，华东师范大学出版社 2002 年版，第 69 页。

当教师理解到他在科学课堂中是在进行一种文化的传播，而不是教给学生一块升入大学的敲门砖时，他的教学行为就会有所不同。他会自然地从人文的角度去看待科学教学，自觉地将科学纳入一定的文化背景中去考量，他的态度、他的情绪、他所使用的语言将会使科学摆脱旧有的公式化的枯燥，使科学教学富有魅力，使科学变得更加人道。

4.2.4 科学教学与道德认知

涂尔干认为，符合道德的行为就是符合集体规范的行为，而形成遵守共同价值规范的道德意识，最好的方法是过集体生活，使自我的道德行为和道德意识在集体生活中得到规范、熏陶和提升。从道德认知的层次上讲，集体意识的形成源自对集体功能的认知和了解，个人的道德行为要主动地而不是被动地遵守一个共同的社会规范，必须建立在对这种社会规范的认识、了解和价值认同上（当然，现实社会中，对社会道德规范的逆反、批判、僭越也多源自对社会共同规范的深刻认知，如对封建伦理道德的反叛）。科学教学对于形成共同的社会道德规范有着不可替代的内在价值。

涂尔干认为，要克服道德研究仅仅停留在哲学思辨层面上的弊病，为社会道德重建提供可行的基础，就需要借鉴科学的而不是传统的哲学方法。涂尔干解析了笛卡尔哲学对法国民族特性的影响，他认为这种影响是消极的。笛卡尔哲学思想的基础是"怀疑一切"，在此基础上找到"我思"这个实在——"我思故我在"。这样，通过推演，他找到了"我思"、"上帝"等不用怀疑的实在，为他的哲学大厦找到了奠基的硬土。然后，从不用怀疑的实在——"我思"、"上帝"出发，用"怀疑一切"的态度建构起了他的哲学思想体系。这种哲学思想和他所推崇的数学方法尤其是几何方法是相同的，因为几何就是通过几个公理，演绎出知识体系的。笛卡尔并非不重视物理学等自然科学，而是不相信其建立的基础——感性经验是可靠的。他认为是数学而不是其他科学是知识的榜样。这样，他就得出了知识为真的普遍原则：凡是能够清晰明确地被人所认知的，都是真的。很明显，社会现实的复杂性不能满足笛卡尔的数学简单性原则。因此，社会便不在理性的研究视野之内。涂尔干说："确实，我们知道，对笛卡尔来说，没有任何实在，除非我们能够清楚地将它概念化，使它变得清晰透明；我们也知道，对他来说，一切都不能满足这种功能，除非它被还原成数学上的简单性。"①

由于社会现实难以或者根本不可能还原为数学上的简单，②所以按照笛卡尔的逻辑，社会就难以成为一种真实的实在，它不是一个真实的实在，除了个体（因为个体都在"思"），人们便不相信现实中有一个联系着个体的复杂的社会存在，那么谈共同的价值规范就是多余的了。所以，涂尔干说："如果我们把这个过于简单化的理性主义原则应用于社会，那么我们必然会说，这种复杂性本身是子虚乌有的，没有任何真实性，社会中唯一真实的东西就是简单、清楚而易于把握的东西。而唯一能够满足这些条件的只是个人。这样，个人就成了社会中唯一真实的东西。也就是说，社会本身也是子虚乌有的，构成不了一种自成一类的实

---

① 爱弥尔·涂尔干著，陈光金、沈杰、朱楷汉译：《道德教育》，上海人民出版社 2001 年版，第 241 页。

② 经济学就是试图对人类的社会经济生活进行数学化还原的一种学科，教育测量与评价也曾试图对人类的教育生活进行数学还原。虽然我们不可否认这种数学还原对于认识社会是有意义的，但我们不敢说这种数学还原是最佳的、是成功的，而且经济学、教育测量与评价等学科发展的人文主义取向越来越强势。

在。社会不过是一个用来指代个体总和的集体术语而已。"① 因此，要形成集体意识和共同的社会价值规范，前提是相信"社会确实是一个极为复杂的整体"。科学教学则对于人们理解社会是复杂的存在，同时我们又能够通过科学的理性的方法去认识它具有认识迁移的功能。因此，"物理科学和自然科学的教学在决定我们看待事物的方式上起着极为重要的作用"②。

按照涂尔干的观点，现代工业社会是建立在"有机团结"基础上的，而前工业社会是建立在机械团结基础上的。机械团结的社会在信仰、情感和意愿上是高度同质的，个体没有个性，道德约束具有强制性。比如"文革"时期就是典型的机械团结的社会。在有机团结的社会里，分工高度专门化，个人差异不断发展并得到鼓励，个人不再彼此同质而是彼此有别，社会的团结表现在个人之间的相互依赖与协调一致，这种团结一致是有机的、复杂的。因此，他认为通过科学教学可以让学生形成一种对复杂结构的认识，通过在科学教学过程中的合作、交流、共识，逐渐使学生养成"有机团结"的意识。

科学不同于数学，科学是在纷繁复杂的自然现象中寻找和谐与秩序，与数学的纯粹逻辑推理不同。而科学的这种特性和涂尔干对工业社会的理解有着非常的相似性，他承认现代社会的复杂，又觉得通过对社会要素及其关系的分析，为这种复杂的社会建立一种秩序是可能的。他说："事实上，心灵有一种天性，在团结感的形成过程中，这种天性会成为一种极其严重的障碍，而科学教学却特别适合于与这种天性作斗争：这就是某种我们所说

---

① 爱弥尔·涂尔干著，陈光金、沈杰、朱楷汉译：《道德教育》，上海人民出版社 2001 年版，第 242 页。

② 同上书，第 240 页。

的过于简单化的理性主义。这种心态有一种根本的倾向，即认为在这个世界中唯一现实的东西，就是那种绝对简单的，在性质与属性方面极为贫乏、极为明显的东西，理性只要瞥上一眼就能把握住它，能够通过一种清晰易懂的表现来构想它，这种表现与我们在把握数学问题时的表现很相似。"①

社会不但是一个外在于我们的集合体，而且是一个复杂的系统。对这个复杂系统的理解基于数学公理的演绎是无效的、失真的。按照科学的方法从复杂的社会现象归纳出规律来，总结出共同遵守的道德规范，这个过程既是道德发现的过程也是道德认知、道德理解的过程。通过把儿童在从事科学活动掌握的科学方法和形成的思维品质迁移到儿童对社会的认识上来，有助于儿童认识社会、理解社会，形成道德认知和道德规范。涂尔干说："我们必须让儿童感到，事物其实是很复杂的。这种感觉最终必须成为他有机的组成部分，从某种程度上说也是他自然的组成部分，并构成他心灵的范畴。"②

科学教学可以提供感受复杂事物的体验，因为科学的研究对象就是复杂的自然现象，通过科学探究人们不但认识了自然的复杂性，而且得出了认识世界的方法和知识体系。因此，物理科学和其他自然科学对物质世界的探索给人一种事物是复杂的感觉，科学教学的意义也就表现出来了。涂尔干强调"要把这种感觉扩展到社会领域……这里，我们有一个至关重要的初级教育阶段。这便是科学在道德教育上的功能。"③

科学探究的方法——观察和实验，对于儿童认识社会现实同

---

① 爱弥尔·涂尔干著，陈光金、沈杰、朱楷汉译：《道德教育》，上海人民出版社 2001 年版，第 240—241 页。

② 同上书，第 251 页。

③ 同上。

样重要，社会秩序和道德规范是超出个体的实在，要真的去理解它就要遵从社会经验"告诉"我们的必然性。"只有在这样的条件下，儿童才能感觉到在我们心灵简单化的做法与事物的复杂性之间缺少联系；恰恰因为人们考虑到了这种差别，才会认识到实验方法的重要意义。有了这种实验方法，抽象的简单化就会承认它的限度，并放弃它起初所享有的绝对支配地位。"①

　　社会的复杂性我们认识了，我们也相信社会的现实性，知道要运用科学的方法去认识社会，找寻社会普遍的秩序和道德规范。那么，按照这样的认识路线我们就能够找到普遍的社会秩序和道德规范了吗？涂尔干承认事情没有这么简单。就像自然科学一样我们只能永远不断地接近真理，但无法到达真理。但这不应成为怀疑社会实在的理由，不要因为社会秩序和道德规范的变迁就让儿童怀疑它的存在。"我们必须说明各种前后相继、相互替代的假说，说明它们带来的思想和投入的劳动。我们必须向他们解释，我们目前所拥有的知识还是暂时的，也许明天就可能会要求我们至少部分地修正这些结论。我们远远不能一举发现真理，也远远不能为适应我们抽象的知性而去塑造它。"②

　　因此，社会秩序和社会道德的形成过程具有一种复杂性、曲折性、长期性的特征，已形成的社会秩序和道德规范又表现出发展性、阶段性、习惯性的特点，而恰恰又是科学教学对于理解社会秩序和道德规范的这些特性具有积极的意义。因为，科学理论和科学发现同样表现出复杂性、曲折性、时限性。"假如我们正讨论一个特定的发现，比如说光的规律，我们不能仅仅总结结

---

① 爱弥尔·涂尔干著，陈光金、沈杰、朱楷汉译：《道德教育》，上海人民出版社 2001 年版，第 253 页。

② 同上书，第 252 页。

果，而必须告诉儿童，我们是怎样经历了漫长而耐心的实验、求索和各种各样的失败以后才得到这些规律的。"①

社会道德和科学的认识对象——客观世界一样具有外在的客观性，因此，科学教学有助于人们认识社会道德的这种外在客观性。学生通过科学探究获得科学知识、认识自然世界规律的能力，可以迁移到对社会道德规范的认识上来。学生在从活动、观察、逻辑推理形成科学概念的过程中形成的思维品质，同样可以让学生从社会生活的观察、概括、总结中，认识普遍的道德规范。

4.3　科学课程与意识形态

科学课程中隐含着科学研究主体和研究客体之间的二元分离，客体独立于主体而存在。课程中所提供的经验事实是客观的、普遍适用的、是价值中立的。科学是在唯物主义认识论路线与唯心主义认识论路线、宗教神学的斗争中成长和发展的。科学教科书所提供的知识具有内在的学科结构，从知识 A 到知识 B 是自然的过渡，正确地自然地战胜并代替了谬误，对与错是泾渭分明的。他在暗示按照教科书所说的去积累知识、锻炼技能、掌握方法，就能到达科学的殿堂。课程不是在提供一种文本，而是一种不可怀疑的经书。它掩饰了科学发展历程中研究者的自私、褊狭、虚假、欺骗以及对优先权的激烈争夺，科学共同体对多元科学解释的选择、协商与共识。量子力学的发展已经说明观察者与被观察者是不可分的，即使在经典科学的研究中，观察也渗透着理论，但科学课程仍然坚持传统的哲学隐喻。这样，它就在提

① 爱弥尔·涂尔干著，陈光金、沈杰、朱楷汉译：《道德教育》，上海人民出版社 2001 年版，第 252 页。

供一种选择了的科学形象、科学世界观，也就是在宣扬一种意识形态。

4.3.1　课程与意识形态

教育并不是存在于真空世界，教育作为一种公益性事业似乎在价值中立地为所有儿童提供同等的受教育机会，如果从知识社会学的角度来反思这种价值中立，我们会追问为什么有些群体的知识是有价值的，可以传给下一代，而其他群体的文化和历史知识却几乎不见天日？为什么我们的学校课程主要是西方的数学、语言、科学、技术、经济、法律知识而不是儒家、墨家、道家的经书与伦理？学校在众多文化知识中依据什么标准来选择这些而不是那些知识？背后必然渗透着社会权力，学校课程与文化政治学有着必然的内在联系。葛兰西指出，"对一个社会知识的保存和生产部门的控制，是增强一个群体或阶级对另一个弱势群体或阶级进行意识形态统治的关键性因素。在这一点上，学校在选择、保存和传递有关能力概念、意识形态规范和价值观等方面的作用（并且常常是特定社会群体的'知识'）——所有这些都体现在显在的和潜在的学校课程中——是很重要的"[①]。

意识形态（ideolology）最早于 19 世纪初由特拉西在其《意识形态概论》中首先提出来的，意在研究人和心灵、意识和认识的发生、发展规律与普遍原则的学说。马克思和恩格斯在《德意志意识形态》中，把意识形态描述为一个负面的词，它的意思是虚假的意识或伪意识。沃洛希洛夫在《马克思主义与语言哲学》一书中，把意识形态作为一种观念或思想体系，包括

---

① 迈克尔·W. 阿普尔著，黄忠敬译：《意识形态与课程》，华东师范大学出版社 2001 年版，第 61 页。

任一社会阶层或团体的信仰或世界观。从这个意义上讲，意识形态人人都有，而且在言语表达中都会暴露出来。[①] 意识形态被社会群体所分享，并通过社会交往影响彼此之间的世界观。因此，意识形态可以通过生产和再生产控制话语系统。意识形态以语言为载体，影响信仰、价值观和感知期待，影响言说和行为的方式，在信息接收者解释和理解言语意义的同时进行渗透。

阿普尔（Michal Apple）对课程领域的意识形态概念的使用是从文化层面来讲的，它是学校选择、组织与分层社会相适应的各种文化资源的过滤器。意识形态与文化霸权基本上是同义语，认为学校是文化和意识形态的霸权机构，扮演着选择和合并文化的角色。要解读课程中的意识形态，你不妨去追问：它是谁的知识？谁来选择它？为什么要用这样的方法来组织教学？是否针对社会的特殊群体？他在《意识形态与课程》一书中说："意识形态的含义是一项难题。大多数人似乎都认同把意识形态看作是指理念、信念、基本责任或有关社会现实价值的'系统'。"[②]

意识形态的范围大致分为三个层面，一是指职业群体活动的意识、观念和价值体系；二是指政治和社会运动的政治信念；三是广泛的世界观，或者是符号世界。意识形态的特点主要表现在，对群体行动和社会认同的合法性进行辩护，与社会权力的分配相联系。如：在辩论中，"为了中华民族……"、"为了党的教育事业……"等等话语，使辩论所用的修辞语独特和拔高，在政治拔高的同时，又杜绝了他人的批判与反思，这体现出一种话语霸权。

[①] 黄平等：《社会学·人类学新词典》，吉林人民出版社 2003 年版，第 196 页。

[②] 迈克尔·W. 阿普尔著，黄忠敬译：《意识形态与课程》，华东师范大学出版社 2001 年版，第 20 页。

　　阿普尔对课程意识形态的讨论是建立在一种社会共同的价值规范意义上的，这种价值规范隐含的是统治阶级的或统治阶级认可的价值规范。我们讨论科学课程与意识形态的关系，是把意识形态作为一种观念体系，而不是政治斗争的工具来使用的。意识形态通过课程对人的影响是非常广泛的。如，它可影响人们按照特定的方式去理解这个世界。阿普尔对意识形态与课程的研究主要集中在这几个方面：指导课程变革的理论；课程所选择的显性的和隐性的知识；课程评价的内容和模式；知识的分配方式与经济和文化的不平等；限定性的课程组织框架；课程实施与管理使学生达到共识；对"学业失败儿童"而不是对课程、学校和社会的谴责所表现出来的霸权。

　　社会是一个复杂的不平等的结构，任何社会都有一个要求社会个体遵守的价值规范，这种价值规范通过学校课程得到有效的渗透。如：在封建社会，"君臣有义、父子有亲、夫妇有别、朋友有信"等一系列价值规范是通过经学教育进行渗透的。现代社会，我们所强调的民主集中，强调个人服从组织、强调维护领导的权威，强调团队意识、组织观念等价值规范和意识，在学校课程的选择、组织与实施中均被有效地进行了渗透。

　　儿童进入学校，学习的是读、写、算等学校的学科知识，而不是祖母、外祖母的神话故事。自从学生进入学校，他们的时间就控制在教师的手里而不是自己的手里，什么时间上学、什么时间放学、什么时间学习、什么时间活动、什么时间发言、什么时间讨论都是由教师决定的。在课程实施过程中，儿童知道了自己的行为如果不符合教师和学校的规则，那么他就会受到惩罚；儿童通过自己的体验，对学习权威、教师/学生、学生/学生之间的关系有了逐步的理解；课堂生活增强了儿童的角色意识和对社会环境的理解。他们学会了分享、倾听，学会了放弃，学会了服从。

通过课程，学校在自然而然地，合情、合理、合法地对儿童进行着社会化。阿普尔在关于幼儿园课堂教学社会化功能的研究中发现："玩具被组织起来，以使儿童学会约束；他们要学会只有当教师允许那样做时，才能接触玩具。当时间不到，儿童触摸了那些东西，他就要受到'惩罚'；当他们常常表现出自我约束时就会受到表扬。""在学校活动中，儿童学习忍耐含糊和课堂中不舒适的程度以及他们接受霸道的程度。儿童们被要求去调整他们的情感反映以符合教师认可的内容。儿童们被要求学习对教师个人和她组织的课堂环境方式作出反应。"①

社会不仅通过课程管理，如课堂秩序、日常行为规范来实现控制，而且通过课程知识的选择、分配的形式在发挥作用。阿普尔认为，进入学校的知识是对较大可能范围的社会知识和原理进行选择的结果。课程的设计、实施、评价和教科书编写、审查、发行的过程本质上就是主流文化对知识过滤的过程，课程在进行一种文化再生产。

学校课程代表的是一种"法定文化"、"官方知识"、"合法化知识"，这种"法定文化"在课程领域得以持续不断地再生产。艾格尔斯顿指出："决定课程内容的过程是冲突的过程，最终达到一定的妥协、调整和各种稳定程度的平衡。这些蕴含着'权力'的概念……毫无疑问，课程决定主要与权力的运用和分配有关。"②扬指出："掌握权力的人将企图限定什么是知识，不同的群体如何获得知识，在不同的知识领域之间以及在使用知识

---

① 迈克尔·W.阿普尔著，黄忠敬译：《意识形态与课程》，华东师范大学出版社2001年版，第61页。

② 黄忠敬：《知识·权力·控制：基础教育课程文化研究》，复旦大学出版社2003年版，第105页。

与生产知识的人之间什么样的关系是可以被接受的。"① 掌握什么知识，掌握多少知识的人可以得到什么样的职业，这是由统治阶级所决定的。通过学校课程"社会的和经济的价值已经渗透于我们工作的机构和设置；渗透于我们保存在课程内的'学校知识的形式主体'；渗透于我们教学模式和评估原则、标准与形式。既然这些价值观经常无意识地作用于我们，那么问题就不在于如何去超越这个选择，而是最终必须选择什么价值。"②

因此，我们可以说，研究课程从一定意义说就是研究意识形态，研究在特定的历史时期、特殊的机构中、特定的社会群体和阶级把什么知识看做是合法性知识。在学校通过知识的选择、组织和评价对知识进行分类、分层、分配的过程中，其依据的原则和价值取向就是社会主流意识形态。对此，我们可以通过学校"强迫"学生掌握这些意识形态、以及过去和现在的课程知识对意识形态的反映、这些意识形态通过学校社会化过程内化为受教育者自身的信念中认识到。

4.3.2 科学课程与意识形态渗透

科学课程在课堂生活、知识的选择、分配和分层等领域，毫不例外地具有意识形态的功能。从科学知识的生产过程来看，科学研究已经不是作为满足好奇心和业余爱好而从事的一种消遣活动，而是越来越作为一种社会性事业来发展的。从事科学研究的群体——科学家是作为一种职业者而存在的。科学研究要获取科研经费，科学家要获得生活资料，要么通过向国家申请，要么取

---

① 黄忠敬：《知识·权力·控制：基础教育课程文化研究》，复旦大学出版社2003年版，第109页。

② 迈克尔·W. 阿普尔著，黄忠敬译：《意识形态与课程》，华东师范大学出版社2001年版，第8页。

得企业赞助。国家对科研的投入不但有规划，而且有重点，企业的赞助也一般不是无条件的，他们要赢利才行。正如贝尔纳所说："今天的科学家几乎完全和普通的公务员或企业行政人员一样是拿工资的人员。即令他在大学里工作，他也要受到控制整个生产过程的权威集团的有效控制；即令不是细节上受到控制，也是在研究的总方向上受到控制。科学研究和教学事实上成为工业生产的一个小小的但却是极为重要的组成部分。"① 对于现在的科学来讲，并不是什么知识最有价值，而是生产什么样的科学知识最有价值的问题，国家和社会政治、经济价值取向在知识生产的过程中就渗透进去了。

就科学教科书而言，对其进行意识形态分析相对于人文社会学科来讲更加困难。但是，作为一种社会事业的科学教育，其教科书话语必然承载着它所处时代、社会和主导阶级所认可的意识形态。我们已经形成的对科学、科学语言、科学与人类、科学与自然之间的相互关系的认识，无疑来自于科学话语。科学教科书的话语基本上和"祛魅"的自然观相联——这种自然观中，没有了宗教意义和道德价值，崇尚物质自然主义、决定论、还原论，排斥自由、价值以及我们生活中对终极意义的信念。

大多数科学教科书基本在创设一种只关注科学结论的话语系统。这种教科书范式大多是对科学结论的描述而不是叙述、议论，主要关注"存在"和"行为"。即：仅仅关注客观世界以及它们之间是如何相互联系的，把文本内容的重点放在了科学结论、事实性知识上，把科学探究过程描述为事物如何发生，而不是人类如何行动的。科学探究似乎在暗示，是自然让某些事件发生，这些事件的发生是自然法则的结果，而不是人为的。

---

①　贝尔纳：《科学的社会功能》，广西师范大学出版社 2003 年版，第 15 页。

教科书的话语把焦点放在了外部世界，而不是话语本身，文本成为法定的、静态的，而不是反思的。关于世界本质的描述又往往采用非个人的陈述，如："这个世界本质上是"等类似的词句成为教科书描述世界的一种基本方式。教科书在表明，外部世界是清晰的，其本身足以建构有条理的话语系统。这隐含着这样一种预设：真理只有一个，它对于传播者和接受者来说是相同的，这是因为外部世界是清晰的，只有与客观世界一致的那种描述才是真理。这种描述是典型的以内容为中心的，把信息接收者放在了被动接受知识的位置。难道科学对真理的描述不依赖于情境和个人信仰吗？作为"关于自然的科学知识"和"自然"是一回事的假设，本身就影响着什么是关于科学和自然的描述。比如：

> 水是一种氢和氧所组成的化合物。由两个氢原子与一个氧原子相结合，形成了化学分子式 H_2O。其他形成分子的简单化合物还有碳氧化合物。一个二氧化碳的分子是由一个碳原子和两个氧原子组成。一氧化碳分子中则包含了一个碳原子和一个氧原子。

以上陈述是断言性的结论，它既没有告诉学生科学家是如何发现水是一种分子化合物的，也没有提供任何帮助理解词汇的背景。这种陈述隐喻着一种实证主义的机械还原论的哲学观。同时，在暗示自然与人类是二元分离的，而且自然是可以被认识的。认知模式在教科书中所占的比重远远超过社会责任、道德和价值观，话语的连接与整合成为自然之镜，而科学的社会性被过滤了。[①]

---

① 孙可平、邓小丽：《理科教育展望》，华东师范大学出版社 2002 年版，第 62 页。

同时，传播者在学生中间强调权力与统一，要求学生按照教科书的话语去采取行动。这种权力关系表明，教科书提供的知识是通过实验从自然中直接得来的，是确证无疑的，是可信的，是真正的知识，科学家是可以信赖的，科学家所研究的世界和学生生存的世界是一致的，科学家研究世界的方式和学生探究这个世界的方式是一样的，只是科学家的研究更加专门化和系统化而已。这样的科学教科书趋向于把科学方法描述为普遍意义上的程序。比如下面这段陈述：①

> 科学探究的方法不仅对科学家是十分有用的，而且对我们每一个人解决生活中的问题也是有用的。……提出问题、作出假设、收集证据和验证假设。这就是一种科学探究的过程，它虽不像科学家的探究那样复杂，但有相似之处。用科学探究的方法能使我们有效地解决生活中的问题。

目前，国外有的教科书话语开始强调科学的人类行为的属性，暗示科学探索过程是一种智力过程，与思维、感觉和知觉有关，这种隐喻倾向于显示科学探索的本质、真实的方式。比如，有的教科书把焦点放在历史轶事、科学与神话和宗教的比较，科学经验等科学文化方面。教科书试图在社会和科学范式之间，社会责任与认知模式之间寻找平衡。这种表现手法在信息发送者和接受者之间建立了一种非正式的关系，可以解释为发送者试图把接受者（学生）融入科学世界。当然这种教科书编写范式还没有被广泛使用。

从认识论的层面看，科学教科书在宣扬一种机械还原论的

---

① 袁运开：《科学》，华东师范大学出版社 2001 年版，第 10 页。

哲学观。还原论要求将事物从复杂还原到简单，从多元还原为一元。根据这种方法，要了解事物的真相，就必须尽可能地了解构成事物的最简单的基本粒子或"终极粒子"，它是事物的最小单位，是构成一切事物的基础。它代表着存在本身，是存在的存在。它的特征是规定了事物的特性。在终极粒子中是没有精神的位置的。它排除了色彩、声音、结构或质量这些我们日常世界中常见的东西。所谓"理工科"的思维方式与行为模式是这种方法论的真实写照。由伽利略始创，被笛卡尔所完善的分析方法的确在科学的发展历程上起了重要的作用。但它毕竟是一种有限的方法，一旦将这样一种有限的方法非法地升格为哲学方法，夸大为无限的方法，就导致了形而上学的还原论。

从知识论的角度看，教科书在暗示科学知识的真理观。把物理世界本身（活动的世界）和对物理世界抽象关系的描述（世界的存在）等价起来了。这种语境在传递这样的信息，客观世界是可以被完全清晰地认识的，科学家发现的科学规律就是自然界本身的规律。科学知识是普遍的、客观的和价值无涉的，这种知识观遭到了科学知识社会学和后现代科学哲学的深刻解构。其实，爱因斯坦、英费尔德曾对物理学和物理世界的关系进行过明晰的评述："物理学的概念是人类智力的自由创造，它不是（虽然表面上看来很像是的）单独地由外在世界决定的。我们企图理解实在，多少有些像一个人想知道一个合上了表壳的表的内部机构。他看到表面和正在走动着的针，甚至还可以听到滴答声，但是他无法打开表壳。如果他是机智的，他可以画出一些能解答他所观察到的一切事物的机构图来，但是他却永远不能完全肯定他的图就是惟一可以解释他所观察到的一切事物的图形。……他也可以相信，知识有一个理想的极限，而人类的智力正在逐步接近这个极限。也就是这样，他可以把这个理想极限叫做客观真理。"①

在"客观"、"公正"、"普适"、"中立"等观念的影响下，科学教育话语对"价值"、"伦理"、"道德"的过滤是非常明显的。科学教育理应包括价值观教育，因为自然界不会主动提供教什么，也没有什么教学目的。在学校科学话语中要对科学的本质进行语境重置才会变得有意义。比如：它必须适应儿童的年龄特征和知识准备，为了适应学校的课程资源和学时分配，科学内容被相应肢解；为了便于测试评估，科学知识被纳入到一定的结构。学生、家长、教师、政客、科学家对科学教育具有不同的旨趣，对科学教育的本质和价值的认识也不同，其中占支配地位的社会群体就会控制学校的科学话语系统，主流意识形态也就控制了课程的话语格式、话语组织方式和需要过滤掉的内容。

从社会道德和伦理学的角度看，教科书在隐喻一种个人英雄主义的价值观，把科学发展描绘为科学家个人通过决定性的实验或者与宗教、社会偏见斗争的结果。比如：亚里山大·弗莱明发现了青霉素；哥白尼提出了日心说；牛顿发现了万有引力定律；爱因斯坦发现了相对论；拉瓦锡提出了氧化学说等等。这种科学史观隐去了科学发展史中的人文性。库恩在其《科学革命的结构》以 C. W. 舍勒、约瑟夫·普利斯特列、拉瓦锡三人与氧的发现为例，说明"相同的历史研究不但揭示出把个别发明和发展孤立起来是有困难的，而且还揭示出对科学是由个别科学家做出的贡献而组合在一起的这种累积过程的极大怀疑"②。

---

① ［德］艾·爱因斯坦、［波］英费尔德著，周肇威译：《物理学的进化》，湖南教育出版社 1999 年版，第 22 页。

② ［美］托马斯·库恩著，金吾伦、胡新和译：《科学革命的结构》，北京大学出版社 2003 年版，第 2 页。

在科学史上，胡克曾与牛顿就引力反平方定律的发现优先权进行过激烈的争论，他希望牛顿在《自然哲学的数学原理》序言中对他的劳动成果稍为"提一下"，但被牛顿断然拒绝了，他不想给胡克任何荣誉。爱因斯坦曾说："当我想起伽利略不承认开普勒的工作时，我总是感到伤心。"同样的冲突也发生在爱因斯坦与彭加勒之间，早在1899年彭加勒发表的论文《时间之测量》中，就提出了假设光速对所有观察者都是常数的意见，1903年彭加勒在一次演讲中提出了"相对性原理"，他也曾从数学上改造过洛伦兹理论，得出了狭义相对论的所有主要关系。① 但彭加勒、爱因斯坦在各自的演讲中都回避提到对方的发现，也许正是爱因斯坦所感叹的科学家的"虚荣"吧，而正是这种"虚荣"让人感叹到科学家人性的一面，而不是贬低科学家自身的价值。

另一种个人主义是对科学家人格的高度抽象。为了褒扬贡献精神，激励学生在困难中成才，往往强调科学家对物质的冷淡。牛顿晚年作为造币厂厂长，已经难以进行有效科学研究，但却归结为对上帝的虔信，而且对科学家终生处于创造状态的要求本身就不合理。爱因斯坦用美元作书签，作为科学家对金钱漠视的范例，殊不知，"在万般无奈之中，爱因斯坦只好干点违法的事，将国外讲学的收入都寄到莱顿的埃伦菲斯那儿，由他寄给瑞士的米列娃（前妻）。说违法，一是违背了德国的货币法，二是隐瞒了个人的收入，从而少交了个人所得税"② 。爱因斯坦路经上海，未能实现去北大演讲从一定意义上说也是源于演讲报酬的分歧。

科学是一项伟大的事业，更是一个不断探索的过程。英国学者 C. P. 斯诺在《两种文化》中指出：任何人都应该明白，科学

---

① 杨建邺：《爱因斯坦传》，海南出版社 2003 年版，第 159—165 页。
② 同上书，第 370 页。

是人类智力的最高表现形式，对科学的无知就是对现代社会的无知。长期以来，大多数人陶醉于科学所取得的辉煌成就，无论媒体对科学的传播，还是科学教育内容的取舍，都不同程度误导了人们对科学全面正确的理解与把握。

对科学课程进行意识形态的分析，并不是说，实证主义的、个人英雄主义的隐喻是错误的，实验对科学来说也是本质性的，但我们反对对科学过程的粉饰，因为那会剥夺学生了解科学真相的权力。科学活动作为一种人类行为，作为一种人的行为，可以识别出那些具有决定性意义的实验，也可以把这类实验忽略掉。在实验活动中篡改数据、伪造数据并非出于一般的科学研究者的手笔，诺贝尔物理学奖获得者密立根就被发现在公开发表的论文中过滤了实验数据。这一发现不但震动了物理学界，而且成为科学知识社会学对科学客观性进行解构的典型案例。

美国物理学家密立根（Millikan）于1910年进行了一项世界知名的"油滴实验"，应用带电油滴在电场和重力场中运动的方法，精确测定单个电子的荷电量，从而确定了电荷的不连续性。与此同时，物理学家埃伦菲尔德也在进行相同的实验，但没有得到相应的结果。由于一般理论上计算出的数据和实验中测量出的数据不会那样近似。为此，埃伦菲尔德曾提出疑议，并由此而引发了物理学的一场论战。密立根在论战中获胜了，还获得了科学界的最高奖赏——1923年的诺贝尔物理学奖。密立根宣称自己是一个毫无偏见的观察者，不折不扣地报告全部实验结果。一个偶然机会人们发现密立根的笔记和手稿，记录中有"这几乎是完全正确的"、"这是迄今我得到的最好的结果"，也有"很糟，什么地方错了"、"妙极了！发表！"等记录。手稿显示密立根发表的

58 次观测结果，并非如他信誓旦旦所说的那样是"没有经过选择的"，而是从 140 次观测中挑选出来的。

就作为一项社会事业的科学认识来说，科学素养应该得到足够的重视。对科学课程进行意识形态分析的意义在于，让教师和作为将来公民的学生对科学知识的传播和积累的理解变得更容易、更全面，对科学是什么的描述变得清晰和全面，科学教师、科学共同体、其他科学组织让公众相信科学正变得更加容易接受，因为这样的科学更加平民化、更加人道、具有更多的人文性。

正如阿普尔在《意识形态与课程》第二版序言中所说："我不能接受这样一个社会，在这个社会中每五个儿童就有一个或更多出身贫困家庭，这种状况每天都在恶化。我也不能接受那种正统的对教育的界定，认为我们的任务就是要为学生容易在'商业'社会中发挥作用做准备。一个国家不等于一个公司。学校也不是公司的一部分，可以有效地生产出它所要求的'人力资本'。如果我们……从这些方面来考虑教育的梦想，就确实挫伤了对那种公共利益的感受。它贬低了教师的身份，造成了学校教育过程脱离了许许多多儿童的生活。"[①] 我们也反对这样的科学课程，它在提供一种虚假的科学历史，它脱离了丰富多彩的自然世界，扭曲了富有人性的科学世界，忽视了学生活脱脱的生活世界。

科学并非传统意义的价值中立，它拥有显在的，更多的是潜在的意识形态功能。借鉴他国科学课程改革的经验，须全面认识

---

① 迈克尔·W. 阿普尔著，黄忠敬译：《意识形态与课程》，华东师范大学出版社 2001 年版，第 8 页。

其改革背景的意识形态承载，我们推进科学课程的改革也并非单纯的让学生掌握早已系统化的科学知识、科学技能，而是培养一种基于国家、民族、个人发展需要的科学素养。

当前，科学课程变革充斥着"全球化"、"信息化时代"、"国际化"、"与国际接轨"、"对话"、"协商"、"平等"、"自由"的话语，显示出科学课程的意识形态性，我们并非全盘拒斥西方的文化，而是在思考，我们对科学课程中或隐或显地出现的西方（主要是美国的）文化和价值观念与东方文化的冲突中有理性的批判和研究吗？科学课程的变革对科学探究的模式化、原子化、模仿化、神秘化，全然无视作为"倾听文化"的东方文化传统特征。

对科学课程与意识形态、社会控制、社会分层、道德教化关系的分析，就是意在为认识科学课程的多元化属性提供一种视角，为避免科学课程改革过程中的简单化提供一种理论说明。

第五章　社会建构与课程发展

科学知识是科学课程的核心要素，无论是理性主义还是经验主义，本质主义还是非本质主义，逻辑实证主义还是证伪主义抑或历史主义都不否认科学知识的存在，只是对什么是科学知识，科学的本质是什么，不同的学者从哲学、社会学、历史学、政治学等不同的视角进行研究，对科学和科学知识的观点和看法不同而已。而正是这种争论和不同侧面的研究成果，让我们对什么是科学，科学课程知识的本质是什么，有了一个多元化的认识。在当前的科学课程改革中，科学哲学、科学社会学对科学以及科学知识的诸多研究成果越来越多地被吸收到科学课程改革的实践之中。

5.1　知识论发展的理路

对什么是"知识"，人们存有多种分歧和不同的认识，这主要依赖于你的哲学信仰。站在实证主义立场上的人们，往往把知识理解为对"实在"的一种"镜式"反映，对"实在是什么"又存在许多争论；站在实用主义立场上，把知识视为实践性行为的一种方式，认为观念与思想是行为的工具，用"实用即真理"来概括虽有偏颇，但基本上仍能反映其核心思想；站在理性主义立场上，往往把知识视为对事物共相的把握，对这种共相的把握要靠理性才能实现等等。不一而论。

知识论是专门研究知识的学问，把知识视为"确证的真信念"，基本上是知识论者的共识，更多的分歧集中在知识如何为真，也就是知识的方法论方面。知识观是对知识的本质、来源、范围、标准、价值等的观念和认识，知识观并不等同于知识本身。

5.1.1 什么是知识？

关于什么是知识的追问和回答可以追溯到柏拉图。他在《泰阿泰德》中，把知识看作是一种确证了的、真实的信念。知识是由信念、真与确证三个要素组成。这是西方传统知识的三元定义。按照这种定义知识首先是真的，但仅仅是真还不足以是知识，你还需相信它。康德把有关事物的判断分为三个层次，最高一级是知识，它不仅在主观上而且在客观上是有关事物的真判断。齐硕姆认为，真意见必须要有充分证据才会成为知识。确证主要指命题必须有恰当的理由或证据，或者说依据一定的认识规范对信念给予证明。作为信念有可能碰巧为真的，但作为知识，却不允许有这种偶然性。

莱勒（Keith Lehrer）把知（to know）区分三层含义：具有某种形式的能力；认识某物或某人；认识到某种信息性的东西。这三种含义不是彼此分离的，而是具有内在统一性。比如，知道乘法表，属于第一层次的"知"；认识菊花，属于第二层次的"知"，这种层次的"知"就需要分辨的能力了；掌握磁铁的性质，则属于第三层次的"知"，它不仅意味着他能够认识磁铁，而且知道磁铁分 N、S 两极，磁铁具有同性磁极相吸，异性磁极相斥的性质。

传统的知识论对知识命题的研究，一般是从事物之间的"关系"入手进行分析的。如：扎泽博斯基（Linda Zagzebski）把知识界定为一种"关系"，即人们与现实相接触的一种认识关系。知识又可区分为两类，一是有关事物的直接知识（knowledge of things），它是主体通过与实在的对象进行直接的经验接触而产生认识。二是有关事物的间接知识（knowledge about things），称之为命题知识。它是主体所认识的关于世界的真命题。麦金尼（Colin Mcginn）认为，由于知识表现为各种不同的表达方式所组成的一个家庭，如认识谁（who），认识如何（how），认识某物与他物的区别等，因此对知识的说明应当要能够提供一种有关它们的异中之同的统一说明。构成知识家庭的根本特征的概念，是"辨认性知识"（distinguishing knowledge），即从与他者的不同中辨认出某物。因此，有关知识的统一理论应当以"辨别"（discrimination）概念作为核心的、基本的概念。就命题知识而言，它对某物是什么的认识（knowledge-that），不过是从创见物中区别该物的一个特例。实际上，麦克金对知识的分析，吸收了维特根斯坦的"家庭相似性"的论点，他用家庭相似性来说明哲学语言游戏的共同特征。

后现代主义知识论，最有影响的是语境主义。它认为，知识或确证的问题在某种意义上是与其语境相关的，有关知识之真的论断随着相关语境的变化而变化，这种语境既包括认识对象的地理环境，如特定时空中的对象状况，同时也包括社会共同体所形成的语言与心理的语境，认识的标准与规范等，它们一起构成知识为真的条件。

5.1.2　知识的分类

对知识定义理解的多元，必然导致知识分类标准的不同。从哲学、学科范畴、属性等对知识的分类视角不同，知识的类型也不一样。而且每一种分类标准的内部又存在许多立场上的差异和争论。比如，从哲学认识论和方法论的基础上，知识的分类就存在很大的不同。

从认识论视角，人们一般把知识分为感性知识与理性知识（实践知识与理论知识的分类与此相似）。感性知识直接来自于我们的感官，它包括感觉、知觉等，其特点是认识直接性，不确定性；理性知识来自于我们的理性能力，它包括概念、判断和推理，其特点是认识的概念化、确定性。康德认为知识分为先天知识和经验知识，先天知识可以仅仅依据概念获得，属于分析性知识，其意义的规定得自于主、谓词之间的关系；经验的知识来源于感觉，属于综合性知识，是对感觉的综合。理性主义的知识观认为知识为真的基础源自理性，经验主义知识观则强调知识为真的基础源自经验。实际上，并不是所有知的命题都可以还原为具体经验的，把先验理性或者心灵作为把握知识要素的观点有其一定的合理性。但如果把知识本源归属于先验理性，不仅是唯心主义的，同样也犯了武断主义的错误。

从学科范畴上分，知识可以分为人文知识、社会知识和科学知识，可以再细分为哲学、文学、历史、艺术、科学等学科。我国《普通高等学校本科专业目录和专业介绍》是按照一级学科、二级学科、专业来划分知识领域的。一级学科11个，分别为哲学、经济学、法学、教育学、文学、历史学、理学、工学、农学、医学、管理学，这11个学科门类又被细分为249种专业。传统的对知识客观性、理性的理解，人文知识最弱，科学知识最强，社会科学知识介于两者之间。社会科学知识具有理性和客观性的特征，如：法律知识需要一定的逻辑推理，经济活动的周期性特征也表现出一定的规律性等。

人文与科学的对立，源于科学在人文知识领域的不断渗透和扩张，文学、艺术创作需要的激情被理性所压抑，技术理性与政治的结合产生的意识形态，使文学与艺术等人文知识被纳入政治理性的轨道，求美、求真、求善的人文精神被遮蔽。反过来，人文精神的遮蔽对求真、求美、求善的科学精神又产生了负面影响。比如，"文革"时期"批相对论"、"李森科主义"等反科学思潮对科学事业的创伤。不仅是科学领域的不幸，而且是人文社科领域的堕落。

根据知识的经济功能经合组织把知识分成了四种类型：

（1）事实知识（know—what），指的是人类对某些事物的基本认识和所掌握的基本情况，比如：中国的总人口。

（2）原理和规律知识（know—why），指人类对产生某些事物和发生某些事件的原因和规律性的认识，比如：生物进化规律。

（3）技能知识（know—how），指人类知道实现某项计划和制造某个产品的方法、技能和诀窍的知识，比如：制备氧气。

（4）知道知识产生源头的知识（know—who），即：知道是谁创造的知识。第1、2类是"可编撰的知识"，第3、4类是"可意会的知识"。也有学者称为"显性知识"与"隐性知识"。

从知识的拥有主体来分，知识分为个人知识和公共知识。罗素在其《人类知识》一书中，对个人知识与社会知识进行了区分。他认为，社会知识从总量上可以说多于个人知识，也可以说少于个人知识。因为，百科全书式的全部社会知识并不能包含个人知识的全部。"整个社会的知识和单独个人的知识比起来，一方面可以说多，另一方面也可以说少，就整个社会所搜集的知识总量来说，社会的知识包括百科全书的全部内容和学术团体汇报的全部文献，但是关于构成个人生活的特殊色调和纹理的那些温暖而亲切的事物，它却一无所知。"① 个人知识是自身亲身体验得到的，这种知识不是可以用语言完全能够表达出来的，公共知识是祛魅的，排除了情感、价值、激情，追求客观、普遍与价值中立，可以用符号进行表达与传播。罗素说："'雨'不再是大家都熟悉的那种现象，而成了'从云块落到地面的水点'，'水'不再是把你弄湿的那种东西，而成了 H_2O。关于氢和氧，我们必须牢牢记住它们的文字的定义，至于你是否理解这些定义倒无关紧要。"②

　　另一位对个人知识进行系统研究的是迈克尔·波兰尼（Michael Polanyi），他是一位英国著名的物理化学家和哲学家。波兰尼认为，在科学发现中，个人知识的介入不仅不是缺陷，而且是科学知识不可或缺的，必要的组成部分。真正的科学研究是指那些具有原始性的工作，这种工作是一种技艺，无法用一套明确的规则作客观主义、形式主义的刻画，科学中的个体知识，特别是个体的判断力，起了举足轻重的作用。同时，他认为理智的激情、信念、良知、责任心与判断力的协同，自始至终伴随着科学的研究工作，理智的激情通过科学的美感和真理建立起了内在的关联。爱因斯坦也曾用"自由创造"来描述科学的发现。也就是说科学发现需要、而且必然地伴随着非理性的因素。从科学发展史上来看，科学美的确成为科学发展历程中的一种信念。哥白尼提出日心说之时，并没有充足的观察证据，但地心说的繁琐的确与源自希腊精神对美和简洁的信念相冲突。

　　从课程领域来研究知识的学者，一般立足于发展学生能力的角度来对知识进行分类。费尼克斯在《意义的范畴》这本书中

① 罗素著，张金言译：《人类知识》，商务印书馆 1989 年版，第 9 页。
② 同上书，第 11 页。

指出，普通教育所关注的不应只是智力的发展，因为它是理解和形成基本意义的过程。他所说的意义有四个维度：一是有关内部经验的维度，包括感受、意识、激励，以及难以明确表达的领域；二是逻辑和法则维度。任何类型的意义都要通过特定的逻辑或结构原理表达出来；三是选择性维度。从理论上说意义是无穷的，因此必须对它们进行选择，选择值得进一步发展和阐释的问题；四是表达维度。所感兴趣的意义要通过符号进行交流，符号是表达意义的中介。根据意义的四个维度，他把知识分为六个类型：符号学（Symbonics），包括普通语言学、数学、非推论性符号形式；经验论（Empirics），包括物理学、生物学、心理学、社会科学；美学（Aesthetics），包括音乐、视觉艺术、运动艺术、文学；心智研究（Synnoetics），包括哲学、心理学、文学和宗教；伦理学（Ethics），包括伦理道德的知识等；福音学（Synnoptics）包括宗教、布道和道德教化的知识等。

赫斯特（Hirst）是另一位在课程领域进行分类的学者，他认为在日常用语中，知识的对象是人、地方、物体、理论、技能、感受等等。但是在哲学上，知识的对象并不是我们所知道的东西，它们有三种类型：一是"直接的客观知识"，即我们所知道的人、地方、事物；二是"知道是这样的知识"，即我们所知道的事情是怎样的，它们是用某种陈述或假设来表达的。三是"知道是怎样的知识"，即我们知道在何时何地以何种方式做何种事情的知识。最后一种知识不仅需要认知和理解，还要具备一定的能力。根据他的观点，赫斯特和彼德斯（Hirst & Peters）将知识分为七种形式：形式逻辑和数学、自然科学、道德认知和判断、美学、哲学、宗教经验以及对自我对他人心灵的认知。

传统意义上的知识分型往往立足于"自己是最好的"，具有一种"替代论"的特点。在不同的社会发展阶段，即使同一社会发展阶段，哲学观点的对抗或共荣，① 必然带来对"什么是知识"的不同回答，以一种答案代替另一种答案的思维模式既不符合知识发展的历史，也不符合知识发展的现实需要和未来。目前关于知识观转向的讨论，就存在这样的弊病。

5.1.3 现代知识观

自从人类文化具有记载以来，何种知识在人类的存在中占据统治地位，既在于该种知识的发达程度，也在于该种知识在关乎人类生存的问题上所起的作用。孔德把人类知识的发展分为三个阶段，即神学阶段、形而上学阶段和实证阶段。如果把后现代知识观也作为一个阶段，则知识的发展史经过了四个阶段。石中英提出了四种知识型，原始知识型（神话知识型）、古代知识型（形而上学知识型）、现代知识型（科学知识型）、后现代知识型（文化知识型）。

知识形态和其发展本质上是由相应的社会发展程度和当时人类的认识能力所决定的。在原始社会，巫师是知识分子的代表，神话与仪式是知识的主要表现形态，"神秘性"、"情景性"、"隐喻性"是这个阶段知识的主要特征。在前工业社会，神学家和哲学家是主要的知识分子，宗教和哲学是知识的核心形态，其共同的特点是对世界本体的追问，传统的人文知识居于政治与意识形态的霸权地位，科学只不过是哲学和宗教的婢女，"绝对性"、"终结性"、"神圣性"是这个阶段知识的主要特征。在工业社会，科学知识取代人文知识占据了知识的统治地位，科学主义是这个时代的主流哲学思潮，"专家治国"成为科学技术与意识形态最好的写证，科学家和科学技术人员是这个时代知识分子的代

---

① 哲学观点的此消彼长，得益于来自不同哲学观的诘难。

表，观察、实验、逻辑推理是获得知识的主要途径，"客观性"、"普遍性"、"确定性"、"实证性"是这个时代的主流知识观。进入后工业时代，后现代知识观逐渐呈现出主流知识观的特征和趋势，"普遍的知识分子死了"、"上帝死了"，"具体的知识分子"出现了。知识的形态呈现多元、开放的特点，"文化性"、"相对性"、"多样性"、"建构性"、"境域性"是后现代知识观的主要特点。

不同知识发展阶段的知识型并不是说是这个时代唯一的知识观。理性主义、怀疑主义基本上伴随着知识发展的整个历程，如果前一个阶段没有孕育后一阶段的知识型，就不会有知识的进步。宗教与科学也并不是绝对对立的，科学与人文也不是彼此不容的。后现代知识观关注被边缘化知识的同等价值，是其相对于现代知识观的进步，但它也不是无可挑剔的。如果后现代主义者建构自己的知识范型则意味着它与自我解构精神相悖。因此，激进的后现代主义者拒绝建构自己的知识范型，但却隐喻着虚无主义、相对主义的危险。建设性后现代主义谨慎地建构自己的知识范型，隐藏着重新走回现代知识观的可能。

理性主义、经验主义、实用主义、实证主义、逻辑实证主义、批判理性主义等哲学流派都对现代知识观产生了影响。一般意义上，人们往往从它们哲学观点的对立来讨论各自观点的局限和合理性。却忽略它们的共同追求：知识如何为真？

理性主义知识观认为现象世界是易错的，只有"理性"才能把握"真"的知识。希腊第一位哲学家泰勒斯提出了万物皆源于水的命题，毕达哥拉斯认为世界万物是由数组成的，这可以看做理性主义的起源。系统的理性主义思想来自柏拉图。他认为，世界万物是理念的摹本。在柏拉图看来，现象世界是变动不居的、虚假的，现象世界之外的理念世界是永恒的。

　　康德继承了柏拉图的思想，用"先验理性"来演绎知识的"真"。他认为，理性以超越现实为特征，以追求永恒、绝对、无限为目标。笛卡尔用"我思故我在"的命题来简约他的哲学思想。他认为，知识的可靠性在于它的明晰性，而感性经验是彼此冲突、歧义丛生的，因而是靠不住的，真正的知识只能靠人的理性去推知。黑格尔主张客观理性论，他把理性定义为自在而自为的存在，是世界本体，是客观性与主体性的统一。他说："理性是自在而自为的真理性，这种真理性是概念的主体性和概念的客体性及普遍性的单纯的统一体。""理性作为这种同一体，是绝对的实体，这种实体是真理性。"① 理性在现象学那里又找到了存在的价值，胡塞尔认为人性的本质就在于追求理性，追求理性所提示的终极目标，认为高扬欧洲人的理性精神是拯救欧洲科学，乃至拯救整个欧洲文明的希望。

　　理性主义最大的特点，是追求现象背后本质的东西，它既是形而上学的生长点，也是近代科学产生的精神源泉，因为科学的最终目标是探究自然世界的规律。怀特海说："我们如果没有一种本能的信念，相信事物之中存在一定的秩序，尤其是相信自然界中存在着秩序，那么，现代科学就不可能存在。"②

　　经验主义源自弗朗西斯·培根。他认为，要获得科学知识必须按照自然本来的样子或者事物之间本质的联系去认识它。"人类作为自然的仆人和解释者，仅当他能够实事求是地进行观察或遵循自然的道路进行思想时，才能够对自然理解得越来越多。除此之外，他既不能认识任何事物，也不能做任何事情。"③ 要从

　　① ［德］黑格尔著，薛华译：《哲学科学全书纲要》，上海人民出版社 2002 年版，第 267—268 页。
　　② 怀特海著，何钦译：《科学与近代世界》，商务印书馆 1959 年版，第 4 页。
　　③ 石中英：《知识转型与教育改革》，教育科学出版社 2002 年版，第 132 页。

经验获得真理性知识，还需要采用他所定义的归纳法，这种归纳法不同于简单枚举法，不需要一个一个列举证据，而是把收集到的必要的证据列成三个表：本质和具有表、差异或缺失表、程度表，最后进行归纳。这种方法经约翰·穆勒的发展，归纳发展成包括契合法、差异法、契合差异法、剩余法、共变法五种方法的逻辑方法。

关于归纳法在科学发现中的意义和价值，科学家伽利略、牛顿都曾进行过高度评价。伽利略认为，"由于特殊的（个别的）场合的数目大都是无限的，所以归纳法只要用最适合于概括的个别事例来进行证明，就具有证明的效力"。牛顿强调，科学发现必须从事实和现象出发，经过归纳从事实和现象中得出科学结论。他说："在实验哲学中，命题都从现象推出，然后通过归纳而使之成为一般。""实验科学只能从现象出发，并且只能用归纳从这些现象中推演出一般的命题。"[①] 固然现在人们对归纳方法的局限性、不完备性有了深刻的认识，但在科学发现中它仍然是一种行之有效而且得到广泛运用的科学方法。

洛克是另一个经验论集大成者，他反对天赋观念说，认为心灵本是一块白板，人类的一切知识、一切观念归根到底来源于经验。经验主义的一个根本特征是"因果论"、"外界决定论"、"符合论"。洛克的"白板说"对于传统的课程观、师生观、知识观产生了很大的影响，遭到了后现代课程观的激烈批判。

经验主义和理性主义在启蒙阶段，对于反对神学与宗教的神秘性、终极性、禁锢性起到了巨大思想作用。经验主义虽然在哲学领域，尤其是在科学教育领域曾占据着显赫的地位，但具有讽

---

① 参见马来平《哲学与文化视野中的科学》，广西人民出版社 1991 年版，第 60 页。

刺意味的是，其在科学研究领域并没有太大的市场和信徒。科学发现更多地表现出了"自由创造"的特征，无论是玻尔（Bohr）还是爱因斯坦，他们的宗教情怀，诗一般流动的思维，对美的直觉与永恒追求，成为他们自认为影响科学发现的根本动因。玻尔曾对海森伯格说："当问题涉及原子时，我们只能像吟诗作赋那样使用语言。诗人正是这样，他最关心的不是描述事实，而是创造意象的情形。"[①] 他的话语隐喻着，对于原子物理来说，科学和诗人一样，几乎完全不是描述事实，而只是创造映象。从文学的角度来说，可见世界后面的一切都是虚构的，是一种想象的表演。除了想象，没有其他的方式谈论自然、艺术和科学界中那些不可见的东西。

实证主义哲学本质上是从经验主义生长起来的。不过，实证主义针对的对象是形而上学，在批判形而上学的空疏和诡辩中绽露出来。德国化学家李比希曾说："它充满空话和幻想，但就是缺乏真正的知识和切实可靠的研究；它浪费了我两年的宝贵生命。当我从这个陶醉状态下清醒过来以后，我真的无法形容我所感到的厌恶。"[②]

法国哲学家孔德是主张用实证方法取代形而上学的先锋。他认为，发现事物内在本质的企图是徒劳的，应代之以努力发现存在于现象事物之间的一致关系，科学方法是一切领域要遵循的方法。科学唯一的目的是发现自然规律或存在于事实中间的恒常关系，这只有依靠观察和经验才能做到。用这种方法取得的知识是实证的知识，凡是没有把握这种知识的地方，我们的重要任务之

---

① ［美］雅·布伦诺斯基著，李斯译：《科学进化史》，海南出版社2002年版，第353页。

② 刘大春：《科学哲学》，人民出版社1998年版，绪论第3页。

一就是模仿自然科学所采用的方法来取得这种知识。孔德不仅把实证知识作为知识的最高阶段，而且把科学方法（实证方法）进行泛化，这是科学主义的开端。

实证主义认识论和方法论一般只提出和设法解决现实对象的有限问题，以经验为出发点和归宿，要求得到的结论具体明晰，一般都能用公式、数据、图形来表示，其误差限制在一定的范围之内，而且最终的结果在可控条件下可以重复接受实验的检验。具体性、经验性、精确性、可检验性是传统实证方法的特点。课程评价领域出现的数学化趋向，课程研究方法的实证主义思潮就是这种思想的典型影响。

传统实证方法的局限性是明显的，即使对 19 世纪已经成熟的科学知识来说也不是能全部被实证的。比如，物理学中的"质点"、"光滑的平面"等理想模型以及建立在这些概念基础上的理论体系。为此，罗素将实证主义进一步发展为了逻辑实证主义。逻辑实证主义认为只要科学知识可以通过数理逻辑还原为原子事实，原子事实具有经验基础就可以了。比如，虽然我们看不到真实的电子，但我们可以通过云室效应，推理电子的运动和存在。

相对论对牛顿力学的革命，意味着逻辑实证主义的终结。因为，牛顿力学不仅有严密的数理逻辑，而且经过近百年的无数次实验证实，并在工业技术中获得了广泛应用，仍然没能逃脱被证伪的命运。批判理性主义的代表波普尔[①]认为，科学的发展是"经验证伪"的，而非"经验证实"的。波普尔认为，实证主义

---

① 卡尔·波普尔（Karl Raimund Popper），维也纳学派的代表人物。又译作波珀、波普，本书正文使用波普尔这一译名，当代西方著名科学哲学家和社会哲学家。——作者注

一是错误地追求"准确无误"的知识；二是把知识的增长过程看成是一个简单的量的积累过程。他说："我们不知道，我们只能猜测。""科学的进展并不是由于越来越多的知觉经验随时间而积累这一事实。它也不是由于我们正在越多越好地利用我们的感觉这个事实。科学不可能从未被解释的感觉经验中提炼出来。不管我们多么勤奋地收集和挑选它们。大胆地猜想，未被证明的预感，以及思辨的思想是我们解释自然的唯一手段：我们把握自然的唯一工具，我们唯一的仪器。并且我们为了获奖，就必须冒风险。在我们之中不愿意使他们的思想去冒反驳的风险的人，不能参加科学游戏。"①

托马斯·库恩的《科学革命的结构》一书奠定了历史主义知识观的理论基石。历史主义将人类科学的发展看做是一个动态的、革命性发展的过程，其中既有实证主义所强调的肯定因素所导致的量上的增长，也有证伪主义所强调的否定因素所导致的质上的增长。知识的增长是一种范式转换，是由常规科学—科学革命—新的常规科学这样一种方式增长的，不同阶段的科学范式之间存在不可通约性，这种不可通约性否定了知识的累积观。

与实证主义或传统经验主义不同，实用主义虽然强调经验，但它对真理的追溯停止在经验上，在实用主义那里，对经验以下的客体或原子事件的溯源是没有意义的。实用主义者企图从形而上学唯意志论与实证主义的决定论之间寻找第三条道路。可以说实用主义是产生于美国本土的哲学思想，由皮尔斯、詹姆士和杜威创立。传统意义上我们习惯于用"实用即真理"来概括或批判实用主义的哲学思想。从一定意义上说，这种概括有一种意识

①　[英] K. R. 波珀著，查汝强、邱宗泽译：《科学发现的逻辑》，科学出版社1986年版，第243—244页。

形态批判的隐喻，并不全面。

实用主义者反对真理的符合说、知识的"摹本说"，认为语言是工具而不是再现世界本来面目的图像，否认知识是精确再现实在或者符合实在的看法，为了说明知识，我们根本不必把"事物"或"意识"还原为实体。普特南说："实用主义的核心……就是坚持行为者的观点。如果当我们从事实践活动时发现我们必须采取某一种观点，使用某一种'概念体系'，那么我们就一定不能同时声称这并不是事物本身的真实样子。"①

杜威认为，把理论与实践分离是致命的，思想本身就是行动。知识就是对某种状况的反思或者理智的把握，它产生于经验但不等同于经验。杜威认为，要了解经验必须从主动的因素和被动的因素两个方面来理解，经验是主动和被动的统一体。他以手指伸进火焰为例，仅仅把手指伸进火焰并不是经验，只有当这个行为和因火焰的灼烧引起的疼痛建立起联系时才算经验。杜威非常强调经验中的反思，所谓反思就是识别我们所尝试的事和所发生的结果之间的联系，没有反思就不会产生有意义的经验，经验与反思是相伴而生的。杜威的进步主义课程理论虽然被学科主义所批判，但其课程思想仍然被课程实践所青睐。即使学科主义盛行时期，家政教育仍然占有一席之地，诸如厨房里的科学等 STS 教育内容也均可从杜威的思想中找到源泉。

5.1.4　现代知识观的基础主义特征

传统知识观主要是建立在理性主义和经验主义基础上的，而理性主义和经验主义虽然对知识的确证方法存在对立，但本质上

---

① ［美］R. 罗蒂著，张金言译：《实用主义的过去与现在》，载《国外社会科学》2000 年第 4 期，第 81 页。

它们都是基础主义的，即：知识是以某些确证的信念为基础的。这些基础信念的确证独立于任何其他信念的支持，所有其他得到确证的信念则是导出的，导出的信念是由某个或某些基础信念的直接或间接的支持才得到确证。下面我们对基础主义知识观的特征进行简单的概括。

在近代哲学中，理性主义的代表笛卡尔表现出强烈的基础主义，"笛卡尔的基础主义"成为当代知识论中的一个重要概念与讨论对象。他首先对原有的观念加以全面的怀疑，然后找到一个不可怀疑的、确定的思想基础，由此基础出发，详尽无遗地依次演绎出有关的命题。依此思路，笛卡尔找到了"我思"这样一个著名的思想基础，并由此演绎出有关"我"、"上帝"、"世界"等存在的观念。

按照经验主义的知识与确证理论，一些经验的陈述构成了基础信念的内容（在罗素和维特根斯坦那里是原子事实），这种经验的陈述是观察性的陈述。由于观察性的陈述是能够为经验所证实的，因此有关这种陈述是真的信念，是一种自我确证的信念。于是，在主张一切知识来源于经验，以及信念的确证性在于经验陈述的基础上，经验主义强调：一个不是关于我们自己的感觉状态（知觉经验）的信念如果要被证明是合理的，就必须诉诸于我们经验陈述的信念来证明。

无论是理性主义还是经验主义知识观，都认为知识生长于不能被证实，但不需要证实的逻辑起点。这种逻辑起点在理性主义那里是"先验理性"、是"上帝"，他们强调的是演绎的方法。在经验主义那里是观察陈述、是经验、是原子事实，他们强调的是逻辑归纳的方法或精致的逻辑归纳的方法。

理性主义和经验主义在现代知识的生长中都产生了积极的影响，牛顿相信"上帝"是宇宙的"第一推动力"，爱因斯坦相信

"上帝不会掷骰子"，理性主义在知识的创新或革命阶段起着不可言状的作用，甚至是决定性的作用。

经验主义的逻辑实证与归纳方法在知识的累积或常规科学阶段是占据主流位置的，尤其是在学科、知识、权力日趋成熟与规范的世界里更是如此。当科学发现试图予以公开，成为共享的公共知识的时候，逻辑的或归纳的结构是必需或有效的方法和手段。无论是牛顿的《自然哲学的数学原理》，还是爱因斯坦的《论动体的电动力学》、《广义相对论纲要和引力理论》论文，还是试图面向公众的《相对论的意义》、《狭义和广义相对论浅说》等著作，经验的、数学的、逻辑的、实证的结构是显而易见的。

但，没有科学家把自己的发现看做是穷尽的"真理"，即使 19 世纪末乐观主义的"物理大厦已经建成的"言说，也没有忽视"天空的几朵乌云"的存在。爱因斯坦在其相对论成为世界仰慕对象的时期，他相信他的理论是过渡性的，终会被新的理论所取代。把科学知识理解成客观的、普遍的、绝对的、终极的真理源自哲学方法论的形而上学思考。皮尔斯认为，"科学方法是确定信念最可靠的方法，它既排斥主观偏见，又反对盲目崇拜权威，而只依据不受个人意识影响的外部的永恒的因素，即客观事实，是一种获得关于实在的知识，达到真理的方法"①。

早在古希腊，与柏拉图主义相伴随的就有皮浪的怀疑主义。怀疑主义有着悠久的历史，西文的"怀疑论者"（skeptic）一词，来自希腊语 skepsis，意思是"考察"、"探寻"与"考虑"。

---

① 陈嘉明：《知识与确证——当代知识论引论》，上海人民出版社 2003 年版，第 95 页。

公元前 4 世纪，皮浪宣称事物都是不可区别、不可测度、不可判定的。笛卡尔同样是一位普遍的怀疑主义者，他认为："我清楚地看到不存在我们可以明确地将清醒与我所令人吃惊的熟睡状态区别开来的标志。这种惊奇使我几乎相信自己现在处于做梦状态"①。绝对意义上的客观性形成于中世纪的神学家和形而上学家，他们认为上帝的存在和上帝的精神是不可怀疑的，是所谓"大写的客观性"（Objectivity）。在这个黑暗的时代，怀疑主义失去了成长的土壤。

后现代主义借用宗教教义"大写的客观性"来批判现代知识的僵化与霸权。借助于客观性，现代知识的"理性"取代了宗教信仰，但"人"仍然处于被压迫的情境之中，没有什么改善，只不过压迫者披上了"合理"与"合法"的外衣，这种合理性与合法性又是自我标榜与评价的。对于这种客观性，布劳希尔（R. J. Browhill）总结道："第一，这种知识必须是指称于某种独立于我们自身的'实体'。第二，这种知识是可检验的。没有这种可检验性（testability），就没有客观性。第三，这种知识不必局限于感觉，但必须植根于感觉经验提供的证据（proof）。第四，这种知识必须自圆其说，就像一幅'地图'必须有其自身的独立状态和体系。第五，这种知识具有一种'非人格性'（impersonality）和'公共可传达性'（apublic communicability），以至于无论我们身处何时何地都能准确地理解它们。"② 知识的客观性源自知识与客观事物的"符合论"。比如，科学知识的"真"认为是源自对"自然的镜式反映"。

---

① 陈嘉明：《知识与确证——当代知识论引论》，上海人民出版社 2003 年版，第 95 页。

② 石中英：《知识转型与教育改革》，教育科学出版社 2002 年版，第 135 页。

现代知识的"普遍性"实际上是"客观性"的自然推理，既然知识是客观的、实证的、精确的、确定的，是祛除了个人意见、偏见、情感、常识的，自然是何时何地何者均适用的，是超越各种社会和个体限制的，可以被普遍接纳的。这里隐喻着一个知识生产与辩护的标准问题：什么样的知识算做是真的？此外，这种标准提供了一个大同世界的可能。在西方神学阶段，宗教教义是信仰冲突的根本原因，基督教作为国教的本义是为了统一信仰，消除冲突。在我国"焚书坑儒"也好，"独尊儒术"也罢，无非是统一人的价值标准。现代知识的客观性、普遍性是以西方现代科学的出现为基础的，自然是以西方为中心的，这种标准造成了非西方文化知识的边缘化和不平等对话。这种价值观不仅停留在知识领域，而且上升到国与国之间、民族与民族之间的关系。

知识的客观性必然导致现代知识的"价值中立性"。第一，现代知识是对客观事物或"实在"的正确反映，而客观事物是不以人的意志、趣味和利益为转移的，因此作为客观实在的正确反映的知识也是不以人的意志、趣味、利益为转移的。第二，现代知识是以人的感觉经验为基础的，以人的理性原则为形式的，这些感觉经验的理性原则是"共同的"、"纯粹的"，超越个人的，由其建构起来的知识必然是"纯粹的"、"共同的"。第三，现代知识是经过无数次普遍的经验或逻辑证明的，这些证据与方法是超越个体和社会组织形式的，建立在这种普遍意义的知识自然是价值中立的。第四，现代知识的陈述形式是数学化、符号化的，是可观察、可归纳的语句。由于这些数学、概念、符号是价值中立的，是可以被任何人所掌握的，从而保证了知识的价值中立性。

5.1.5 后现代知识观对基础主义的解构

后现代主义是一种包括后现代艺术、文学、社会学、哲学在内的一种文化思潮，它首先出现于艺术和文学领域。1870 年左右，英国画家查普曼（John Watkins Chapman）因其绘画比法国印象派还要现代而被称之为"后现代"绘画。后现代主义对传统的哲学、社会科学研究取向进行过抨击。后现代主义理论内部存在许多差别，它并不是一个统一的理论，而是一组文化现象。但这些理论和思潮有一个共同特征，那就是解构现代主义，对进步、真理、现实和价值观等概念提出质疑，试图摧毁学科、时代和传统中的樊篱，反对任何假定的"大前提"、"绝对的基础"、"唯一的中心"、"单一的视角"。无疑，后现代主义这些观点，对于倡导创造，鼓励多元思维，重建人与自然，人与人之间的关系，提升人的日常生活知识的"学术地位"具有重要的建设性意义。

学术界根据后现代主义的特点，分成建设性后现代主义与激进的后现代主义两个流派。前者在批判现代主义危机之时，力图构建新的世界蓝图，重构人与人，人与世界的关系，以罗蒂、格里芬、霍伊等为代表。后者侧重于对现代社会的摧毁，对现代工业文明的批判，拒绝建构新的世界图景，具有否定、怀疑、虚无的特点。以福柯、德里达、利奥塔、费耶阿本德等为代表。

后现代主义反基础主义、反逻各斯主义、反中心主义、反男权主义势必对传统知识观进行无情的鞭挞和解构，从本体论、方法论、认识论的视角对现代知识的客观性、普遍性、价值中立性进行了全面、深刻的解构。

后现代主义者认为，知识的生产是人的活动，人是不可能脱离他所处的文化和社会环境的，现代科学知识产生于西方文化，而不是东方文化，近代科学的奠基者成长于欧洲大陆，都说明就科学知识本身来说，它的产生不是没有文化背景的。知识社会学对知识生产的人种志研究，更加深了对知识生产过程中的非理性因素，如宗教信仰、价值观、情感、直觉、文化传统等因素的参与及其影响的认识。

因此，后现代思想家认为，知识的性质不可避免地受到其所在的文化冲突和文化模式的制约，与一定的文化体系中的价值观念、生活方式、语言符号乃至人生信仰都不可分割，因而就其本性而言，它是"文化的"而非"客观的"。作为认识对象的客观事物或实体，无论是作为一种事物、一种关系或一个问题，都不是"独立的"、"自主的"和"自在的"，它与认识者的兴趣、利益、知识程度、价值观念、生活环境等等都有着密切的关系。

波兰尼就认为理智的激情在科学发现中具有选择、启发、说服的功能。科学家为什么会对此而不是对彼感兴趣？是理智的激情通过科学的美感和真理建立了内在的关联。不是认识的对象"激发"了认识主体的认识兴趣，产生了认识主体的认识行为；恰恰相反，是认识主体的认识兴趣"选择"了认识对象，使认识的对象从无知的、安静的、遥远的世界中"凸现"出来，成为完整的、现实的认识过程的一个要素。

对象的主体参与性和选择性，解构了知识客观性的神话。认识主体从认识对象那里看到的不仅有认识对象的客观属性，而且包括了由认识主体所处的文化境域所决定的社会属性。随着这种独立于认识者的实在假设被证伪，客观知识的其他属性都失去了保证，"符合性"首当其冲。"符合性错觉"的被揭示，与知识客观性有关的"可证实性"也成了问题。事实上，从古到今，也确实没有一条科学理论被完全证实了。批判理性主义者波普尔认为，"科学的理论命题不可能被经验证实，而只能被经验所证伪，即观察和实验所提供的经验事实只能证明一个理论是假，却不能证明一个理论是真"①。

就像多米诺骨牌，随着客观性、符合性的被解构，"普遍性"也就失去了存在的基础。后现代主义者认为，知识的真是情境性的，而不是普遍性的。任何知识都是存在于一定的时间、空间、理论范式、价值体系、语言符号等文化因素之中的；任何知识的意义不仅是由其本身的陈述来表达，而且更是由其所位于的整个意义系统来表达；离开了这个特定的境域，既不存在任何的知识，也不存在任何的认识主体和认识行为。曼海姆从知识社会学的研究角度提出了"视角主义"、"相对主义"、"历史主义"的知识观，巴恩斯更走到了强纲领的科学知识的社会建构观，认为科学知识和所有其他知识具有对等的地位，无非是权力、政治、妥协的产物。

解释学宣称个体的主观经验在认识活动中不仅是不需要剔除的，而且是不可缺少的（如波兰尼）。正是个体的主观经验构成了个体提出问题、观察问题和分析问题的"视界"。认为只有在历史的过程中，人们才能获得知识的合法性，认识的过程不是以纯粹个体反映外部世界的形式进行的，而是以个体和历史"视界"不断融合的形式进行的。无视界的认识和无视界的知识都是不存在的。

现代知识的"中立性"是现代知识"客观性"的自然推导，是普遍性存在的评判依据。随着现代知识"文化性"的凸显，现代知识的"中立性"神话也被打破。后现代思想家认为，所有的知识生产都受着社会价值需要的牵引。随着作为第一生产力的科学与技术日趋走进社会的中心，科学知识生产成本的巨大增

---

① 赖辉亮、金太军著：《波普传》，河北人民出版社1998年版，第40页。

长，其对物质和财政支持的依赖程度是空前的，科学知识的生产跨越了"为科学而科学"的时代，与企业和政府之间建立了一种日益牢固的经济交换关系。科学技术与国家安全的密切联系，使科学知识的公共传播也受到了更多的权力限制。高科技产品的出口限制就能说明这一点。

在社会和人文知识领域中，根本就不存在纯粹的事实，有的只是由价值建构的事实；也根本就不存在价值中立的陈述语言，有的只是在一定历史文化中形成的独特的概念和范畴。因此，社会知识和人文知识总是包含着一定的价值追求。后现代知识的价值性还特别体现在，所有的知识在传播过程中都是受着权力因素的制约的，都是社会总体权力实践的一部分。社会的权力实践不仅仅体现为"肉体的控制"，而且还体现为"知识的控制"，尤其是在知识标准上的控制。

后现代主义知识观开辟了一个新的认识论视野。首先，它帮助人们从观念上摈弃传统"权威主义"知识观，为知识的创新开辟了思想路线。其次，后现代主义知识观对以"科学"为范型的"西方文化中心主义"进行了彻底的批判，不仅使得处于日趋边缘化的人文知识重新显示了自己的存在价值，而且使得被压抑、被歧视的本土文化重新合法化，为多文化的世界找到了理论支撑。对"普遍主义"知识观的解构，使得个人知识、个人在知识生产中的地位发生了革命性的变化。个人不仅是公共知识的纯粹消费者，而且是知识的建构者，是知识生产网络中的一个结点，有权力对知识进行选择、批判与反驳。

对知识论发展路向的梳理为我们理解不同哲学传统的知识观提供了一个相对概括性的视野。它向我们展示了知识性质的复杂性、多元性、文化性的特征。进入 20 世纪以来，相对独立的专门研究科学和科学知识的学科——科学学逐渐从哲学中独立出来。科学学在不断发展中又逐渐分化为科学哲学、科学社会学、科学知识社会学、科学政治学等不同的分支，但它们对科学知识的研究离不开哲学和科学史的广阔土壤。

5.2　科学学对科学知识的研究

科学的产生和发展有其深刻的社会基础。比如，人类最古老的天文学和数学就产生于古代农牧业生产的需要。大约在公元前4000年，埃及人住在尼罗河的下游，每年7月到10月之间，阴雨连绵，河水泛滥，危害生产，因而引起他们注意天上的日月星辰。在天长日久的观察中，他们发现，每当天狼星出现，河水就会泛滥。因此，他们在天狼星出现之前就迁移住址，这样就发展了埃及古代的天文学。但对科学本身进行社会学和哲学研究却是20世纪以后的事。

5.2.1　科学知识成为研究对象

1923年《波兰科学》杂志发表了一篇《关于科学的知识》的社论，社论指出："关于科学的知识"这门新兴学科是研究作为整体的科学问题的学问，科学是一种社会现象，它如同艺术、宗教等文化产品一样，也是一种研究对象。1925年，波兰的卡纳斯基在《知识科学的对象和任务》一文中，首先提出了"科学学"的概念。

1931年，在伦敦举行的第二次国际科学史大会上，苏联代表团的 B. M. 格森作了《牛顿力学的社会经济根源》的报告，引起了与会者的极大兴趣。格森认为，牛顿原理的问世与当时的社会环境密切相关，应把科学史和社会研究结合起来，从科学知识的社会范畴方面进行研究。他的观点受到当时科学史和科学社会学界的极大重视。

对科学和科学知识进行研究的奠基人应该是波兰的卡纳斯基或前苏联的格森。科学学之所以在波兰和前苏联产生，和这两个国家拥有科学学产生的思想基础和社会基础有关。这两个国家进入社会主义阶段之后，马克思、恩格斯的理论上升为国家意识形态，马克思、恩格斯关于把科学放在社会发展历史过程中进行分析，关于自然科学同人类社会发展的关系，关于自然科学社会性本质，关于科学是生产力、是在历史上起推动作用的、革命的力量等一系列论述自然为科学学研究提供了理论基础和思想源泉。在计划经济时代，科学事业是国家计划的一个部分，要对科学研究进行规划，必然要知道科学发展的规律，对科学本身开展研究。

此后，世界各国学者对科学的研究，使用了各种各样的学科名称，除科学学或科学的科学以外，还有科学的研究、科学的社会研究、科学社会学、科学管理和科学政策研究等等。科学学的学科名称多样化反映了它的研究角度和重点的不断演化，人们从各个不同的方位对科学进行整体考察，探索科学发展的规律，寻觅驾驭科学的途径和方法。人们在追溯科学学的思想渊源时，往往把英国哲学家 F. 培根、法国哲学家 R. 笛卡尔和伟大的革命导师马克思、恩格斯作为科学学的奠基人。

5.2.2　培根论科学知识

培根认为，科学知识来源于自然和神的启示，因果性属于科学，启示和信仰属于神。他在《新工具》一书中宣称，世俗的事情不要干涉神圣的事情，把科学与宗教，知识与信仰分开，要求人们在感官之路洞开以后，在自然之光增加以后，不要对神圣的事情发生怀疑。培根的思想在西方科学家中具有深刻的影响，牛顿是典型的宗教信徒，爱因斯坦、玻尔、海森伯格等大科学家也主张科学与宗教，或知识与信仰要区分。培根认为物质世界是客观存在，科学知识是客观世界在人们头脑中的反映，要获得科学知识必须按照自然本来的样子或者事物之间本质的联系去认识它。

人们要获得对客观世界的正确反映，要去除四种假象：种族假象、洞穴假象、市场假象、剧场假象，怎样才能祛除四种假象进入科学的殿堂呢？他认为，从对个别现象的感知经由归纳的途径获得一般原理，形成可靠的知识，用真正的归纳来形成观念和公理是逐步清除假象的适当补求办法。培根提出的归纳方法不同于简单枚举法，不需要一个一个列举证据，而是把收集到的必要的证据列成三个表：本质和具有表、近似物中的缺失表、程度表，最后进行归纳。这种方法经由约翰·穆勒的发展，成为包括契合法、差异法、契合差异法、剩余法、共变法五种方法的逻辑方法。培根认为科学具有批判精神，他的《新工具》一书的命名就是针对亚里士多德的《工具论》而命名的，意在批判基础上超越，他说："哲学和精神科学却同神像一样受到人们崇拜和赞颂，但是一点都不动，一步都不前进。"

培根对科学学研究的一个突出贡献就是对科学知识进行了分类。[①] 他从人类理性出发将科学知识分成三大领域：史学、哲学（理学）和诗学。史学包括自然史和人类史二类，人类史又分为神圣的历史、先知的历史、教会史、政治史、文学史。哲学（理学）包括自然神论、宇宙论、人类论三类，自然神论没有再分，宇宙论又分为自然科学和自然目的论两种，自然科学再分为物理学、化学等学科；人类论又分为个体的、社会的两种，个体

---

① 北京大学哲学系：《西方哲学原著选读》，商务印书馆 1981 年版，第 340—341 页。

的人类论再分为生理学、心理学、伦理学等学科，社会的人类论就是政治学。对诗学没有再分类。

"知识就是力量"是培根的一句名言，这句话语隐喻着知识也就是科学知识是人类支配自然、扩大人类生存权利的工具和手段。"知识就是力量"与斯宾塞的"什么知识最有价值？"形成了近代以来科学知识的价值追求与判据。科学知识的霸权地位，很大一部分就是源自科学知识的工具价值。

科恩把培根对科学哲学的贡献归结为四条："作为一名科学哲学家，他提倡了一种研究大自然的方法；他集中地对科学（以及广义地讲，人类知识）进行了分类；他洞察到，新科学的实际应用将会改进生活质量和对大自然的控制；并且，他设想并组织了科学共同体（强调了科学院校和科学团体的重要性）"①。

5.2.3　笛卡尔论科学知识

R. 笛卡尔是另一位为科学学研究打下坚实基础的哲学家，他是近代史上唯理论的代表。笛卡尔是解析几何的创始人，最先引进了变数和函数的观念。在物理方面，他认为纯粹的空间不存在，在整个世界中只存在物质，这些物质经常处于机械的运动中，并提出了运动量是守恒的卓越见解。在宇宙理论中，他提出星体是由微粒的旋涡运动所造成的，这是关于太阳系形成的有价值的猜测。

在哲学上，笛卡尔是位二元论者，他认为精神与物质是两种完全独立的实体，感性认识只能给人以模糊的观念，只有理性认识才能给人以清楚明白的概念，因此真理的标准不在于实践，而

---

① ［美］科恩著，鲁旭东译：《科学中的革命》，商务印书馆 1999 年版，第 185页。

在于理性。

笛卡尔认为，由感觉和思维给予我们的知识，没有一个命题的真实性不能加以怀疑，甚至可以怀疑外界和自己的存在，唯一不容怀疑的就是"我在怀疑"这一思维活动。这样，笛卡尔就找到一个坚实可靠、无可怀疑的出发点"我思故我在"。

笛卡尔把方法论视为一切工作的首要问题，时刻在寻找一种能在科学中便利于发明和发现真理的一般方法。他认为每个人都拥有均等的获得科学知识的能力，之所以有人得到了知识，有人没有，是因为他们运用的方法不同。他说："那种正确地做判断和辨别真假的能力，实际上也是我们称之为良知或理性的那种东西，是人人天然地均等的；因此，我们的意见之所以不同，不是由于一些人所具有的理性比另一些人更多，而只是由于我们通过不同的途径来运用我们的思想，以及考察的不是同样的东西。""那些最伟大的心灵既可以做出最伟大的德行，也同样可以作出最伟大的罪恶；那些只是极慢地前进的人，如果总是遵循着正确的道路，可以比那些奔跑着然而离开正确道路的人走在前面很多。"①

笛卡尔认为，获取真正知识的最科学的方法就是以数学为基础的唯理性的演绎法。他认为，绝对确实的知识只能建立在绝对确实的根据上。要想得到绝对确实的知识，必须从最简单的、最容易的问题入手，一个简单明白的概念比许多暧昧模糊的观念有价值得多，而数学正是这样一种方法。因为数学可以有秩序地由一个问题进到另一个问题，由一个答案进到另一个答案，由一个发现进到另一个发现。

---

① 笛卡尔：《方法谈·成长（2002 年第二辑）》，山东画报出版社 2002 年版，第 4 页。

他认为，数学是解决问题的唯一方法，借助它可从已知求未知。于是，他企图把数学方法用于人类全部知识领域，并期望任何科学分支都从一个清晰明白的公理出发，按照数学的程序，像几何的方式一样，用大量的演绎推理的方法，导出新的定律，建立新的真理。他在《方法论》中提出了方法论四原则："第一条是：决不把任何我没有明确地认识其为真的东西当作真的加以接受，也就是说，小心避免仓促的判断和偏见，只把那些十分清楚明白地呈现在我的心智之前，使我根本无法怀疑的东西放进我的判断之中。第二条是：把我所考察的每一个难题，都尽可能地分成细小的部分，直到可以而且适于加以圆满解决的程度为止。第三条是：按照次序引导我的思想，以便从最简单容易认识的对象开始，一点一点地上升到对复杂的对象的认识，即使是那些彼此间并没有自然的先后次序的对象，我也给它们设定一个次序。最后一条是：把一切情形尽量完全地列举出来，尽量普遍地加以审视，使我确信毫无遗漏。"①

5.2.4 马克思、恩格斯论科学技术

马克思、恩格斯关于科学技术的论述，蕴涵着珍贵的科学学思想。默顿指出，马克思主义"始终一贯地坚持'生产关系'构成上层建筑的'真实基础'这一命题。'物质生活中的生产方式决定了生活的社会政治和精神过程。不是人们的意识决定他们的存在，恰恰相反，而是他们的存在决定他们的意识'"②。"马克思对构造社会与科学思想之间互动的普遍方式

---

① 笛卡尔：《方法谈·成长（2002 年第二辑）》，山东画报出版社 2002 年版，第 7—8 页。

② 马来平等著：《理解科学：多维视野下的自然科学》，山东大学出版社 2003 年版，第 131—132 页。

有着根本性的影响，对于这一点，即使有争论也是寥寥无几的。"① 在强调生活关系决定人们的社会意识的同时，马克思又特别强调，"阶级是首要的决定因子，因而它是一个最有成效的分析出发点"②。社会学家巴伯曾评论说："如同在现代社会科学的其他一些领域中一样，在科学社会学中卡尔·马克思也是奠基人之一。"③

马克思关于科学知识形态的一般生产，通过物化为技术在机器上实现为现实生产力，科学是一种在历史上起推动作用的革命的力量，生产关系对科学发展起着制约作用的一系列观点，超越了把科学狭隘地理解为对自然界及其规律的客观描述的认识。贝尔纳认为："马克思主义的理论对于认识科学在历史上的地位至关重要。如果没有马克思主义，自然科学可能还只是关于宇宙以及控制的有效秘诀这类有趣资料的不断堆积，人类历史可能还是限于政治变迁的叙述，而不加以任何一贯的解释。"④

恩格斯认为，科学首先产生于社会和生活需要，是由生产决定的。"必须研究自然科学各个部门顺序的发展。首先是天文学——游牧民族和农业民族为了定季节，就已经绝对需要它。天文学只有借助于数学才能发展。因此也开始了数学的研究。——后来，在农业发展的某一阶段和某个地区（埃及的提水灌溉），特别是随着城市和大建筑的产生以及手工业的发展，力学也发展起来了。不久，航海和战争也都需要它。——它也需要数学的帮

---

① ［美］罗伯特·K.默顿著，鲁恒东译：《科学社会学散忆》，商务印书馆2004年版，第13页。
② 马来平等著：《理解科学：多维视野下的自然科学》，山东大学出版社2003年版，第133页。
③ 同上。
④ 同上书，第141页。

助，因而又推动了数学的发展。这样，科学的发生和发展一开始就是由生产决定的。"①

科学与生活有着共同的社会基础，科学通过转化为技术依附于机器与人的生活是不可分的，当然科学是以被异化了的形式介入生活的。马克思指出："自然科学却通过工业日益在实践上进入人的生活，改造人的生活，并为人的解放做准备，尽管它不得不直接地完成非人化。"② 如果把工业看成是人的力量的外在展示，那么科学就可以理解为人的本质力量，"因此，自然科学将先失去它的抽象物质的或者不如说唯心主义的方向，并且成为人的科学的基础，正像它现在已经——尽管以异化的形式成了真正人的生活的基础一样；至于说生活有它的一种基础，科学有它的另一种基础——这根本就是谎言。工业是自然界同人之间、因而也是自然科学同人之间的现实的历史关系"③。

科学的发展不仅是社会和工业生产的产物，哲学的发展根本上讲也是科学和工业发展推动的结果。"在从笛卡尔到黑格尔和从霍布斯到费尔巴哈这一长时期内，推动哲学家前进的，决不像他们所想像的那样，只是纯粹思想的力量。恰恰相反，真正推动他们前进的，主要是自然科学和工业的强大而日益迅速的进步，在唯物主义者那里，这已经是一目了然的了。"④ "自然科学本身（自然科学是一切知识的基础）的发展，也像与生产过程有关的一切知识的发展一样，它本身仍然是在资本主义生产的基础上进行的，这种资本主义生产第一次在相当大的程度上为自然科学创

---

① 《马克思恩格斯全集》第 20 卷，人民出版社 1971 年版，第 523 页。
② 《马克思恩格斯全集》第 42 卷，人民出版社 1971 年版，第 128 页。
③ 同上。
④ 《马克思恩格斯全集》第 21 卷，人民出版社 1971 年版，第 318 页。

造了进行研究、观察、实验的物质手段。"①

在现代工业社会，由于科学技术已经表现成一种生产力，成了资本家致富的手段和工具，因此，从事科学研究的人被纳入工业生产的体系，越来越成为一种专门的社会职业者。反过来，科学在社会和工业生产的推动下，发展速度越来越快，规模越来越大。"由于自然科学被资本家用作致富的手段，从而科学本身也成为那些发展科学的人的致富手段，所以，搞科学的人为了探索科学的实际应用而互相竞争。另一方面，发明成了一种特殊的职业。因此，随着资本主义生产的发展，科学因素第一次被有意识地和广泛地加以扩展、应用并体现在生活中，其规模是以往的时代根本想像不到的。"②

科学的社会属性也就决定了科学本身具有意识形态的力量。恩格斯指出："各门科学在 18 世纪已经有了科学形式，因此它们便一方面和哲学，另一方面和实践结合起来了。科学和哲学结合的结果就是唯物主义（牛顿学说和洛克学说同样是唯物主义所依据的前提）、启蒙时代和法国的政治革命。科学和实践结合的结果就是英国的社会革命。"③

马克思、恩格斯对科学和科学知识的社会属性、意识形态属性的研究为科学学的发展提供了广阔的、坚实的理论基础。纵观科学学学科发展和学科结构，其对科学和科学知识的研究不外乎两个领域：一是在微观上对科学知识的认识论、本体论、方法论研究；二是从宏观上对科学与社会、政治、经济的关系以及科学增长模式的研究。培根、笛卡尔对科学学的影响主要是在微观领

---

① 《马克思恩格斯全集》第 47 卷，人民出版社 1971 年版，第 572 页。
② 同上。
③ 《马克思恩格斯全集》第 1 卷，人民出版社 1971 年版，第 666—667 页。

域，而马克思、恩格斯则从科学与社会、科学与生产力、科学与意识形态、科学与社会革命等诸多领域作出了奠基性贡献。

5.2.5　对科学知识的社会学研究

科学社会学的创始人罗伯特·默顿（Robort K. Merton）在1936 年发表的《文明与文化》一文中提出，应把知识问题作为社会学研究的主要问题，"文化"的概念包括价值和规范原则，"文明"的概念则包括理论知识和实用技术。社会经济因素对科学技术的发展具有巨大影响，科学系统内部、科学家集体以及科学、技术、生产之间具有复杂性的社会相互关系。默顿认为，科学是社会和文明的子系统，科学与宗教、经济等社会子系统之间是相互依赖的。"在一个建制化的领域里——即宗教或者经济——建立起来的社会典型化的兴趣、动机和行为是与从其他建制化的领域里——即科学——所得到的社会典型化的兴趣、动机和行为是相互依赖的。"[①] 科学家会有多重社会身份和作用，他可以有科学的、宗教的、经济的和政治的社会身份，这样"在一个建制化范围内形成的社会，知识和价值的成果可以分配到其他建制中去"[②]。

科学学的另一位奠基人贝尔纳，秉承了马克思主义的唯物史观，把科学置于广阔的历史背景中加以考察，认为科学是社会、经济及政治这一社会整体中不可缺少的一部分，科学是受着社会和经济力量影响的。贝尔纳在其《科学的社会功能》一书中说："极其粗略地阅读一下科学史就会知道：促使人们去作科学发现的动力和这些发现所依赖的手段，便是人们对物质的需要和物质

---

① 王兴成、徐耀宗：《科学学五十年》，辽宁人民出版社 1986 年版，第52—53 页。
② 同上。

工具。"① 他认为，实验科学之所以在资本主义的条件下兴起，这是由于经济因素产生的需求和君主制的封建经济转化为买卖劳动力的商品经济的现实需要。

贝尔纳认为，关于科学的哲学思考有两种不同的观点。一种是"理想主义的科学观"，这种观点认为："科学仅仅同发现真理和观照真理有关，它的功能在于建立一幅同经验事实相吻合的世界图像"。"他们不承认科学有任何实用的社会功能，或者至多只承认，科学的社会功能是一个比较次要的和从属的功能。""科学本身就是目的，科学就是为认识而认识的纯认识。"② 另一种观点是"现实主义的科学观"，这种观点认为："科学就是力量"，认为"功利是最主要的东西；真理似乎是有用的行动的手段，而且只能根据这种有用的行动来加以检验"③。

贝尔纳指出："现代人类已经有了一百年前根本无法想像的物质享受和力量，现在人类在征服疾病方面已经取得了真正伟大进展，现在人类已经有可能永远免受饥馑的威胁，但是他将不得不承认：如同古代道德解决不了人人有道德的问题一样，现代物质科学在事实上也解决不了普遍富裕和幸福的问题。战争、金融混乱、千百万人所需要的产品被人甘心情愿地毁掉、普遍营养不良现象、比历史上任何战争都更可怕的未来战争的威胁等等，这些都是我们在描绘现代科学成果时必须指出的现象。所以无怪乎科学家们自己越来越不相信科学本身会自然而然地使世界好一

---

① ［英］J. D. 贝尔纳著，陈体芳译：《科学的社会功能》，广西师范大学出版社 2003 年版，第 9 页。
② 同上书，第 7 页。
③ 同上。

点了。"①

科学已经不是贵族智力消遣的活动，而成为一种职业。科学家总得维持生活，他们的科学研究需要实验室、仪器设备、图书资料、信息交流等条件保证，他们的研究成果又极少是可以立即生产出产品来的，因此；庞大的前期投资对于科学研究来说是必要的。当前，这种投资已经不是科学家本身能够承担的，国家和企业家的投资对科学来说非常重要，一旦科学被控制住经济命脉，也就难以逃脱社会控制的命运了，追求"为科学而科学"的境界愈发不可能。因此，"科学研究和教学事实上成为工业生产的一个小小的但却是极为重要的组成部分。我们就是要在它对工业的贡献中来寻找科学在当前的社会功能"。"不管科学在发展过程上受到多大的阻碍，要不是由于它对提高利润有贡献，它永远不可能取得目前的重要地位。假如工业界和政府的直接和间接补贴终止的话，科学的地位会立即变得和中古时代一样低。"②

5.2.6 科学发展范式的争论

1925 年 F. 兹纳涅斯基在《知识科学的对象和任务》中认为，认识存在"认识价值"和"认识活动"这两个既有区别又有联系的概念。所谓"认识价值"是指一个人所赋予现象的真理特性；而"认识活动"则是指人们对现象所进行的观察、判断和推理等思维活动。认识价值是认识活动的对象、材料、工具和产品，认识价值的每一变化中都包含着其认识活动的源泉。认识活动虽然创造知识价值，但它依赖于所活动的条件，这些条件

---

① ［英］J. D. 贝尔纳著，陈体芳译：《科学的社会功能》，广西师范大学出版社 2003 年版，第 11—12 页。

② 同上书，第 15 页。

可以是知识的、方法论的或技术的，也可以是前人的概念、工具和方法，没有这一切，也就不能产生认识价值。

他认为人类知识的发展呈现出创造性地积累认识价值和进行新的认识的过程，这一过程具有继承性和创新性两个方面。在此基础上，他总结出三条经验性原则："（一）知识的发展继续原则，即新的认识活动是前一种认识活动的逻辑的和遗传的继承。这种新的认识活动可以是原有活动的变形，也可以是一种新的思想功能。（二）自由和无法预测的原则，例如牛顿的理论从逻辑和遗传的角度来看继承了开普勒、伽利略等的理论，但是这种继承关系并不包含历史的继续，也不具备知识发展的内在的合理性秩序。相反，这种认识发展表现出不合理和无法预测的特点。（三）知识秩序的不可逆原则。"①

美国科学史专家 D. 普赖斯和兹纳涅斯基一致认为，科学是一种累积的过程，他运用科学计量学的方法，得出科学发展按指数增长的规律，又称积累规范。在其著作《小科学，大科学》中，他把科学的方法运用于研究现代科学自身的整体结构问题：一是科学的指数增长和科学家的作用；二是科学的指数增长对当代社会和未来发展的影响。

普赖斯认为，当代科学超越了过去的全部成就，进入了一个新的科学时代，那是清除了一切陈腐，却保持着基本传统的时代。现代科学显得如此宏伟，它完全可以与埃及的金字塔和欧洲的大教堂媲美。国家在科学方面投入巨大的人力和财力，使科学成为国民经济的决定性部门之一。崭新的、辉煌的和无比强大的现代科学，它的大规模性质是如此令人注目，以致人们用"大科学"一词来誉之。

---

① 王兴成、徐耀宗：《科学学五十年》，辽宁人民出版社 1986 年版，第 43 页。

他测定，按科学家人数或出版物的数量，科学的规模在 10 至 15 年的周期内翻一番。如果出版物的质量不分高低，而只注重最基本的科学定义的话，则这些出版物数量翻番的周期为 10 年。如果当选择进行得比较严格，人们只选择相当质量的出版物和作者的时候，则翻番的周期为 15 年。如果选择的严格程度提高，人们只选择高质量的科学出版物时，则翻番的周期大约要延长到 20 年。普赖斯把科学发展的翻番周期与其他社会现象和社会事物发展的翻番周期进行了比较研究，得出的结果如下：①

100 年——国家名人手册收录的人数；

50 年——劳动力、人口、大学数量；

20 年——国民生产总值、重大的发现、著名物理学家人数、化学元素的数量、仪器的精度、每千人中大学生的数量；

15 年——文科和理科学士、科学期刊、科学学会会员、化合物数量、各学科的科学文摘数量；

10 年——小行星发现数量、非欧几何学文献、伦琴射线文献、实验心理学文献、美国的电话数、美国工程师人数、交通的速度、发电量；

5 年——国际电话通信量、铁的磁导率。

普赖斯在研究了科学发展的指数增长规律之后，进而探讨了科学发展的逻辑增长规律。他指出，指数增长在达到一定界限时，就必然放慢和停止，而决不至于达到荒唐的地步。

关于科学增长的模式，恩格斯也曾经说过："科学，它的进步和人口的增长一样，是永无止境的，至少也是和人口的增长一样快……人口的增长同前一代的人数成比例，而科学的发展则同

---

① 王兴成、徐耀宗：《科学学五十年》，辽宁人民出版社 1986 年版，第 80 页。

前一代人遗留下来的知识量成比例。"[1]

　　库恩在《科学革命的结构》一书中提出，科学的发展经历"前科学、常规科学、反常、危机、科学革命"几个阶段，然后开始新一轮的循环，他把这种模式称为科学的范式革命。他认为，凡科学上的创造发明都是从根本上推翻过去科学家们造成的普遍认识或"常规认识"，打破旧规范，创立新规范。他把这种思想和行动称为"科学革命"。

　　库恩提出的范式（Paradism，也译为范型、规范），来自希腊文，原来包含"共同显示"的意思，由此引出模式、范例等意义。库恩在《科学革命的结构》一书中，对"范式"的使用比较多，也不统一。人们一般把"范式"理解为普遍承认的科学成就。在一段时期，它为科学提出典型的问题并给予回答。如，在科学活动中，某些被公认的定律、定理及其应用的范例，科学研究的传统规范等。学习这种范式，可以使科学共同体中的新手做好参加科学活动的准备，也可以使科学共同体的研究人员遵守科学活动的共同规则，这是一种研究传统形成的条件，也是"常规科学"继续存在的前提。因此，"范式"概念是与"常规科学"概念密切相关的。

　　库恩的范式革命不仅是科学知识增长理论的一种学说，而且成为课程理论的一种方法论基础，课程"范式、范型、转型"成为分析课程改革出现的频率最高的语词之一。

　　我们认为，从亚里士多德的物理思想到牛顿力学再到爱因斯坦相对论，可以说是库恩范式革命的例证。但除此之外，人们很难在科学发展中找出符合库恩范式革命的范例，而且经典力学与相对力学也并不是严格意义上"不可通约"的。许多科学家和

---

　　① 《马克思恩格斯全集》第 1 卷，第 621 页。

科学史学家并不完全信服自然科学可以清晰地划分为"常态"和"革命"相互交替的阶段。

西方"后现代派"则把库恩作为反科学的"同盟者",他的科学革命的主张在后现代哲学、心理学、认识论、社会学、文化学、女权运动和艺术等领域得到"发展"。自波普尔、库恩和费耶阿本德等科学哲学家对科学的深刻反省以来,"后现代派"的信条就是宣称"一切知识都是由文化决定的"。科学的文化性是我们进行科学课程社会学分析的基本前提,但又需要警惕陷入相对主义和反科学的泥潭。

科学学关于科学方法论的批判性研究、关于科学发展的累积型模式和革命型模式的研究;关于将科学研究作为一种社会职业,科学家作为一种社会职业者的研究,社会经济、政治、宗教、文化发展对科学发展制约性的研究等,是对科学课程及其变革进行社会学分析的理论基础。为在科学课程设计中,对诸如循序渐进的原则、学生的科学认知模式、直觉与顿悟在科学学习中的意义与价值等诸多问题进行研究,提供了一种分析视角。

科学学逐渐分化为科学社会学、科学政治学、科学计量学、科学政策学、科学预测等诸多学科领域。在科学社会学领域,自20世纪70年代以来,又出现了以马尔凯、巴恩斯为代表的自称为科学知识社会学(sociology of science knowledge,简称SSK)的学派。由于这些研究者以爱丁堡大学为中心,形成了所谓的知识社会学的爱丁堡学派。科学知识社会学对科学知识的客观、普遍、价值中立性进行了深刻解构。

5.3 科学知识客观、普遍、价值中立性的解构

传统的科学知识观认为,科学知识尽管有社会起源,但这种

起源与科学知识的内容无关。自然界是现实而客观的，科学就是致力于提供关于自然现象世界的客体、过程和关系精确说明的事业。科学知识是对自然世界真实特征的揭示，并简约于系统的陈述之中。纯粹的、符合非个人的技术标准的科学知识，是独立于偏见、情感、自我利益等主观因素的。

但科学知识社会学认为，科学知识并不是由科学家"发现"的客观事实组成，不是对外在自然界的客观反应和合理表述，而是科学家在实验室制造出来又通过各种修辞学手段将其说成是普遍真理的局域性知识，是负荷着科学家的认识和社会利益或受到社会因素制约的。像其他任何知识（如宗教、意识形态、常识）一样，科学知识实际上也是社会建构的产物。

5.3.1　传统的科学知识观

虽然传统科学知识观的形成有一个绵延的历史过程，但对知识进行系统实证研究的代表应该是奥古斯特·孔德（August Comte）。在《实证哲学教程》中，他把人类知识的发展划分为三个时期："神学时期"、"玄学时期"和"实证时期"。"实证时期"的知识与虚构的知识不同，是基于经验方法论的、真实的、有用的、肯定而准确的知识。这种知识的典范是现代自然科学知识。

19世纪，人们惊叹于自然科学成就的同时，逐渐形成了人类及其周围的世界也服从相同的物理定律与过程，观察、归纳、演绎与实验的科学方法不但可以应用于科学，而且在人类思想与行为的各种不同领域里也可以应用的观念。除孔德外，实证主义早期诠释者还包括穆勒（J. S. Mill）、斯宾塞（Herbert Spencer）和迪尔凯姆（Emile Durkheim）。他们认为，知识的科学性不再需要通过感官领悟，而是必须付诸经验的调查，没有观察就没有真理。所谓经验的就是客观既存的事实，而科学就是对那些事实的观察和描述，既然经验就是事实的，科学知识就是确证的。

进入 20 世纪，科学取得了显著的进步，相对论和量子力学的发展给传统的实证主义科学哲学带来革命性的冲击，科学理论难以与自然世界的经验一一对应，观察者和被观察对象也无法分离。20 世纪 20 年代，以石里克（Moritz Schlick）、纽拉特（Ot-toneurath）、卡尔纳普（Rudolf Carnarp）、波普尔（Karl Popper）、维特根斯坦（Ludwig Wittgenstein）为代表的逻辑实证主义者，把科学哲学引入新实证主义阶段，主张用"科学的逻辑"代替传统的认识论。

逻辑实证主义者认为，感觉经验是唯一的知识来源，科学必须要能够"证明为真"，证明的方式包括经验证明和形式上理论上的逻辑证明。所有有意义的陈述，要么是关于感知材料的可确证陈述；要么属于"分析性"陈述，诸如逻辑和数学上的陈述 $2+3=5$，5 是 $2+3$ 分析性陈述的必然结果，自然为真。他们认为，只有科学能给予我们真正的知识；形而上学的东西，如：本质、本体、存在、第一因等等，都是没有意义的，必须加以摒弃。"意义"（meaning）之所以有意义，是因为意义有所指，并且是可由经验加以检验的。只有可用经验检验的命题才是真命题，否则便只是假命题，这便是逻辑实证主义的"可证实性"（verificability）。

科学的特征是从经验出发，通过分析和演绎得出规律性的通则，通过对科学语言进行逻辑分析，排除与科学发现有关的社会、历史和心理因素，以便给科学提供纯粹的理性重建。把实证主义原则与数学、数理逻辑和语言学的成果结合起来，便是逻辑实证主义的意义理论，即一切科学都是经验科学，每一个有意义的陈述等值于某种以指称直接经验的名词为基础的逻辑结构。

逻辑实证主义者认为，科学的逻辑或一种完整的经验科学知识应该探讨以下三个问题："一是知识的基础问题，即检验科学假说的最终论据是什么，包括每一门科学有无这样的基础以及各门科学之间有无共同基础。二是理论的结构问题，即概念之间及陈述之间有系统的联系，特别是公理系统的解释问题和说明逻辑。三是理论的确认度问题，即证据在多大程度上给假说以支持，或假说从证据得到多大程度的确认。"①

无论是实证主义还是逻辑实证主义都假定，科学事实是关于外在真实世界的事实，它在某种程度上只能借逻辑和数学知识的中介才能实现，不依赖或反映社会现实。新老实证主义者共享的科学世界观包括：②

（1）科学主义（scientism）。不论是自然的还是社会的问题，其研究方法是同一的。在现代文化中，知识的意义是由科学来界定的，自然科学已为所有科学提供了方法标准，在自然科学方法与社会科学方法之间是没有必然判别的。

（2）自然主义（naturalism）。所有的科学都研究外在于自身的对象，这些对象可化约为可观察的原子单位，运用模像理论、对应理论和比配理论进行分析。

（3）经验主义（empiricism）。科学的基础是观察，实证知识建立在能够观察和确证的事实的基础上。科学家通过实验揭示客观存在的一般规律，再根据规律提出假说来预测将要发生的

---

① 赵万里：《科学的社会建构》，天津人民出版社 2002 年版，第 58—59 页。

② 同上书，第 60—61 页。

事情。

（4）价值无涉（value freedom）。科学不对其论题进行价值判断，主张价值不能从事实中获得。只有事实是可以检验的，价值则不然。对科学真理的追求可以独立于道德反省或个人的主观因素而实现，真理是关于客观实在的说明性陈述，是可以检验的。科学知识不同于所有其他人类知识，可以检验证实，是普遍为真的。

（5）工具性的知识（instrumenta knowledge）。实证科学是确定知识，因而也是有用的，可以准确预测和操纵社会的运行。实证主义者追求技术上有用的知识，并相信它们可以运用于不同形式的社会改革。圣西门和孔德主张"实证科学"与"实证政治"。此后的实证主义者虽仍然将科学视为技术上有用的知识，但越来越倾向于淡化科学公开的政治意义。到维也纳学派的逻辑实证主义，实证政治就被抛弃了，科学成了纯粹的非政治的知识。

马克思、恩格斯、曼海姆对科学的意识形态分析，库恩历史主义的科学发展观，巴恩斯、马尔凯把相对主义纲领引入科学知识的分析，均在一定意义上解构了传统科学知识观所秉承、所宣称的科学主义，自然主义，经验主义，价值无涉，工具性知识的传统。

5.3.2　意识形态论的科学知识观

虽然实证主义把科学知识视为客观、普遍、价值中立的，但当其把科学方法引入哲学、社会学研究领域时，科学就变成了一种意识形态。其实他们赋予科学知识以客观、普遍、价值中立的品质本身就是意识形态的产物。意识形态（ideology）最早是19世纪初由特拉西在其《意识形态概论》中首先提出来的，意在研究人和心灵、意识和认识的发生、发展规律与普遍原则的学说。马克思、列宁站在唯物主义立场上，论述了无产阶级意识形态的科学性。但在西方，意识形态一直被指责为"虚假的理论"，意识形态的结构内涵受社会、政治作用的制约关系。主流的思想认为，意识形态与科学是分离的。

马克思、恩格斯早就关注到，科学及科学技术越来越成为资本家剥削的工具，他们断言，科学是社会的产物，科学的成就、应用和发展只有在一个更加广泛的社会历史脉络中才能得到理解。恩格斯不但关注科学的不断发展，而且对科学的这种发展所能带来的和可能带来的社会革命进行了深刻的思考。恩格斯在得知电磁学的发展和电的应用后，评论到："电的利用将为我们开辟一条道路，使一切形式的能——热、机械运动、电、磁、光——互相转化，并在工业中加以利用。……这一发现使工业几乎彻底摆脱地方条件所规定的一切界限，并且使极遥远的水力的利用成为可能，如果在最初它只是对城市有利，那么到最后它将成为消除城乡对立的最有力的杠杆。"①

马克思、恩格斯对科学技术社会价值的认识是辩证的。科学技术一方面是资产阶级进行掠夺和统治的工具，同时又是社会革命的推动力量。"一方面机器成了资本家阶级用来实行专制和进行勒索的最有力工具；另一方面，机器生产的发展为用真正社会的生产制度替代雇佣劳动制度创造必要的物质条件。"②

马克思、恩格斯关于科学技术的社会功能的论述，说明科学技术本身并非完全价值中立，当它转化为现实生产力时，也就在生产力和生产关系之间扮演着一种革命的力量。当社会适应科学

① 《马克思恩格斯全集》第35卷，第446页。
② 《马克思恩格斯全集》第16卷，第357页。

技术发展的时候，它一方面加快自我发展，另一方面通过不断地转化为现实生产力，预示着社会失衡的出现；当社会束缚了科学技术发展的时候，它就转化为一种革命的力量。这样，科学技术就不是一种简单的理论体系，而成为推动社会历史发展的有力杠杆、最高意义上的革命力量。

科学技术发展与社会发展之间的关系，映射着社会形态、社会制度的合理性。科学技术通过影响人类的生产、生活方式（如消灭城乡差别）影响着社会的存在和发展。从这个意义上讲，它不仅是日常生活意义上的意识形态而且是国家宏观社会发展意义上的意识形态。人们一方面可以利用束缚了科学技术的发展来论证一种社会制度的不合理性（如欧洲中世纪的宗教统治、中国的文化大革命时期）；另一方面，人们可以利用科学技术的迅速发展来辩护现有社会体系的价值合理性（如改革开放后带来的科学的春天）。

卡尔·曼海姆（Karl Mannheim）拓展了马克思的"存在基础"概念，并将马克思对意识形态的思想扩大到一般知识，认为人类的思想结构本质上都含有意识形态的性质，任何有关真理的声称都不过是一种自欺。他在《意识形态与乌托邦》一书中说："我们可以证明：（a）认识过程实际上并非是按照存在的规律发展的，它的发展并非仅仅遵从'事物的本性'或'纯逻辑的可能性'，它并不是由'内在辩证法'推动的。相反，现实思想的出现和定型在许多方面都是受与此非常不同的超理论因素影响的。与纯理论因素相反，这些超理论因素可以称为存在的因素。这样思想的存在也就不得不被认为是一个事实。（b）这些存在因素对知识的具体内容的影响决非只有边缘性的重要性，它们不仅与观念的创生有关，而且渗透进了观念的形式和内容之中。此外，它们还决定性地决定了我们的经验和观察的范围和强度，即我们以前称之为学科'视角'的东西。"①

对文化现象的适当分类和理解，必然涉及参与者本身对意义的诠释，而意义却不像外在世界的客体那样仅是一个为人们所观察的对象。任何一个历史时期的群体都有他们自己的价值和意义，他们的诠释必然是从其自身文化的特定意义架构出发的。因此，任何人类文化的产物均无法用一种永久不变的观点来加以充分分析。虽然曼海姆把科学知识排除在文化现象之外，但他对文化现象的意识形态分析方法被相对主义的科学知识社会学所吸收。

另一条分析进路源自涂尔干，他从人类学的视角对科学知识进行了意识形态学分析。认为社会并不仅仅是个人的集合，它还包含着各种体制和建立起来的行为模式。人们之间的相互沟通需要一套共同的符号，这便形成了公共信仰和观念，即"集体意识"或"集体表述"的基础。集体意识或集体表述显示了社会成员的一般看法或想法，提供了观念的框架和词汇，它不仅是社会生活而且是精神生活的推动力。

集体意识的强弱依赖于个人在群体中的整合程度，以及该群体在整个社会中的整合程度。集体意识是法律、道德和宗教的源泉，甚至我们对周围事物的辨别、分类和综合判断也是受集体意识的影响决定的。时间、空间、力、矛盾、分类这些观念最初源自社会结构的形式，是由社会因素决定的。比如一个群体的时间概念来自其集体生活的社会节奏。迪尔凯姆认为，我们能够表明某些社会发展如何带来了科学的产生，科学的某些集体特征使科

① 卡尔·曼海姆著，艾彦译：《意识形态与乌托邦》，华夏出版社 2001 年版，第 266—267 页。

学方法如何体制化，少数科学家的观点如何被高度分化的社会所接受等等。

哈贝马斯（Juergen Habermas）从语言哲学的视角对"科学技术即是意识形态"的命题进行了深入的分析。他认为，当代资本主义社会进入了人类社会发展史中的一个新的历史时期，科学技术取得了合法的统治地位，成了理解一切问题的关键，科学技术成为了意识形态。哈贝马斯认为，在西方现代化进程中起主导作用的是技术理性（或工具理性），科学技术已经成为维持一个社会正常运转的主要工具，成为一种决定社会系统发展的自主性力量。"科学的物化模式变成了社会文化的生活世界，并且通过自我理解赢得了客观的力量"①，科学在"今天也直接扩展到社会上；任何一个孤立的社会体系，任何一个独立的文化领域——人们可以用一个预先确定的系统目标对其种种联系作内在的分析——仿佛又能产生出一门新的社会科学学科"②。

科学技术在今天具有了双重职能。它不仅是生产力，而且也是意识形态。此外，科学技术的发展使得政治机构的日常活动日益专注于技术问题，关心现实生活中需要满足的问题，而不是关心政治实践问题、人的解放问题。只注重从技术上满足现实需要的活动，而排除"价值问题"，科学技术起着伪装行政活动和舆论非政治化的意识形态作用。

5.3.3　历史主义的科学知识观

在科学知识的增长模型上，逻辑实证主义者认为，科学知识

---

① ［德］哈贝马斯著，李黎、郭官义译：《作为"意识形态"的技术与科学》，学林出版社1999年版，第71页。
② 同上书，第90页。

是一个不断增长的线性的积累过程。波普尔按照他的"猜测—反驳"方法论，提出科学知识的增长源于理论的不断被反驳、被否定、被证伪或被推翻，并被新理论取而代之。

库恩从对科学史的考察出发，指出无论归纳主义者还是证伪主义者的看法都不符合科学发展的实际历史。归纳主义者看不到科学史中非积累的发展阶段，即科学革命的阶段；证伪主义者则忽略了科学中受传统约束的常规科学活动，却用仅仅间断性地出现的破坏传统的活动即科学革命，来代替整个科学活动。由此，库恩提出了他的科学革命模式，在这种模式中，科学的发展经历了四个环节：首先，在"前科学"（pre-science）阶段，正常的活动方式是批评议论，各个学派互相争歧。由于某个显著的科学成就使这门科学进入成熟期，常规科学出现，然后进入了"常规科学"（normal science）阶段，其目标是阐明和发展一个"范式"（paradigm）。随着科学的发展，当一个常规科学传统试图解决这个范式所遇到的异例或反常再三失败时，这门科学就会面临着危机，并进入"革命科学"（revolutionary science）阶段。革命科学阶段，人们对范式或基本理论公开表示不满，纷纷求助于哲学和根本原理的辩论，批评和议论代替解决疑难再次成为主导的活动方式，当相互竞争的理论选择问题得到解决，危机随之过去，进入新的常规科学阶段。

按照库恩的历史主义科学观，新的科学价值是在一个大的历史背景中出现的，历史上的重大社会变迁通过新的科学价值标准影响科学，产生出建构新的现象场域的范式。科学认识论、科学理论和科学的事实内容都是与历史变迁联系在一起的，具有历史主义性格，因而科学要求批判性的历史重建而不是理性重建。赫森（Hessen）曾研究说，在牛顿时代，工业家所面临的重要技术问题与自然哲学家所研究的主要科学问题之间，有着紧密的对应关系。另外牛顿所属阶级可资利用的文化资源，如政治、哲学及宗教信仰等意识形态，同样影响和限制了牛顿的思考。"决定他们思想的并不是他们的社会承诺，而是他们的社会地位，或者就是他们所在的社会。从一种大体上是与某个居主导地位的阶层的观念结合在一起的文化中，科学家们可以得出他们自己的思想。或者，他们在某种意义上反映了他们社会的总体情况，并且囊括了某一种类或某一形式的所有信念。"①

库恩认为，常规科学家并不直接研究自然界，而是研究由范式所定义的自然现象，即由仪器、方法、信念呈现给他们的"现象场域"（phenomenology）。这样，常规科学研究的对象和人文社会科学研究的对象成为具有相同性质的社会建构物。库恩认为，科学革命所带来的新范式对旧范式的胜利不是智力意义上的而是社会意义上的，因为这取决于新范式训练了更多科学家、取得了更多资助、生产了更多的实际成果。科学进步的实现不通过驳斥"错误"理论和积累"真实"事实，而是通过范式替代或科学革命这个"真实的"进步过程，它不是一个纯粹理性和合乎逻辑的过程，反而更像是宗教中的皈依或改宗（conversion），或心理现象中的"格式塔转换"（gestalt-switch）。在范式转换之后，科学家便生活在与他们前辈不同的现象世界中了，他们无法以新理论的语言来表达旧理论的思想，范式之间存在"不可通约性"。

对库恩范式的解释有保守、激进之分。按照保守的解释，"范式"是一个分析性概念，其中包含着科学活动中的认识和社

① ［英］巴里·巴恩斯著，鲁旭东译：《科学知识与社会学理论》，东方出版社 2001 年版，第 16—17 页。

会两种不同的因素，且这两种因素是可以分开的；按照激进解释，"范式"是一个整体，科学中的认识活动和社会活动本质上是相互整合的统一体。此外，对库恩科学概念意义的解读，导致了自然科学解释学的生长。库恩认为，科学概念的意义不在于它所指称的特定对象，而在于因人而异的"用法"。自然科学和人文科学并没有什么不同，因为自然科学中独立于文化、中立于价值的成分丝毫不比人文科学的多。无论是自然科学还是社会科学的概念，只有在使用中才能学习、变化和传播，概念的有效性在本质上都是文化的。自然概念的意义生成的多元化来自不同主体之间解读的差异性思想，无疑是哲学解释学的观点。

5.3.4　相对主义的科学知识观

对库恩范式和不可通约性概念的激进解读，导致了科学知识观的相对主义革命。不可通约性意味着，无论实验证据还是逻辑证明都不能被用于表明一个范式优于另一个范式。而如果一个范式不能按照科学合理性标准被认为比另一个范式更先进，那么，在这个意义上，所有的范式都是同样有效的。

相对主义的科学知识借助于科学哲学关于"事实不完全决定理论"和"观察负荷理论"的观点，对科学知识的社会决定论进行了辩护。按照迪昂—奎因的不完全决定论命题，有若干个逻辑上可能的理论是与经验证据相吻合的，因而经验有效性就无法从许多理论中分辨出唯一正确或错误的理论；既然如此，科学家做出的决定就可能不是基于理性的考虑，而社会学的解释就是合法的。

按照汉森的观察渗透理论命题，观察总是在某个既有理论下展开的，而某项观察为何会负荷这一理论而不是另一种理论，并没有内在的充分理由，显然也不得不诉诸社会因素。同时，相对主义者利用社会学、人类学和语言哲学的资料对科学知识内容的社会学因素进行了深刻的分析，认为科学所感受到的认识压力其实是社会压力。

我们能够正确接续数列（2，4，6，8……）似乎是遵循了一种自明的数学算法。但实际上，接续这个数列的能力应归于既有的训练和常规实践而不是数学认识的必然。布鲁尔通过援引维特根斯坦的理论认为，纯数学的可说明性也与特定语言文化惯例是分不开的。布鲁尔注意到巴比伦数学中没有"零"的概念，并进一步证明了"数学的概念是文化的产物"。

相对主义的科学知识观声称，社会原因是主要的和决定性的。巴恩斯提出了把科学处理为一种与其他任何文化相同的文化形式，并将文化分析技术应用于对科学的文化体制的研究。布鲁尔则发展了以经验为基础的"语言游戏的系统理论"，并用它澄清和扩展了曼海姆的知识理论。知识论的相对论和科学观的实践论，成了他们在科学研究与社会理论之间架设桥梁的思想武器。"科学不是一组在不同的特殊文化情境中维持正确描述和有效推断的普遍标准，科学中的权威和控制不会简单地保证'理性'与经验之间的互动不受妨碍。科学标准本身就是一种特殊文化形式的组成部分，权威和控制对保持这种特殊形式的适当感是必要的。"[①]"一个社会所具有的知识在很大程度上并不表示它的个体成员们的感觉经验，或所谓他们的动物性知识的总和。毋宁说，知识就是他们对实在的集体看法或诸看法。"[②]

在人类学领域对库恩的激进解读认为，科学首先是关于做事（doing things）和学习做事（learning how to do things）的活动，

---

① 参见赵万里《科学的社会建构》，天津人民出版社2002年版，第115—116页。
② 同上。

科学家的思想与科学家的行动是密不可分的。库恩说过："学习理论的过程依赖于应用研究，包括用纸和笔以及用实验室的仪器实际解题。例如，如果说学习牛顿力学的学生曾发现过'力'、'质量'、'空间'、'时间'等术语的意义，那一定不是由于他从课本中那些不完善的（尽管有时也有帮助）定义出发，而是由于他观察并参与了这些概念解题的过程。"①

　　科林斯在一篇分析建造 TEA 激光器的科学家社会网络的论文中发现，除非与那些实际制造出了这种激光器的科学家发生直接的人际往来，没有一个科学家个人或群体能够仅仅根据正式发表的文献资料制造出一台能够动作的 TEA 激光器。科林斯认为，这种直接的人际往来之所以重要，是因为只有通过直接互动，科学家才能彼此交流那些虽然必要但无法言传的非形式化知识，从而证明科学技术中隐含着社会学属性。

　　同时，相对主义的科学知识观也受到了许多来自科学家和哲学家的批评。这些批评主要集中在科学知识社会学家所积极倡导的对称性和相对主义的知识观。所谓对称性（symmetry），原是现代物理学中的一个核心概念，意指相对于分界线或中央平面两侧物体各部分在大小、形状或相对位置上的对应性。科学知识社会学家将其引申为同一类型的原因（或证据），既可以用来说明真实的信念，也可以用来说明虚假的信念；并由此推论说，科学知识的真是相对的，知识的内容具有社会决定性和历史依赖性，观察渗透理论，理论与事实，真信念与假信念之间没有明确的界限。

　　物理学家艾伦·弗兰克林（Franklin, A.）在分析了约瑟

---

① ［美］托马斯·库恩著，金吾伦、胡新和译：《科学革命的结构》，北京大学出版社 2003 年版，第 46—47 页。

夫·韦伯的引力波探测实验和弱电相互作用的温伯格—萨拉姆模型（Weinberg-Salam Model）后指出，科学家放弃或接受某种科学模型，是基于客观实验等认识论证据，而不是像后现代主义所认为的那样：科学成果是科学家的政治利益，或谈判技巧的修饰学的产物。马丁·霍利斯（Martin Hollis）认为，科学知识社会学家对所有的信念进行因果说明，坚持相对主义立场，腐蚀了"客观性"这一支撑科学知识大厦的核心概念。相对主义者在对科学知识的性质进行评判时，其实已经预设了自己的信仰和价值导向，这就带来了内在的自相矛盾性。因为，按照科学知识社会学者所坚持的相对主义立场对其自身所持的相对主义观点进行分析，他们关于科学知识的社会建构论的解释本身也是相对的，也不是什么真的信念。最终，其研究结论要么是错误的，要么是没有什么研究价值的。

如：默顿在分析霍皮人的祈雨仪式时就拒绝接受霍皮人自己的信念，即他们的祈雨仪式将带来丰富的雨水。默顿解释说，霍皮人经常举行祈雨仪式不是因为它们能带来所意图的结果，而是因为它们有加强部落成员之间团结这样一种潜功能，后者是不为霍皮人所认识的。

霍利斯指出，默顿首先是建立了自己的合理性标准的，因为只有借助于这一标准，他才能将霍皮人的信念看成是错误的和非理性的，而把他自己的信念视为正确的和理性的。也就是说，知识社会学家在用相对主义范式分析科学知识的同时，自己却走到了相对主义科学观的对立面。因而，相对主义对科学合理性的批判既不能界定一个对科学实践进行研究的方式，也就不能用于说明它自身。

虽然相对主义的科学知识观本身也存在不足和缺陷，但相对主义、以社会因素作为科学知识产生、发展决定因素的观点，从另一个侧面、从一定程度上的确解构了客观、普遍、价值中立的传统科学知识观。此后，以社会建构论为基础的科学知识社会学逐渐从后台走向了前台。

5.4　科学知识的社会建构

科学知识社会学认为，科学知识与其他知识形态并无本质的区别，也是社会建构物，必然受社会文化的影响，故这种观点又称"建构主义"（constructivism）。

5.4.1　科学知识的社会建构

科学知识的社会建构论者所倡导的"社会建构"通常是隐喻社会行动的人工性质，即自然事物的结构本身是能够加以改变并重新安排的。"建构论"所指涉的是这样一种思想，即人类不是发现了这个世界，而是通过引入一个结构而在某种意义上"创造"了它。"所谓建构主义乃是指，既然是人自身创造了社会和文明的制度，那么他也就必定能够随意改变它们以满足他的欲求或愿望。"①

皮亚杰（Jean Piaget）最先研究了认识通过环境与主体的互动而发展的过程，明确突出了建构过程在认识论中的地位。皮亚杰认为，传统的认识论只顾及到高级水平的认识，或认识的某些最后结果，而看不到认识本身的建构过程。实际上，所有学科都是以不断发展为其特征的，任何一门学科都是不完善的，且处于不断建构过程之中。他说："认知结构既不是在客体中预先形成了的，因为这些客体总是被同化到那些超越于客体之上的逻辑数

①　邓正来：《自由与秩序》，江西教育出版社1998年版，第173—174页。

学框架中去；也不是在必须不断地进行重新组织的主体中预先形成了的。因此，认识的获得必须用一个将结构主义和建构主义紧密地连接起来的理论来说明，也就是说，每一个结构都是心理发生变化的结果，而心理变化就是从一个较初级的结构过渡到一个不那么初级或较复杂的结构。"① "我们可以越过那些可观察到的东西来尝试着建立结构，并不是从主体有意识地说的或想的什么来建立结构，而是以当他解决对他来说是新问题时，他依靠他的运演所'做'的什么来建构。"② 无论逻辑学、数学还是物理学认识的发生，在他看来，都可以按照非预成结构的建构来考虑。知识既非通过感官、也非由信息传达而消极接受，而是认识主体积极建构的；认识的作用是适应性的，它帮助主体组织经验世界而不是发现客观本体的实在。

传统认识论的核心思想是，有一个现实的客观世界独立于我们而存在，而这个现实客观世界通过一种近似过程在一定程度上是可知的，这些关于客观世界的知识在它所能达到的近似程度上是真的，或者是与客观世界的实在的结构是同型的。也就是说，科学知识是通过无误的推理从无误的初始前提——如观察、公理——已被证明为真的命题，不带任何主观性和直觉的成分，得出的结论。基于这种知识观或认识论，科学就成为人类心智普遍遵循的并逐步获得对外部世界的客观表述系统而得到发展进步的观念，因而是人类知识积累和进步的典范。科学共同体就是一种拥有客观地判断科学知识主张正确与否的技术标准，并以这些标准组织科学知识的生产，促进科学事业的持续进步，具有独特精神气质和民主社会关系的社会体制，一个高度自治和政治中立的

---

① ［瑞士］皮亚杰：《发生认识论原理》，商务印书馆1981年版，第15页。
② 同上书，第75页。

共和国。普遍性、公有性、无私利性和有条理的怀疑主义诸社会规范，控制着科学家因个人或社会方面的压力而发生的偏离行为，保证科学体制实现其扩展确证知识的目标。

但是，以库恩（Thomas S. Kuhn）、费耶阿本德（Paul Feyerabend）和罗蒂（Richard Rorty）等人为主的后现代科学哲学家，对传统的认识论和科学观进行了深刻批判，质疑那种坚持逻辑和证据是科学有效性和科学家理论选择的主要决定因素的理性主义和客观主义标准，把相对主义、实用主义和无政府主义公开引入科学。他们认为，科学虽然拥有一套建构和评价知识的可靠方略和标准，但它们并不能保证提供真理。换言之，科学知识虽然被认为是一组关于世界的可靠信念，但它既不是确定的也不是不会错的。后现代主义者的基本目标之一，是要拒斥传统认识论赋予科学的特权。

在他们看来，科学知识不过是一种社会建构的叙事或神话，并不优越于其他非科学的神话和迷信。因为科学家不可能依靠观察和推理来评价一组知识主张的可信性，或在竞争主张中做出合理选择，也根本不存在为所有学科集体共享的知识建构和知识评价的方法论。科学选择中的决定是基于权力驱动的意识形态和主体间性，而与来自外部世界的信息无关。科学知识是什么？我们如何才能达到科学知识？我们如何评价科学知识的可信性？何谓科学？科学与非科学的区别是什么？科学与社会的关系如何？这些问题成为研究的对象。

科林斯和平奇（Collins&Pinch）以犹太神话中的怪物"戈尔姆"（Golem），来比喻一种会出错的和简单化的科学观。"勾勒姆"是人借助妖术和咒语用土和水造出的人形怪物，它力大无比并且力量每天都在增长。它服从主人的命令，替主人工作，保护主人免遭敌人的威胁。但"勾勒姆"又是笨拙和危险的，若失去控制，它也可能会用其千钧之力毁灭它的主人。科学就是一个"勾勒姆"，它或许不如有些人想象得全然好，也不会像另一些人认为全然坏，科学是一把双刃剑。

5.4.2   科学知识社会建构论的研究范式

对科学进行社会建构论分析的战略研究场点主要有三个："科学争论研究"、"实验室研究"以及"科学文本和话语分析"。研究者采用了利益分析、经验相对主义、批判编史学、科学人类学等方法进行案例分析和比较研究。与默顿的规模样本、统计测量、变量分析不同，都主张描述主义的经验研究方法，尤其偏爱个案研究、参与观察、非结构性访谈和细节分析等微观研究方法。

历史上，对科学进行社会学的研究可以划分为三个阶段。第一个阶段是20世纪70年代以前，在这个阶段对科学进行社会学研究的代表人物是默顿。默顿认为科学具有公有性、普遍性、无私利性和有组织的怀疑主义等精神气质。社会条件可以对科学家群体和科学选题产生影响，但科学知识内容和科学研究方法，不受外部社会条件的影响。第二个阶段是20世纪70年代到80年代中期，这个阶段科学的社会学研究主要以强纲领、相对主义、话语分析和第一代民族志研究成果为基础，对科学的内容进行了系统的社会学分析，在认识论上持相对主义的立场，但对"社会研究"则持实在论的立场。第三个阶段始于80年代末，这个阶段科学的社会学研究主要以反身性研究纲领以及第二代民族志的研究成果为基础，在认识论上对"科学"和"人文社会科学研究"均采取相对主义立场。他们认为，既然科学知识是社会建构的产物，人文社会知识也理当如此。主张对科学的内容做社会学分析；在认识论上持"科学"相对主义的立场，但对"社会研究"则持实在论的立场。第三个阶段始于 80 年代末的反身性研究纲领以及第二代科学人类学家的工作，在认识论上对"科学"和"社会研究"均采取相对主义立场。如果科学知识是社会建构的产物的话，那么，人文社会知识也理当如此。

默顿认为，科学不仅是一种有条理的、客观合理的知识体系，而且还是一种制度化了的社会活动。为实现生产确证无误的科学知识的目标，科学家受到诸如普遍性、公有性、无私利性等社会规范的约束。建构主义科学观与默顿主义的科学观有很大差别，认为科学知识并不是由科学家"发现"的客观事实组成，不是对外在自然界的客观反应和合理表述，而是科学家在实验室制造出来又通过各种修辞学手段将其说成是普遍真理的局域性知识，是承载着科学家的认识和社会利益的，受到社会因素的制约。和其他任何知识（如宗教、意识形态、常识）一样，科学知识实际上也是社会建构的产物。"科学社会学的目标就是描述作为社会行动的科学研究，理解蕴涵在科学研究行动之中并由之生产的科学知识。科学是科学家集体从事的事业，社会学关注科学家集体在做什么，他们为何要做科学研究，以及结果如何。"①

近年来，社会建构论已经成为一种世界性的学术运动，渗透到元科学和社会科学研究的各个领域，甚至开始被一些更为激进的"学派"或"运动"改版吸收，成为他们制造反理性、反科学、反权威话语的有力武器。其研究范式基本是：首先描述理性科学的哲学模式，接着表明这种科学哲学不能解释科学中实际发生的事，最后在说明科学过程时引入社会因素作为理性因素的替代物。伍尔加（Woolgar）则将其论证程序概括为四步：

（1）选择要加以分析的一种知识主张、一项发明、一个数

---

① 赵万里：《科学的社会建构》，天津人民出版社 2002 年版，第 2—3 页。

学公式、一篇科学论文、一次诺贝尔演讲或科学家访谈等等。

（2）与那些选择出来的分析对象的解释不同的解释是可能的。

（3）提出源于"同一种现实"的替代性解释。

（4）通过比较不同解释之间的差别，分析包括社会的和认识的利益、某些核心集体的活动等等社会环境因素对得出解释结论的影响。

科学知识的社会建构论的影响力在于呼吁科学家、哲学家、历史学家、社会学家以及所有生活在科学时代的普通人，对已经习以为常的科学观进行反思。托马斯·库恩说："在阅读重要思想家的著作时，首先要找出原著中明显荒谬之处，再问你自己：一位神志清醒的人怎么会写出这样的东西来。如果你找到了一种答案，我还要说：有些段落虽然讲得通了，但你会发现还有许多的重要段落，以前你自以为懂了，现在意思却全变了。"① 在这里暗含着一种解释学的思想，自然和社会现象都是一种文本，不同的个体对文本的理解和解释是多样化的，在文本意义上的解释应该是等价的，但科学共同体却在使用他们所维护的范式过程中将自己的解释置于了真理的殿堂。

5.4.3　科学知识社会建构论的话语结构

无论是德国的"科学，机会之域"，前苏联的"科学，一种直接生产力"，还是美国的"科学，无止境的前沿"，只不过是超级大国"冷战"意识形态的产儿和"冷战"战略的组成部分。冷战结束后，甚至财大气粗的美国也开始对许多"大科学"项目釜底抽薪。当然大科学的问题不仅仅是它在经济上过于"奢

---

① 托马斯·S. 库恩，纪树立译：《必要张力》，福建人民出版社 1981 年版，第6—7 页。

侈"。从消极的一面看，现代科学可能带来了所有社会和文化问题，科学给予人的形象越来越"反面化"。大科学时代的终结，标志着两种话语的汇合：一个是关于客观知识的理论话语，另一个是关于社会利益的实践话语。按照戴维·玻姆（David Bohm）① 的观点，科学自 17 世纪开始发展成为自主的、价值无涉的社会体制，不是由于其内在的认识结构，而是由于其外在的社会目标。"科学的终结"有助于发展对科学的批判潜力，意味着需要重新审视自治性的"科学共和国"及其体制化和学院化。

当科学技术具有了"生命控制能力"，开始主宰国家的兴亡和社会的盛衰，当科学理性披上意识形态的外衣，开始排斥非科学的知识和信念，当科学家、工程师和技术官僚结合为一个新的权力集团时，科学文化固有的、在尚且弱小时，一直受到包容的缺陷，现在就成了其他亚文化怀疑和批判的靶子。

法兰克福学派的霍克海默（Max Horkheimer）、阿多尔诺（Theodor W. Adorno）、马尔库塞（Herbert Marcuse）、本雅明（Walter Benjamin）等，在继承马克思的社会批判理论的基础上，吸收同时代其他思想流派的研究成果，对现代工具理性、工业文明和资本主义进行了持久的意识形态批判。理性作为人类智慧的标志，在启蒙思想家那里曾经是争取人性解放的武器，但在工业革命完成后却丧失了独立性，蜕变成盲目的力量和资本主义不合理统治的手段，成了独裁者的帮凶。科学技术作为理性的物质化身和现代文化工业的主要产品，不仅异化成为统治者实现利益的工具，而且造成了批判意识的丧失，将人变成了单向度的理性机器。

后现代思想家，德里达（Jacques Derrida）、福柯（Michel

---

① 戴维·玻姆（David Bohm）美国当代著名量子物理学家。

FouCault)、德勒兹（Gilles Deleuze）、利奥塔（Jeam-Franics Lyo-tard）等，把以往所有的社会理论，以及与之相连的思维模式、推理逻辑、语言策略、真理标准和道德规则，都看成是现代社会所制造的文化产品。他们对作为现代思想典范的科学知识的批判非常深刻，因为西方的文化和社会制度正是建立在理性与科学的基础之上的。福柯认为，将现代社会同古代社会区分开来的关键因素就是科学知识的建构及其在社会中的应用，因此对知识与社会的相互关系的研究，与对道德和权力关系的研究之间有着内在的联系。这种联系之所以是内在的，是因为现代知识领域的科学话语同现代社会政治领域的权力动作，在策略上是相互勾结的。一方面，现代科学知识以客观真理的身份在社会中普遍传播开来；另一方面，它又作为政治权力控制社会的基本手段，起着规范化和合法化的功能。主要表现在：

（1）真理成了科学话语和产生它的制度的基本核心。

（2）真理始终是隶属于经济和政治的要求的。

（3）真理以多种多样的形式成为广泛传播和消费的对象。

（4）真理通过社会体系中相当广泛的教育和信息机器而循环。

（5）真理通过社会的政治和经济机器（大学、军队、书报、媒体）的控制和统治产生和传播。

（6）真理是整个政治论证和社会对抗的争论焦点。

伍尔加将科学知识的社会建构论立场归因于"表述问题"，即表述知识、语言、说明、意象、能指、解释项、行动或行为与世界事实、意义、实在、所指、被解释项、意图或原因等之间的关系问题。实在论者假设"知识的合理性来自它的客观性"，与这一假设相适应，在认识主体和客体的关系上形成了一种"反映性的"表述观：即在独立存在的研究对象（自然界）与表述（知识）之间存在一种真实的反映关系。知识的合理性源自于客观世界。它在本体论上独立于认识过程，后者是认识主体对客观对象的"镜式反映"。中介论和构成论的表述观都不赞成反映论，视之为"对实在的消极的、默祷的领悟"或知识产生的"窗玻璃理论"。中介论认为，说明或知识并不是对外部现实的直接再现，"经验事实本身不决定知识主张"。

也就是说，关于同一种现实世界的理论说明以及关于同一个现象的实验结果和经验描述，允许有各种替代性的表述，它们不是自然界的事实。这些替代性的表述，它们不是取决于自然界的事实。这些替代表述是否被认为是对自然界的真实再现，或者说它们的真理性是否被接受为真知识，在哲学家看来，可能是"理论负荷的"，而在社会学家看来则更依赖于偶然的社会过程，是承载着"利益"、"文化"、"实践"或"情境"的社会、历史过程的建构物。

在爱因斯坦提出光子说之前，关于光是微粒还是波有过长期的争论。在 17 世纪，斯涅尔、笛卡尔设想光是粒子，格里马第、惠更斯认为光是波，双方均从科学实验和自然观察中找到了支持自己意见的证据。但自从牛顿发表了光的微粒说之后，光学沉寂了近一百年，没有什么进展。如果不是因为牛顿的权威性，也许光学研究不会沉寂这一百年。联系现实社会，牛顿的"权威"和现实社会中的科学"权威"一样，并非仅仅因为其理论的"权威性"，而且背后还有身份、权力、利益的因素在起作用。

公元 1621 年，数学教授威里布里德·斯涅尔（Wille-brod Snell）发现折射率。笛卡尔在公元 1637 年首次公布了这个定律，他试图用他所设想的光是由微粒组成的，并且走的是快速直线运动解释斯涅尔发现的光的折射定律。意大利波伦亚大学的一位耶稣会派数学教授弗兰彻斯科·格里马第（Francesco Grimaldi）首先提出了光的波动说。因为他发现光并不完全走直线，影子比假定光走直线应有的大小稍为大一点，影子的边缘往往带上颜色，所以他设想光是一种能够作波浪式动作的流体。惠更斯在 1678 年和 1690 年提出了较为完备的光的波动说。因为近代望远镜片制作不完善，给出有彩色的和歪曲的影像，牛顿为了解决这个问题开始研究起光学来，牛顿发现了光的色散现象和明暗相间的牛顿环。开头他倾向于波动说，后来在 1704 年出版的《光学》一书中，他采用了光的微粒说，此后的一百年，多数科学家都采纳了微粒说，光学没有什么进展。①

常人方法论对学术界流行的、夸大科学活动的理性性质，贬低日常活动的理性性质的方法论教条，进行了质疑。认为，人类所有的知识都是在社会情境中发展、传递和维持的，知识世界是通过日常生活中的思想过程社会地建构的。达芬克尔认为，在受日常生活成见支配的行动中，所谓的科学理性只不过是一种无效的理想。科学的理性性质既不是日常例行事务中的稳定特征，也不是其中值得认可的理想。如果试图将这些性质固定化，或是强迫人们在日常生活中同它们保持一致，就会夸大一个人行为环境中理性因素的影响，使人的理性行动和非理性环境之间的互动系统的混乱状况大大加强。常人方法论的社会学就是要解构一种占主导地位的正统科学观或知识观。

---

① 资料来自［英］斯蒂芬·F. 梅森著，周煦良等译：《自然科学史》，上海译文出版社 1980 年版，第 191—196 页。

女性主义者认为，在传统的表述中，社会价值、历史和政治特征都是男性主导的：社会行动者的情感角色服从工具和理性角色，付薪工作的意义得到了高度评价，私人领域受到忽视等等；现代科学所做的各种界定、解释无不隐含着一种性别亚文本。主张文化批判必须与科学批判联系起来，对科学及其文化基础来一次彻底变革。

概括起来说，科学知识的社会建构理论认为，所有知识都不过是人们认为是知识的东西，是人们满怀信心地坚持并作为生活支柱的产物，科学更多是建构性的而不是描述性的。科学成果是在特殊背景下建构出来的，承载着其产生过程中的权宜性和利益结构的印记。不分析产生它们的建构过程，就不能恰当理解这些成果。对科学知识进行社会学分析，主要探究科学对象如何在实验室中被生产出来，而不是事实如何被保存于关于自然的科学陈述中。实验室研究被社会建构论者隐喻成一个专门生产论文的文学装置，暗示科学工作主要是一种文学的和解释的劝服活动，科学事实完全是在一个人工环境中，通过对陈述的操作而被建构、被传播和被评价的。这种观点发端于波兰微生物学家路德维克·弗莱克。他认为，科学家的观察及其对"事实"的界定受到了他们作为成员的"思想集体"或认识共同体，以及这些思想集体共享的思想风格或假设的型塑。

5.4.4 对科学知识社会建构论的反思

社会建构论的科学知识观反对把科学仅仅看成是人类对客观世界的理性认识这一传统的科学观，采取了相对主义的立场，强调科学问题的解决方案是不完全决定的，削弱甚至完全否定经验世界在限定科学知识发展方面的重要性，把自然科学的实际认识内容看成社会发展过程的结果，看成是受社会因素影响的。无论是苏联的李森科事件，中国"文革"时期对相对论的批判；还是美国"卡尤加湖争论"，都显示着传统科学知识观的缺憾，尤其是现代科学的"贵族"特征，科学研究往往通过立项的方式被纳入社会化的轨道，由发现、发明走向了生产与再生产。科学利益与再生产的维持迫使科学与政治、经济的联姻，成为证明决策者所选择意见正确性献媚的一种功能项。

西方社会中知识的生产、传播中出现的信息化、媒体化、技术化、符码化、商业化、全球化、政治化和多样化的趋势，加速了知识真理标准客观性的日渐丧失，"伊拉克战争"中的情报真实性问题不就是一个很好的证明吗？知识话语与权力的结盟，科技专家对知识话语的控制等，使普遍主义的形而上学受到解构，知识变成了非知识，真理变成了非真理，语言游戏变得不确定起来，所谓正义和公正的问题也就没有了客观标准。

对于正步入现代化的中国，关注并借鉴西方后工业社会变化中的趋势和经验，吸收对传统科学观解构的合理内核，固然有其合理性的一面，但仍需提高警惕。在这里引用胡适的一席话："我们要知道，欧洲的科学已经到了根深蒂固的地位，不怕玄学鬼来攻击了。几个反动的哲学家，平素饱餍了科学的滋味，偶尔对科学发几句牢骚话，就像富贵人吃厌了鱼肉，常想尝尝咸菜豆腐的风味：这种反动并没有什么大危险。那光焰万丈的科学，决不是这几个玄学鬼摇撼得动的。一到中国，便不同了。中国此时还不曾享着科学的赐福，更谈不上科学带来的'灾难'。我们试睁眼看看，这遍地占坛道院，这遍地的仙方鬼照相，这样不发达的交通，这样不发达的实业——我们哪里配排斥科学？"[1] 回味此话的寓意，反思我们的科学，仍然有一定

---

[1]　《民国丛书》编委会：《科学与人生观》，上海书店1989年版，胡序第7页。

的现实意义。

相对主义的、多元主义的、女性主义的、建构主义的科学知识观必然导致科学课程范式的变革，对话、交流、互动、探究成为当前科学课程改革的主流话语，日常知识、缄默知识得到前所未有的关注，科学课程由注重科学精英的培养转向对公民素养的教育，科学、技术与社会的话题得到提升，对科学作为一项社会事业的理解成为科学素养的一种重要维度等。这些变革映射出关于科学本质的研究成果越来越多、越来越快地被科学课程的改革所关注。

5.5 科学课程知识观的重建与发展

5.5.1 传统的科学课程知识观及其局限

传统的科学课程知识观有两个基本的哲学隐喻，一是经验实证主义科学知识观，二是累积的科学知识发展观。既然教科书所呈现的科学知识是客观的、正确的，怀疑便没有了立论的基础，科学实验的功能也就狭隘地局限于验证，得出与教科书相同的结果，唯一的价值是训练基本的实验技能，为今后从事科学研究打下基本的技能基础。科学知识是逐步累积的，学校科学课程的知识就应该是最经典的、最基础的科学知识；知识是累积的，要成为科学家就要刻苦地、不断地学习、记忆、积累科学知识，科学学习便成了科学知识的学习，因为其中没有了怀疑、反思、直觉和顿悟。

因此，基于传统科学课程知识观的课程目标，特别强调让学生掌握基础知识和基本技能，科学课程与教学几乎都不涉及科学的局限性、科学的本质精神，以及科学技术与社会的互动等重大问题，这就使得科学教育几乎成了死记硬背或近乎盲目填鸭式的教学。在这种课程观的影响下，师生都把科学知识奉若神明，其直接后果就是使学生丧失了质疑精神、批判精神和创新精神。既然课程学习就是知识学习，课程脱离学生的生活，脱离学生的实际成为合法、合理的行为。因为，课程并不是生活本身，是为未来生活做准备。学生的生活被限制在书本知识狭窄的空间里，课程理解成了知识。

这种课程知识观导致课程改革过程中"完美追求"与"现实局限"的冲突和矛盾。所谓完美追求，一方面追求课程知识完美的结构。学习经典物理，必然要系统地学习力、热、电、光、原等学科领域，学习每一个领域必然要有概念、原理、应用组成系统的结构。另一方面追求课程实施的完美性，所谓课程实施的完美，一是把知识完美地传给学生，不敢有丝毫的贪污；二是追求完美的结果，希望把所有的科学知识能够有效地传给所有的学生。

这种课程知识观又导致了封闭性的课程资源观。这种课程资源观是以"实用"为标准的，所谓实用即指能够很好地应付考试，命题的范围即是课程的边界。课程被理解为狭窄的"学科"，课程评价被改造成知识的再现，而不是创新。课程内容被奉为圣经，学习方式成为单一的吟诵，"为了未来"成为教师处理师生关系的一种托词，也成为教师自认为是学生"未来工程师"的理论基石，师生自然处于不平等的地位，平等对话成为一种奢望或者一种外包装。科学可以无视自然，这样的课程培养出来的学生不仅容易失去学习的乐趣，难以保持学习型社会终身学习的心理动力机制，离开学校之时，成了把"知识还给老师"之日。学生长期生活在书本世界里、远离现实生活，学生的知识是被动累积的，而不是自主生成的，虽然掌握了科学原理知识，却缺乏解决实际问题的能力，在社会实践和科学活动中，缺乏创新的意识和能力。

　　此外，由于我们长期特别强调把科学课程建构在社会本位的基础上，使科学课程的目标制定、课程开发、教材编写、教学的实践和评价，以至于课外活动的进行，无不体现着社会本位的核心价值追求。科学课程虽对学生的兴趣、爱好、个性等因素有所重视，但这种重视是为了发挥其中介价值，使学生能够更好成为社会建设者、接班人。"在50—60年代，人们认为科学教育的本质和功能是使学生认识自然，获得利用自然、改造自然的能力，培养有文化的劳动者。到了70年代末和80年代初，我国出现了科技人才的断层。当时，党和政府提出了到本世纪末实现四个现代化的宏伟目标，可是，现代化建设所面临的最大困难是，科技人才奇缺。所以，培养现代化建设人才就成了国家的当务之急，也成了教育界第一等重要的任务。在这样的情况下，发展智力、培养能力便理所当然地成为科学教育的重要目标。在这个时期，科学教育的价值和功能被理解为培养更多的科学家和工程师，以适应现代化建设的需求。"①

　　科学课程的价值被完全定格在外在的工具目标，完全没有了科学作为人的精神生活的内在需要的空间。作为现代人的生活一刻也离不开科学，这种生活的价值并不仅仅表现为电视、照明、通讯、交通的日常需要，而且表现为科学探究对人的生活中所带来的愉悦，这种愉悦伴随着你在公园散步、名胜旅游、家庭游戏中对自然界事理的思考和探究。"每个人都应该有机会去领略一番因领悟和探明自然界的事理而可能产生的那种兴奋之情和自我满足感。"②

---

　　① 余自强：《新世纪初中科学课程的教育哲学研究》，载《课程·教材·教法》1999年第10期，第11页。
　　② ［美］国家研究理事会著，戢守志等译：《美国国家科学教育标准》，科学技术文献出版社1999年版，第1页。

5.5.2　多元文化视角中的科学课程知识观

科学知识的社会建构性，表明了科学知识的过程性、文化性和境域性，这为科学课程理论的更新开拓了新的视阈。

科学知识发展的过程性，可以让学生理解科学教科书所提供的科学知识只是当前人类对自然世界认识的阶段性成果，科学知识和科学世界不能等同起来。人们对自然世界的认识是不断发展的，其中有累积的过程，也有突变的过程，科学发现也存在一定的偶然性。美国科学促进会颁布的《科学素养的基准》中提到："科学家们相信这个世界是能被认知的，但它永远无法被完全认知。否则，一旦完成工作，那么科学也就会终止。的确，科学家们在找到这个世界是怎样运动的一系列问题的答案的同时，还不免会发掘出新的问题。所以，只要人类的追求存在，这种探索就会继续下去。"①

由于人们对自然世界认识的阶段性，科学教科书所呈现的知识是科学共同体"协商"的结果。换句话说，尽管自然世界"决定了"什么是对其正确的反映，但这种决定是哲学意义上或终极意义上的。现实中，对于什么是科学知识，是由科学共同体来最终决定的，虽然科学共同体有一套科学的判断标准，但并不能杜绝其中有人为因素的作用。也就是说，教科书所呈现的科学知识是科学家对话、阐释、争论、妥协的结果。我们始终无法得到对自然世界的终极解释，我们当前所知道的、所认识的、所认可的科学知识是有待进一步证伪的知识。"学生在学习科学的过程中需要理解，科学是它的历史的反映，科学

---

① 美国科学促进会著，中国科学技术协会译：《面向全体美国人的科学》，科学普及出版社 2001 年版，第 5 页。

是一个处在不断变化之中的事业。……借以阐明科学探究的不同侧面、科学的人性侧面以及科学在各种文化的发展过程中的作用。"① "在工作中，虽然科学家们尽最大努力避免自己和他人的偏见，但是，当公共利益以及他们个人的利益、合作伙伴的利益、本单位的利益和本社区的利益受到威胁时，他们也会同别人一样产生偏见。"②

　　正如《面向全体美国人的科学》中所言，科学家的工作在利益与事实之间保持着必要的张力。社会建构论者就是运用了这种利益理论来解释为什么是这一种解释而不是另一种解释被科学共同体接受为科学理论。这种利益可能来自其他社会体制，如政治体系、经济体系；也可能来自宗教方面的原因；也可能来自情感领域，如科学家往往支持自己的学生和朋友的科学研究工作。皮克林认为，"对每一位科学家来说，都会存在一些更有利于他的工作的资料、理论或模型。由于每一位科学家都在自己的专业领域投下了巨量的时间，因此对于那些与自己的认识利益相吻合的新成果，往往要刮目相看"③。社会建构论者的问题是夸大了或者只看到了利益的影响，未看到科学家或科学建制向事实一边的倾斜。加里森通过物理学家卡尔·安德森放弃对他具有影响力的老师罗伯特·米利肯④的理论作为案例，解释了利益与事实之

---

　　① ［美］国家研究理事会著，戚守志等译：《美国国家科学教育标准》，科学技术文献出版社1999年版，第131页。

　　② 美国科学促进会著，中国科学技术协会译：《科学素养的基准》，科学普及出版社2001年版，第11页。

　　③ ［美］史蒂芬·科尔著，林建成、王毅译：《科学的制造——在自然科学与社会之间》，上海人民出版社2001年版，第69页。

　　④ Millikan Robert Andrews（1868—1953年）美国物理学家。1910—1917年，应用带电油滴在电场和重力场中运动的方法，精确测定单个电子的荷电量，从而确定了电荷的不连续性。此处的米利肯又大多被译为密立根。

间的博弈。

　　安德森不能放弃他已经观察到的高能粒子。米利肯控制
着卡尔的财权，他在物理学界的能力足以使安德森黯然失
色；而且，正如我们所见到的，米利肯决不放弃他心爱的理
论。米利肯的纲领塑造了一个环境，安德森的实验和结论正
是在这样的环境中做出来的。尽管如此，安德森最终还是对
他的老师提出了异议，因为安德森自己的实验材料已经越来
越清晰地显示了这些粒子的存在，这些粒子的能量太强了，
以致安德森不能不放弃米利肯所钟爱的观点。①

　　科学知识并不完美，一方面它并不能解释世界上所有的事
实，它只是描述了事实中的一部分——自然界，但即使在自然
界领域里还有许多问题未能被科学解释，已有的解释中也可能
因受技术设备的限制或影响存在不完美性，有待于进一步的科
学探究。"有些事物不能用科学的方法来有效地考察。因为，
人们不能对这些事物的性质进行客观的测试，例如道德问题。
有时，人们可以用科学来证明某种行为可能产生的后果，以形
成道义上的决定。但是，却不能用科学来确定某些行为是否合
乎道德。"② 人类获取关于自然界知识的能力是非常有限的，科
学探索常常不能回答常见的自然现象，如百慕大三角之谜。即
使这些不被列为科学问题，科学探索对科学家们所提出的所谓
科学问题的研究，也常常得不出完善的答案，如宇宙的起源、

---

①　[美]史蒂芬·科尔著，林建成、王毅译：《科学的制造——在自然科学与
社会之间》，上海人民出版社 2001 年版，第 70 页。
②　美国科学促进会著，中国科学技术协会译：《科学素养的基准》，科学普及
出版社 2001 年版，第 7 页。

人类的诞生等。科学家在陈述获得的科学问题的答案时，"总是要附加一些否定的状语，如'在许多情况下'和'很长时间里'"①。

相信世界是有秩序而且能够被人们所认知是科学家的持续信仰，世界永远无法完全被认知，说明科学不是静止的、绝对的真理，科学是持续不断的事业，即使现在看来对观察多么完美的解释终究会被更完美的理论所代替，"科学不会终结"。科学描述"总是要附加一些否定的状语，如'在许多情况下'和'很长时间里'"说明科学结论的境域性，不仅在科学领域本身科学具有边界，而且科学对诸如道德这样的人文社会问题无法进行解答。

5.5.3 科学课程的变革与发展

基于人类对科学和科学知识本质的认识和发展，当代科学课程改革越来越重视，如何通过科学课程的教学使学生获得对科学本质的理解，不仅学到科学知识，而且养成科学精神，富有创新意识。从多角度、多视野认识科学课程，把科学课程及其变革纳入到社会文化环境中去理解，是当代科学课程改革的基本特征。科学课程的重心逐渐由关注科学知识的教育更多转向了关注科学素养的教育。《美国国家科学教育标准》开宗明义就说："我们这个国家已经把所有的学生都应具有良好的科学素养作为自己的一个既定目标。"② 我国《全日制义务教育科学（3—6年级）课程标准》提出："本次课程改革以培养小学生科学素养为

---

① 美国科学促进会著，中国科学技术协会译：《科学素养的基准》，科学普及出版社 2001 年版，第 5 页。

② ［美］国家研究理事会著，戢守志等译：《美国国家科学教育标准》，科学技术文献出版社 1999 年版，第 15 页。

宗旨。"①

那么什么是科学素养？基本的科学素养主要包括：认识自然界的多样性和统一性；理解科学的基本原则和概念；了解科学、数学、技术之间的内在联系和依赖关系；知道科学、数学和技术是人类共同的事业，它们有力量也有局限；提高科学思维能力；利用科学知识和科学思维方法为个人或社会服务；世界是可被认知的；科学理念是会变化的；科学知识具有持久性；科学不能为所有问题提供完整答案；科学需要证据；科学是逻辑和想象的融合；科学解释和预见；科学家要努力鉴别，避免偏见；科学不仰仗权威；科学是一项复杂的社会活动；科学由学科内容组成，由不同机构研究；科学研究中有着普遍接受的道德规范；科学家在参与公共事务时，既是科学家也是公民等。

科学素养观给予科学课程改革以新的逻辑基点。科学知识仍然非常重要，但它已并不仅仅表现为对科学知识本身的掌握，而更多的关注获得科学知识的探究过程，以及获得科学知识之后的发展。《美国国家科学教育标准》提出，要通过科学教育，让学生在学习科学时能够领略到做科学本身所带来的充实感和兴奋之情；使学生能运用科学的原理和方法做出个人的各种决策；使学生能够积极参与讨论关乎全社会的各种科学问题；具备科学地解决问题的能力，包括：创造性地解决问题的能力、判断思维的能力、与他人协同工作的能力、有效地运用技术的能力、懂得活到老学到老的价值；理解科学概念；了解科学学科之间的联系；对于我们是"如何知道"科学事实这一过程有惊羡之感；了解科学探究过程；理解科学的本质；掌握对自然界进行独立探究的必

① 中华人民共和国教育部制订：《全日制义务教育科学（3—6 年级）课程标准》，北京师范大学出版社 2001 年版，第 1 页。

要技能；形成运用技能、能力和秉持科学态度的习惯；理解科学与技术的区别与联系。

对于当前科学课程改革的特点和基本目标，罗杰·W. 拜比（Rodger W. Bybee）概括道："1. 科学和技术素养是 K—12①科学教育的主要目的，这种目的是面对所有学生的，而不是针对科学与技术领域个性化的职业。2. 淡化地球与空间科学、生物学、化学、物理学等学科的刚性边界，加强学科之间的联系，加强学科教学与技术、数学、伦理、社会现状等生活实际的联系。3. 要求学生掌握科学和技术课程的概念和过程。4. 作为一位公民在许多方面需要了解科学与技术，通过科学教育让学生知道科学与技术是一项社会事业，是人类思想和社会行动的产物。5. 科学探究是让教学更加有效的重要保证，学生的学习依赖于学生对经验意义的自我建构，建构主义的方法要求不同的课程和教学方法与之相适应。6. 要让学生理解科学研究的内涵、掌握现代科学知识，科学教学应该包含科学技术的精神和品质。要让学生从自然现象的问题（科学）以及人类如何与其所处的环境和谐共存（技术）开始，通过主动地探究过程，寻找科学技术问题的答案。7. 让学生有机会提出自己对自然现象的解释和解决问题的方案，然后与科学和技术课程中的概念相比较，让学生有机会通过应用使他们所理解的知识达到新的状态。8. 培养全体美国人的科技素养是解决教育公平，保证弱势群体接受科学教育机会的关键所在。9. 科学教育改革的理念还没有完全地进入科学和技术课程的主题细节，当代的科学课程改革坚决不能忽视青少年本身就是科学课程的一个部分，而不

---

① K—12 中的 "K" 代表 Kindergarten（幼儿园），"12" 代表从小学一年级到高中三年级的 12 年。K—12 是国际上对基础教育的统称。

是位于科学课程之外。"①

2001 年中国科协按照科学素养的国际普遍标准：对于科学知识（科学术语和科学基本观点）达到基本的了解程度；对于科学的方法达到基本的了解程度；对于科学技术对社会和个人所产生的影响达到基本的了解程度等指标，对我国公民的科学素养状况开展了全面调查。调查结果显示：我国每千人中只有 14 人具备基本科学素养。这还不及美国 10 年前的六分之一，但已是中国 5 年前调查结果的 7 倍了。小学以下人群中具备科学素质的人很少；受过九年义务教育的人，所具有的科学素质也是十分初步的，要么学过没记住，要么学过不理解。

要想通过科学课程的改革达到实现提高我国国际竞争力的目标，最根本的是我们要有原创性的改革方略。在借鉴和吸收国外科学课程改革措施基础上有所创造，有所超越。自洋务运动以来，我们的科学课程改革借鉴有余，原创不足，与国际改革浪潮跟随有余，引领不足的问题，十分突出，很难适应国家竞争提高的需要，需要认真的反思。

---

① Science Curriculum Reform in the United States. Colorado Springs, Colorado: Biological Sciences Curriculum Study, 1995. Edited by Rodger W. Bybee and Joseph D. McInerney.

结　语

　　画上论文的最后一个句号，思绪还在流动着。三年之前的我，长期从事物理课程的教学与教学论的研究工作，似乎从来没有怀疑过物理知识的客观、普遍、价值中立的品格。从事科学课程与教学论的研究命题似乎就是如何有效地把科学知识传授给学生，如何有效地训练学生的科学技能。对学生学习动机、兴趣、意志等非认知因素的关注并非为了它们本身，而是为了如何有效地发挥它们的中介作用。

　　是什么塑造了这种课程思维范式？这让我们把目光不断地投向课程方法论的哲学隐喻，发现它是技术理性的。从事《科学》教科书的编写实践，发现这种课程方法论像一只看不见的手在控制着知识的选择、知识的组织、探究活动的设计和评价内容和方式的选取。把这种反思延伸到课程的组织与管理，发现它正如马克斯·韦伯所描述的科层制管理，效率、量化、标准化、工具理性渗透进我们一切课程行动过程，约束着我们的思维。要摆脱这种单向度的思维控制，还科学课程以本真的意义，就要深刻地解构它。可能是这种技术理性的思维模式太过强大，也可能自己的人文社会科学素养太过单薄，对技术理性课程方法论的解构和对科学人文主义课程方法的建构尚处于一种探索性阶段。

　　技术理性又影响到科学课程及其变革无法回避的问题：科学

与人文的关系问题。它既是科学课程理念问题又是课程方法论问题的自然延伸。可以说关于科学与人文关系的讨论已是汗牛充栋，但大多是从科学批评与二元对立的角度来谈的。这种理论趋向造成了科学课程及其变革在人文关怀方面的表层性，几乎全部是核危机、环境污染、资源枯竭、人口问题等，对科学精神的强调则仅仅停留在尊重事实、不臆造数据等方面。科学是一种文化，科学也就是人文的。科学缺少人文，是因为科学被工具理性异化了，人文何尝不是被异化？现代社会真正的人文知识分子和真正的科学家一样稀少。因此，科学与人文的融合更重要的层面是科学精神的张扬，而不是简单的人文知识的引入。

科学具有人文性，其客观、普遍、价值中立的传统品格就要遇到解构，知识社会学的研究就是基于这种立场。我们不同意这种非此即彼的思维方式，科学为什么不能同时具有人文性和科学性呢？物理学中的光就同时具有波粒二相性，社会中的竞争与博弈也越来越转向双赢。科学的人文性并非是未来的展望，科学家、科学社会学家早就关注到科学在心智训练、道德教化、政治生活、宗教信仰中具有社会化的功能与价值。既然科学和科学知识具有社会化的功能，那么，作为以科学和科学知识为核心要素，同时兼有人文社会学科属性的科学课程，何尝不具有社会化的功能？

传统的科学知识观认为，科学知识尽管有社会起源，但这种起源是与科学知识的内容无关的，是独立于偏见、情感、自我利益等主观因素的，具有客观、普遍、价值中立的品格。真实的科学并非如此。科学发现中对数据的伪造，并非限于一般的科学工作者，诺贝尔奖获得者也曾熟谙此道；科学中存在马太效应，这就是为什么诺贝尔奖有时会那么集中地出现在同一个群体；科学家为了争夺优先发现权，发生着激烈的冲突；科学研究越来越是一种职业，科学家和科学家群体如公务员一样，会因为个人或集团的利益像常人般做出反应；现代科学研究越来越需要更多的资金支持，科学研究越来越被国家和企业家所控制，科学知识在其生产过程中就承载了利益和价值。如果客观、普遍、价值中立不是作为一种神话，也只是一个侧面，就像人的半边脸。

对科学课程方法论、科学课程的人文追求、科学课程的社会功能、科学课程的社会建构性、科学课程的文本性的解读，对日常知识、缄默知识的关注，都试图对科学课程的本质和价值进行一种多元文化意义的解析。

但，回读全文，感觉由于个人学术底蕴、学术修养的不足，论文对课程社会学、科学社会学、科学知识社会学、科学课程与教学论的理论前沿把握尚不够充分，对科学课程及其变革的实践虽有意识的充分涉猎，但和论文的要求相比尚不够充分，对导师的指导思想虽竭尽全力给予充分理解和把握，但由于解读视角的不同加之个人能力的不足，距离导师的要求尚有差距，论文理论分析的深度尚待进一步加强。希望论文能起到抛砖引玉的作用，渴望得到专家前辈和学界同仁的指导与批评。

参考文献

I 著作部分

1. ［法］雷蒙·阿隆：《社会学主要思潮》，华夏出版社2000年版。

2. ［英］马尔科姆·沃特斯：《现代社会学理论》，华夏出版社2000年版。

3. ［美］杰弗里·亚历山大：《社会学二十讲》，华夏出版社2000年版。

4. ［美］乔纳森·特纳：《社会学理论的结构（上、下）》，华夏出版社2000年版。

5. ［美］艾尔·巴比：《社会学研究方法（上、下）》，华夏出版社2000年版。

6. ［美］文森特·帕里罗等：《当代社会问题》，华夏出版社2002年版。

7. ［英］亚历山大·柯瓦雷：《从封闭世界到无限宇宙》，北京大学出版社2003年版。

8. ［美］爱德文·阿瑟·伯特：《近代物理科学的形而上学基础》，北京大学出版社2003年版。

9. ［英］亚历山大·柯瓦雷：《牛顿研究》，北京大学出版社 2003 年版。

10. ［英］伊·拉卡托斯：《科学研究的纲领方法论》，上海译文出版社 1986 年版。

11. ［美］史蒂文·塞德曼：《后现代转向》，辽宁教育出版社 2001 年版。

12. 赵万里：《科学的社会建构》，天津人民出版社 2002年版。

13. ［美］M. W. 瓦托夫斯基：《科学思想的概念基础》，求实出版社 1989 年版。

14. 刘大椿：《科学哲学》，人民出版社 1998 年版。

15. 文聘元：《科学的哲学》，鹭江出版社 1999 年版。

16. 赵敦华：《现代西方哲学新编》，北京大学出版社 2001年版。

17. ［英］波普尔：《科学知识进化论》，三联出版社 1987年版。

18. ［德］汉斯·波塞尔：《科学：什么是科学》，上海三联出版社。

19. ［美］大卫·雷·格里芬：《后现代科学》，中央编译出版社 1998 年版。

20. ［美］大卫·雷·格里芬：《后现代精神》，中央编译出版社 1998 年版。

21. ［德］彼德·科斯洛夫斯基：《后现代文化》，中央编译出版社 1999 年版。

22. 程钢、郭瞻予：《知识的批判》，辽海出版社 2000 年版。

23. ［美］托马斯·库恩：《科学革命的结构》，北京大学出版社 2003 年版。

24. ［英］阿尔弗雷德·怀特海：《自然的概念》，中国城市出版社 2002 年版。

25．［英］大卫·布鲁尔：《知识和社会意向》，东方出版社 2001 年版。

26．［法］P. 布迪约、J. C. 帕斯隆：《再生产——一种教育系统理论的要点》，商务印书馆 2002 年版。

27．［英］琼·所罗门：《科学·技术·社会教育》，海南出版社 2000 年版。

28．王磊等：《科学学习心理学》，海南出版社 2000 年版。

29．［奥地利］恩斯特·马赫：《认识与谬误》，宁夏出版社 2003 年版。

30．王巍：《相对主义：从典范、语言和理性的观点看》，清华大学出版社 2003 年版。

31．［美］托马斯·库恩：《哥白尼革命——西方思想发展中的行星天文学》，北京大学出版社 2003 年版。

32．［法］菲利普·柯尔库夫：《新社会学》，社会科学文献出版社 2000 年版。

33．［德］W. 海森伯格：《物理学和哲学》，商务印书馆 1999 年版。

34．［英］迈克尔·马尔凯：《科学与知识社会学》，东方出版社 2001 年版。

35．［法］皮埃尔·迪昂：《物理学理论的目的和结构》，华夏出版社 1999 年版。

36．［英］巴里·巴恩斯：《科学知识与社会学理论》，东方出版社 2001 年版。

37．［英］巴里·巴恩斯：《局外人看科学》，东方出版社 2001 年版。

38．［德］弗里德里希·奥斯特瓦尔德：《自然哲学概论》，华夏出版社 2000 年版。

39. ［德］莫里茨·石里克：《自然哲学》，商务印书馆 1997 年版。

40. ［奥］路德维希·冯·贝塔朗菲：《生命问题——现代生物学思想评价》，商务印书馆 1999 年版。

41. ［美］罗伯特·金·默顿：《十七世纪英格兰的科学·技术与社会》，商务印书馆 2002 年版。

42. ［美］伦纳德·史莱因：《艺术与物理学》，吉林人民出版社 2001 年版。

43. ［法］雅克·德里达：《声音与现象》，商务印书馆 1999 年版。

44. ［美］杰勒密·伯恩斯坦：《爱因斯坦与物理学的边疆》，百花文艺出版社 2001 年版。

45. 黄显华、霍秉坤：《寻找课程论和教科书设计的理论基础》，人民教育出版社 2002 年版。

46. 程光泉：《全球化与价值冲突》，湖南人民出版社 2003 年版。

47. 乐黛云等：《跨文化对话（5）》，上海文化出版社 2002 年版。

48. 乐黛云等：《跨文化对话（9）》，上海文化出版社 2002 年版。

49. ［英］斯蒂芬·鲍尔：《政治与教育政策制度——政策社会学探索》，华东师范大学出版社 2002 年版。

50. 李约瑟：《中国古代科学思想史》，江西人民出版社 1999 年版。

51. ［芬兰］冯·赖特：《知识之树》，三联出版社 2003 年版。

52. 伊姆雷·拉卡托斯、艾兰·马斯格雷夫：《批判与知识增长》，华夏出版社 1987 年版。

53. 彭加勒：《科学的价值》，光明日报出版社 1988 年版。

54. ［英］A. F. 查尔默斯：《科学究竟是什么》，商务印书馆 1982 年版。

55. 江涛：《科学的价值合理性》，复旦大学出版社 1998 年版。

56. 赵杰：《理性对你说》，济南出版社 2000 年版。

57. 郭强：《现代知识社会学》，中国社会出版社 2000 年版。

58. ［德］伊曼努尔·康德：《自然科学的形而上学基础》，上海人民出版社 2003 年版。

59. ［美］拉瑞·P. 内希：《道德领域的教育》，黑龙江人民出版社 2003 年版。

60. ［美］艾莉森·利·布朗：《福柯》，中华书局 2002 年版。

61. ［美］菲利浦·罗斯：《怀特海》，中华书局 2002 年版。

62. 夏中义：《人与自我》，广西师范大学出版社 2002 年版。

63. 美国科学促进会：《科学素养的基准》，科学出版社 2000 年版。

64. ［英］W. C. 丹皮尔：《科学史——及其与哲学和宗教的关系》，广西师范大学出版社 2001 年版。

65. ［美］德纳·格洛克等：《自然智力——校园中的科学》，教育科学出版社 2003 年版。

66. 刘洞清、胡壮麟：《语言的符号性》，外语教学与研究出版社 2003 年版。

67. ［美］艾伦·A. 格拉特尼：《校长的课程领导》，华东师范大学出版社 2003 年版。

68.［美］大卫·杰纳·马克:《走进中小学科学——建构主义教学方法》,长春出版社 2003 年版。

69.［美］威廉·艾斯勒等:《走进中小学科学——全景式教学方法》,长春出版社 2003 年版。

70. 加拿大安大略省教育培训部:《加拿大 1—6 年级〈科学〉课程标准》,科学出版社 2001 年版。

71. 汪民安等:《后现代性的哲学话语》,浙江人民出版社 2001 年版。

72. 孙正聿:《哲学通论》,辽宁人民出版社 2000 年版。

73.［美］小威廉姆斯·E. 多尔:《后现代课程观》,教育科学出版社 2000 年版。

74. 迈克尔·W. 阿普尔:《意识形态与课程》,华东师范大学出版社 2001 年版。

75.［英］戴维斯·布朗:《原子中的幽灵》,湖南科学技术出版社 1992 年版。

76.［美］钱德森·莎士比亚:《牛顿和贝多芬不同的创造模式》,湖南科学技术出版社 1995 年版。

77.［加］尼科·斯特尔:《知识社会》,上海译文出版社 1998 年版。

78. 陶渝苏:《知识与方法》,贵川人民出版社 1998 年版。

79. 王大珩、于光远:《论科学精神》,中央编译出版社 2001 年版。

80. 刘少杰:《后现代西方社会学理论》,社会科学文献出版社 2002 年版。

81. 马小兵:《和谐的秩序》,四川人民出版社 1997 年版。

82. 王宁:《全球化与文化:西方与中国》,北京大学出版社 2003 年版。

83. 李晓东：《全球化与文化整合》，湖南人民出版社 2003 年版。

84. ［英］理查德·D. 刘易斯：《冲突与共融》，新华出版社 2002 年版。

85. 风笑天：《社会学研究方法》，中国人民大学出版社 2001 年版。

86. 美国科学促进会：《科学教育改革的蓝图》，科学普及出版社 2001 年版。

87. 石鸥：《教学病理学》，湖南师范大学出版社 1999 年版。

88. 石鸥：《教学别论》，湖南教育出版社 1998 年版。

89. 张楚廷：《教学论纲》，高等教育出版社 1999 年版。

90. 张楚廷：《大学教学学》，湖南师范大学出版社 2002 年版。

91. 张楚廷、周庆元：《学科教学论稿》，湖南教育出版社 1997 年版。

92. 张传遂：《中国教学论史纲》，湖南教育出版社 1999 年版。

93. 谢维和：《教育活动的社会学分析》，教育科学出版社 2000 年版。

94. 曾乐山：《教材论》，江西教育出版社 1997 年版。

95. 刘德华：《科学教育的价值》，四川教育出版社 2003 年版。

96. 洪成文：《现代教育知识论》，山西教育出版社 2001 年版。

97. 钟启泉等：《普通高中新课程方案解读》，华东师范大学出版社 2003 年版。

98. 陆有铨：《躁动的百年》，山东教育出版社 1997 年版。

99. 张华等：《课程流派研究》，山东教育出版社 2000 年版。

100. 钟启泉等：《课程设计基础》，山东教育出版社 2000 年版。

101. 李江涛：《教育科学和相关学科的"对话"》，上海教育出版社 2001 年版。

102. ［美］欧文·拉兹洛：《多种文化的星球》，社会科学文献出版社 2001 年版。

103. 金林祥：《20 世纪中国教育学科的发展与反思》，上海教育出版社 2000 年版。

104. 王坤庆：《20 世纪西方教育学科的发展与反思》，上海教育出版社 2000 年版。

105. 丛立新：《课程论问题》，教育科学出版社 2000 年版。

106. 吴康宁等：《课堂教学社会学》，南京师范大学出版社 1999 年版。

107. ［德］胡塞尔：《欧洲科学的危机与超越的感觉现象学》，商务印书馆 2001 年版。

108. 任长松：《走向新课程》，广东教育出版社 2002 年版。

109. 孙可平、邓小丽：《理科教育展望》，华东师范大学出版社 2002 年版。

110. 袁运开、蔡铁权：《科学课程与教学论》，浙江教育出版社 2003 年版。

111. 丁钢：《历史与现实之间：中国教育传统的理论探索》，教育科学出版社 2002 年版。

112. 黄书光等：《中国基础教育改革的文化使命》，教育科学出版社 2001 年版。

113. ［英］麦克·扬：《未来的课程》，华东师范大学出版社 2003 年版。

114. ［英］马修·阿诺德：《文化与无政府状态》，生活·读书·新知三联书店 2002 年版。

115. ［美］杰弗里·C. 戈德法布：《民主社会中的知识分子》，辽宁教育出版社 2002 年版。

116. ［美］马德尔·萨森斯：《文化与实践理性》，上海人民出版社 2002 年版。

117. ［法］雅克·阿尔努等：《科学与宗教的对话》，生活·读书·新知三联书店 2001 年版。

118. 张华：《经验课程论》，上海教育出版社 2000 年版。

119. 刘云杉：《学校生活社会学》，南京师范大学出版社 1999 年版。

120. ［德］黑格尔：《自然哲学》，商务印书馆 1997 年版。

121. 陆学艺：《当代中国社会阶层研究报告》，社会科学文献出版社 2002 年版。

122. 施良方：《课程理论——课程的基础、原理与问题》，教育科学出版社 1996 年版。

123. ［英］贝尔纳：《科学的社会功能》，广西师范大学出版社 2003 年版。

124. ［美］齐格莱特·鲍曼：《全球化——人类的后果》，商务印书馆 2001 年版。

125. 王维国：《论知识的公共性维度》，社会科学出版社 2003 年版。

126. 美国《人文》杂志社：《人文主义——全盘反思》，生活·读书·新知三联书店 2003 年版。

127. 郑乐平：《超越现代主义和后现代主义》，上海教育出版社 2003 年版。

128. ［英］诺曼·费尔克拉夫：《话语与社会变迁》，华夏出版社 2003 年版。

129. 石中英：《知识转型与教育改革》，教育科学出版社 2002 年版。

130. 钟启泉等：《基础教育改革纲要（试行）解读》，华东师范大学出版社 2001 年版。

131. ［英］罗素：《人类的知识》，商务印书馆 2001 年版。

132. Mae-Wan Ho：《美梦还是噩梦》，湖南科学技术出版社 2001 年版。

133. 赖辉亮等：《波普传》，河北人民出版社 1998 年版。

134. 郭晓明：《课程结构论———一种原理性探寻》，湖南师范大学出版社 2002 年版。

135. ［美］丹尼斯·沃克拉迪：《美国教学创意手册》，陕西师范大学出版社 2001 年版。

136. 罗志希：《科学与玄学》，商务印书馆 2000 年版。

137. ［美］戴斯·贾丁斯：《环境伦理学》，北京大学出版社 2002 年版。

138. 石中英：《教育哲学导论》，北京师范大学出版社 2002 年版。

139. ［德］卡尔·曼海姆：《意识形态乌托邦》，商务印书馆 2000 年版。

140. 吴刚：《知识演化与社会控制》，教育科学出版社 2002 年版。

141. 郭湛：《主体性哲学》，云南人民出版社 2002 年版。

142. 颜青山：《科学是什么?》，湖南科学技术出版社 2001 年版。

143. ［美］达德利·夏佩尔：《理由与求知》，上海译文出版社 2001 年版。

144. ［美］B. C. 范·弗拉森：《科学的形象》，上海译文出版社 2002 年版。

145. ［美］欧内斯特·内格尔：《科学的结构》，上海译文出版社 2002 年版。

146. ［德］马克斯·韦伯：《社会学方法论》，中央编译出版社 2002 年版。

147. ［英］J. D. 贝尔纳：《科学的社会功能》，广西师范大学出版社 2003 年版。

148. 梁漱溟：《东西文化与哲学》，商务印书馆 2003 年版。

149. 涂成林：《现象学的使命》，广东人民出版社 1998 年版。

150. ［美］G. 赖特·米尔斯：《社会学的想象力》，生活·读书·新知三联书店 2003 年版。

151. ［美］列·杰伊：《法兰克福学派》，广东人民出版社 1996 年版。

152. 亚里士多德：《形而上学》，商务印书馆 1997 年版。

153. ［荷兰］E. 舒尔曼：《科学时代与人类未来——在哲学深层上的挑战》，东方出版社 1995 年版。

154. 张华夏：《现代科学与伦理世界——道德哲学的探索与反思》，湖南教育出版社 1999 年版。

155. ［英］戴维·布莱克莱吉：《当代教育社会学流派》，春秋出版社 1989 年版。

156. ［日］田中裕：《怀特海有机哲学》，河北教育出版社 2001 年版。

157. 何颖：《非理性及其价值研究》，中国社会科学出版社 2003 年版。

158. 刘大椿：《科学活动论互补方法论》，广西师范大学出版社 2003 年版。

159. 余自强：《科学课程论》，教育科学出版社 2001 年版。

160. 钟启泉等：《解读中国教育》，教育科学出版社 2001 年版。

161. 教育部基础教育司：《走进新课程》，北京师范大学出版社 2002 年版。

162. ［美］威廉·派纳等：《理解课程（上、下）》，教育科学出版社 2003 年版。

163. ［美］亨利·A. 吉罗克斯：《跨越边界——文化工作者与教育政治学》，华东师范大学出版社 2002 年版。

164. ［美］A. 班杜拉：《思想和行动的社会基础（上、下）》，华东师范大学出版社 2001 年版。

165. ［德］沃尔夫冈·布列钦卡：《教育科学的基本概念——分析批判与建议》，华东师范大学出版社 2001 年版。

166. ［法］玛丽·杜里—柏拉：《学校社会学》，华东师范大学出版社 2001 年版。

167. ［巴西］保罗·弗莱雷：《被压迫者教育学》，华东师范大学出版社 2001 年版。

168. ［美］罗伯特·G. 欧文斯：《教育组织行为学》，华东师范大学出版社 2001 年版。

169. ［美］斯蒂芬·J. 鲍尔：《教育改革——批判和后结构主义视角》，华东师范大学出版社 2002 年版。

170. 郭华：《教学社会性之研究》，教育科学出版社 2002 年版。

171. 吴永军：《课程社会学》，南京师范大学出版社 1999 年版。

Ⅱ　论文部分

1. 石鸥：《让学生在选择中学会选择——欧洲三国高中课程改革对我们的启示》，载《湖南师范大学教育科学学报》2002 年第 4 期。

2. 石鸥：《教学未必都神圣》，载《湖南师范大学学报》（社会科学版）1999 年第 2 期。

3. 石鸥：《教材建构中内容失真与教学论基础的动摇》，载《湖南师范大学学报》（社会科学版）1996 年第 2 期。

4. 石鸥：《素质教育研究取向的思考》，载《中国教育学刊》1999 年第 3 期。

5. 石鸥等：《在过程中体验》，载《课程·教材·教法》2002 年第 6 期。

6. 钟启泉：《知识论研究与课程开发》，载《外国教育资料》1996 年第 2 期。

7. 潘庆玉：《知识之源与课程之流》，载《山东师范大学学报》（人文社会科学版）2003 年第 4 期。

8. 万伟：《知识观转变视野下的课程改革》，载《教育科学》2003 年第 2 期。

9. 张楚延：《素质：教育的沉思》，载《高等教育研究》2000 年第 1 期。

10. 胡芬：《知识转型与课程改革》，载《课程·教材·教法》2003 年第 5 期。

11. 张楚廷：《全球化与民族化》，载《中国高教研究》2002 年第 1 期。

12. 张楚廷：《发现学习与发现教学》，载《中国教育学刊》

2000 年第 6 期。

13. 谢登斌：《现代知识性质的解构与后现代课程知识的抉择》，载《学术论坛》2003 年第 2 期。

14. 张胤、杨启亮：《对于"知识口袋"式课程的若干反思——兼谈对创新教育课程体系的几点设想》，载《教育理论与实践》2001 年第 2 期。

15. 张传遂：《中国传统学习理论浅论》，载《教育理论与实践》1994 年第 5 期。

16. 王攀峰：《当代国外课程知识观的新发展及其对我国课程改革的启示》，载《教育理论与实践》2003 年第 8 期。

17. 黄瑞雄：《波兰尼的科学人性化途径》，载《自然辩证法通讯》2000 年第 2 期。

18. 张传遂：《论教育过程中主体的作用及其转换》，载《教育理论与实践》1999 年第 3 期。

19. 张传遂：《教学过程新论》，载《教育理论与实践》1995 年第 3 期。

20. 张传遂：《论教育过程中主体的作用及其转换》，载《教育理论与实践》1999 年第 3 期。

21. 郁振华：《克服客观主义——波兰尼的个体知识论》，载《自然辩证法通讯》2002 年第 1 期。

22. 李弘毅：《波兰尼意会理论的深层内涵及其意义》，载《哲学研究》1997 年第 12 期。

23. 张文军：《赫斯特知识课程论述评》，载《外国教育资料》1999 年第 1 期。

24. 吴彤：《复杂性、科学与后现代思潮》，《内蒙古大学学报》（人文社会科学版），2003 年第 4 期。

25. 张楚廷：《新世纪：教育与人》，载《高等教育研究》

2001 年第 1 期。

26. 钱宁：《超越知识论的真理观》，载《云南大学学报》（社会科学版）2002 年第 2 期。

27. 黄忠敬：《我们应当树立什么样的课程知识观》，载《南京师大学报》（社会科学版）2002 年第 6 期。

28. 张民选：《隐性知识与隐性知识的显性可能》，载《全球教育展望》2003 年第 8 期。

29. 袁军：《让默然的知识流动起来》，载《全球教育展望》2003 年第 8 期。

30. 常亚慧、刘耀悟：《教育学的未来发展》，载《教育评论》2000 年第 2 期。

31. 刘耀悟：《教学评价的基本问题和主要工作》，载《西北师大学报》（社会科学版）1994 年第 5 期。

32. 高伟：《课程文本：不断扩展着的"隐喻"》，载《全球教育展望》2002 年第 2 期。

33. 陈燕：《释义与探索——哈贝马斯的"生活世界"理论》，载《佳木斯大学社会科学学报》2003 年第 5 期。

34. 易连云：《挑战理性——后现代主义对现代教育目的诘难》，载《比较教育研究》1999 年第 1 期。

35. 周庆元：《语文教学论科学化的不懈求索》，载《语文教学通讯》2003 年第 9 期。

36. 周庆元：《学科教育学阶段发展的新趋势》，载《郴州师专学报》1995 年第 3 期。

37. 张辉：《论哈贝马斯与现代性》，载《天津社会科学》1997 年第 4 期。

38. 艾四林：《哈贝马斯论"生活世界"》，载《求是学刊》1995 年第 5 期。

39. 郭声健：《马克思美育思想的现实意义》，载《长沙大学学报》2002 年第 3 期。

40. 郭声健：《美育期待：科学表述与具体实施》，载《教育理论与实践》2000 年第 1 期。

41. 王中四等：《哈贝马斯认识论思想述评》，载《理论与现代化》2001 年第 11 期。

42. 王兴举：《知识、学习与教学》，载《课程·教材·教法》2003 年第 1 期。

43. 李小波：《知识论》，载《课程的新进展·全球教育展望》2002 年第 4 期。

44. 郁振华：《波兰尼的默会认识论》，载《自然辩证法通讯》2001 年第 8 期。

45. 张文军：《赫斯特知识课程论（上、下）》，载《外国教育研究》1999 年第 1、2 期。

46. 孙岩：《关于非理性和非理性主义的思考》，载《理论探索》2000 年第 3 期。

47. 杨耀坤：《理性·非理性与合理性——科学合理性的概念基础》，载《科学技术与辩证法》1999 年第 10 期。

48. 邬志辉：《教育全球化现象的多维审视》，载《华东师范大学学报》（教育科学版）2003 年第 3 期。

49. 刘晓虹：《大学与人文教育》，载《华东师范大学学报》（哲学社会科学版）2003 年第 5 期。

50. 吴康宁：《知识的控制与分等：课程结构的社会学释义》，载《教育理论与实践》2000 年第 11 期。

51. 高水红：《课程知识的合法性问题》，载《学科教育》2002 年第 8 期。

52. 陈雨亭：《我国中小学教科书性别不平等的社会学分

析》，载《当代教育科学》2003 年第 3 期。

53.［英］麦克·扬：《教育社会学中的知识与课程》，载《华东师范大学学报》（教育科学版）2003 年第 9 期。

Ⅲ　外文部分

1. Michael F. D. Youg（2000）Rescuing the Sociology of Educational Knowledge from the Extremes of Voice Discourse：towards a New Theoretical Basis for the Sociology of the Curriculum. British Journal of Sociology of Education，Vol. 21，NO. 4，pp. 523—536.

2. Barnes，B. & Edge，D.（Eds）（1982）Science in Context：Readings in the Sociology of Science（Milton Keynes，Open University）.

3. Bredderman，T.（1983）Effects of Activitybased Elementary Science on Students' Outcomes：a Quantitative Synthesis，Review of Educational Research，53，pp. 499—518.

4. Denny，M. & Chennell，F.（1986）Science Practicals：What do Pupils Think? European Journal of Science Education，8，pp. 325—326.

5. Hodson，D.（1985）Philosophy of Science，Science and Science Education，Studies in Science Education，12，pp. 25—51.

6. Hodson，D.（1993）Re-thinking old Ways：Towards a More Critical Approach to Practical Work in School Science，Studies in Science Education，22，pp. 85—142.

7. Okebukola，P. A.（1988）An Assessment of the Structure and Skill Level of the Tasks in the Nigerian Integrated Science Project，Journal of Research in Curriculum，6，pp. 1—6.

8. Shymansky, J. A. , Kyle, W. C. & Alport, J. M. (1983) The Effects of New Science Curricula on Student Performance, Journal of Research in Science Teaching, 20, pp. 387—404.

9. Soyibo, K. (1995) Integrated Science for Caribbean Schools: an Assessment of the Structure and Skill Level of Tasks in Books 1 and 2, Caribbean Journal of Education, 17, pp. 64—73.

10. Weinstein, T. , Boulanger, F. D. & Walberc, H. J. (1982) Science Curriculum Effects in High School: a Quantitative Synthesis, Journal of Research in Science Teaching, 19, pp. 511—522.

11. Science Curriculum Reform in the United States. Colorado Springs, Colorado: Biological Sciences Curriculum Study, 1995. Edited by Rodger W. Bybee and Joseph D. McInerney.

12. Erik Knain, Univesity of Oslo, Department of Teacher Education and School Development, Ideologies in School Science Text-Books, INT. J. SCI. EDU, 2001, Vol. 23, NO. 3, 19—329.

致 谢

　　我的博士论文《科学课程及其变革的社会学审视》即将由中国社会科学出版社出版了，此时，心情无比激动。这是我的第一部学术专著，它记录着自己三年的博士研究生成长历程。2002年春天，自己怀着惴惴之心来到湖南师大师从石鸥先生攻读课程与教学论博士学位，并选择了课程与教学社会学作为自己的研究方向。

　　在导师的悉心指导下，通过阅读、讨论、交流、反思，我对课程与教学社会学的研究脉络和前沿课题有了较为系统的认识和把握。此时，导师石鸥先生提出从科学知识社会学的研究入手，对科学课程进行社会学分析的命题。这意味着需要对课程社会学、科学社会学、知识社会学、科学知识社会学、科学哲学、科学课程与教学论等学科的前沿和热点问题有一个整体性把握，并能在此基础进行创新性研究，对此我心存彷徨和犹豫，甚至经历了多次反复。在导师不断地启发、鼓励和指导下，我最终还是选择了该课题作为博士论文的选题。论文的完成凝聚着导师的心血和智慧。导师石鸥先生对论文写作提纲逐字进行批改，在论文写作过程中时时给予指导，论文写作初稿完成后，导师逐字批阅，并提出深刻的修改意见，论文先后六易其稿，导师每次都认真审阅。在亲情中表现出严师风范，让人偷懒不得。感谢师母喻老师对我的悉心照顾，让我从未感受到异地它乡的孤独。

论文同样凝聚着导师组的心血。张楚廷教授开设的《课程与教学哲学》和《大学教学学》、张传燧教授开设的《中国教学论史专题研究》、周庆元教授开设的《语文课程与教学论专题研究》等课程不仅扩展了自己的知识视野，丰富了自己的知识积淀，而且感受到他们的研究智慧和治学精神，时时激励着我前进。刘要悟教授、郭声健教授对论文提纲提出了重要修改意见，他们丰富的研究成果给论文写作提供了养料。

在论文的写作过程中，得到了燕良轼博士、于源溟博士、刘宇文博士、杨莉君博士、刘丽群博士、雷冬玉博士、李祖祥博士、段发明博士的帮助。我们常常就论文写作中的问题展开讨论，他们的观点和敏锐的思想常常感染我。

感谢我的父母和妻子对我的支持，生活中的困境让我几乎一无所知，他们为我的学习提供了强有力的家庭支持。对此，我心存感激，无以言表。聊城大学的领导、教育科学学院的张瑞芳书记和学院同事，为我的学习提供了工作支持，非常感谢他们。

本书的出版得到聊城大学出版基金的全额资助，得到了中国社会科学出版社领导的支持，在此我衷心地感谢他们。

感谢论文中引用到的所有文献的作者。他们的论著和创造性的工作为论文的完成提供了资源保证。

赵长林

2007 年 12 月于聊城大学